Hannah Maylou

Wir müssen gar nichts!

Hannah Maylou

WIR MÜSSEN **GAR NICHTS!**

Befreie dich von gesellschaftlichen Normen und sei du selbst

GOLDEGG

Umschlaggestaltung: buxdesign I Ruth Botzenhardt
Rechte Autorinnenfoto: Minitta Kandlbauer, 2023
Illustrationen: Minitta Kandlbauer; Inspiration: Fotos von Hannah Maylou und Dainis Graveris (S. 194)

ISBN: 978-3-99060-345-1

Unter den Linden 21 • D-10117 Berlin
Telefon: +49 800 505 43 76-0

Goldegg Verlag GmbH, Österreich
Mommsengasse 4/2 • A-1040 Wien
Telefon: +43 1 505 43 76-0

E-Mail: office@goldegg-verlag.com
www.goldegg-verlag.com

Layout, Satz und Herstellung: Goldegg Verlag GmbH, Wien
Printed in the EU

Inhaltsverzeichnis

Für alle Frauen, die mutig genug sind,
sie selbst zu sein und für all jene, die das
noch werden wollen.

Hey, du!

Dieses Buch widme ich allen Frauen da draußen, die gerade an sich zweifeln und denken, nicht schön, sexy oder begehrenswert zu sein. Ich will euch was sagen: Ihr seid wichtig und richtig, ganz genauso, wie ihr seid!

Frauen haben es schwer, das war schon immer so. Sie werden ständig von irgendwem verurteilt. Dafür, wie sie aussehen oder wie sie sich verhalten. Dafür, dass sie Karriere machen oder dass sie keine Karriere machen. Dafür, dass sie viele Kinder bekommen oder dass sie keine bekommen. Dafür, dass sie zu viel Sex haben oder zu wenig. Egal, was sie tun, sie werden immer von irgendwem bewertet und sie können es nie allen recht machen. Vor allem sich selbst nicht. Aber damit ist jetzt Schluss!

Wir alle beschäftigen uns ständig mit unserem Körper. Kritisch beäugen wir unsere Cellulite am Oberschenkel, die Dehnungsstreifen am Bauch, die ungleich großen Brüste und fragen uns: Ist das eigentlich normal?

Frauen sind heute durch Social Media intensiver als je zuvor mit unerreichbaren Körperbildern konfrontiert. Medien, Meinungsmacher*innen und Werbung reden uns ständig ein, dass wir nicht gut genug sind.

Ich selbst war lange sehr unzufrieden mit meinem Körper und habe versucht, mit Zwang, dem gesellschaftlichen Ideal zu entsprechen. Aber irgendwann entschied ich, dass ich keine Lust mehr habe, mich für andere zu verbiegen. Wir müssen keinen knackigen Hintern haben, uns täglich rasieren, uns für unsere sexuelle Lust schämen oder über unsere Bedürfnisse hinweg handeln! *Wir müssen gar nichts!* Und genau das möchte ich dir in diesem Buch zeigen.

Anhand meiner persönlichen Geschichte möchte ich dir dabei helfen, selbstbewusster zu werden, zu dir und deiner Weiblichkeit zu stehen und diese zu lieben.

Die Community-Umfragen zeigen ganz klar, dass du mit deinen Problemen und Verunsicherungen nicht allein bist, sondern dass es vielen Menschen genauso geht. Du wirst sehen, dass der weibliche Zyklus keine Bestrafung ist, sondern ein großes Geschenk – wir haben nämlich in jeder Zyklusphase eine eigene Superkraft.

Außerdem werden wir uns dem Thema Vulva und weibliche Lust widmen und der oft damit einhergehenden Scham auf den Grund gehen. Was Pornofilme und Sigmund Freud damit zu tun haben, erfährst du alles in diesen Kapiteln.

Und noch was: Ich scheue nicht davor zurück, offen über das Thema Sexualität und Beziehungen zu sprechen, denn auch hier gibt es nach wie vor viele Mythen, Stichwort Jungfernhäutchen. Auch zeige ich dir, wie du deine Beziehung auf ein neues Level heben kannst und es schaffst, deine sexuellen Bedürfnisse respektvoll zu kommunizieren.

Ich wünsche dir ganz viel Spaß beim Lesen meines Buches und hoffe sehr, dass du dich danach selbst umarmen kannst und dich genauso liebenswert findest wie ich.

Deine Hannah

Disclaimer

Wenn ich von meinen persönlichen Erlebnissen erzähle und andere Menschen erwähne, habe ich selbstverständlich andere Namen verwendet, um ihre Persönlichkeitsrechte zu schützen. In diesem Buch beschäftige ich mich besonders mit den gesellschaftlichen Normen rund um das Thema Weiblichkeit. Dieser Begriff ist für mich aber sehr weit definiert und meint nicht nur biologische Frauen, sondern generell weiblich gelesene Menschen, Transfrauen, nichtbinäre Menschen mit weiblichen Geschlechtsmerkmalen und alle, die sich mit meinem Geschriebenen identifizieren können. Aus Lesbarkeitsgründen spreche ich dennoch oft von »Frauen« und »weiblich gelesenen Menschen« und nicht, weil ich bestimmte Menschengruppen diskriminieren möchte. Es liegt mir sehr am Herzen, so viele Menschen wie möglich zu inkludieren und anzusprechen und ich habe mein Bestes gegeben, das auch schriftlich zu tun.

Ich habe mich dafür entschieden, die Community-Umfragen mit einzubinden, weil ich auch von meiner Community immer viel positives Feedback dazu bekomme. Natürlich sind diese nicht hoch wissenschaftlich, sondern bilden größtenteils die Meinungen von Frauen im Alter von 18–44 Jahren ab. Meist stimmen um die 7.000 Menschen ab, somit bekommt man schon einen guten Einblick in diese Gesellschaftsgruppe.

So, aber jetzt geht's wirklich los mit dem Buch!

Sex sells

Weiblich. Schön. Erfolgreich?

In meiner Kindheit und frühen Jugend machte ich mir selten Gedanken über mein Äußeres. Okay, Moment, das stimmt so nicht. Eigentlich war ich schon immer verdammt eitel. Bereits im Kindergarten wollte ich nie Hosen tragen, sondern nur Kleider und Röcke. Diese sollten so rosa und mädchenhaft wie möglich sein. Wenn meine Mama für mich einkaufen war und mir neue Kleidung brachte, gefiel mir diese nur in den seltensten Fällen. Meistens bekam ich einen Wutanfall und verstand nicht, wieso mich meine Mutter mit so hässlichen Klamotten bestrafen wollte. Im Kindergarten! Eigentlich sollte man meinen, dass es in diesem Alter nur zwei wichtige Hauptthemen gibt. Erstens, so viele Süßigkeiten wie möglich zu essen, und zweitens, anderen Kindern damit zu drohen, sie nicht mehr zur eigenen Geburtstagsparty einzuladen. Tja, bei mir war das anders. In der Volksschule hatte ich dann die Phase, in der ich Kleider, Röcke und alles, was rosa und in meinen Augen »zu mädchenhaft« war, verabscheute. Bereits mit zehn Jahren weinte ich an nicht wenigen Tagen frühmorgens, weil ich überfordert war mit der Wahl meiner Kleidung. Oder weil meine Lieblingshose in der Wäsche war. Während ich diese Zeilen schreibe, spüre ich Scham in mir aufsteigen. Warum war ich als Kind so strange? Ich denke, es lag daran, dass ich von meiner Umgebung schon relativ früh auf mein Aussehen reduziert wurde. Das lag vermutlich daran, dass ich in der Lotterie der Genetik großes Glück hatte, und dem Schönheitsideal des hellhäutigen, blonden Mädchens mit den großen, blauen Augen entsprach. Meine Haut war immer eher zu trocken, deshalb hatte ich nie Probleme mit Pickel und immer ziemlich reine Haut. Das war ein großer Vorteil im Vergleich zu meinen pubertierenden Freundinnen, die aus der Not heraus sogar die Antibabypille deswegen nahmen – nur um Akne und Hautunreinheiten vorzubeugen. Von jeglichem sexuellen Kontakt meilenweit entfernt, aber in der Hoffnung auf die ersehnte, reine Haut, natürlich einen Versuch wert. Ich habe früh gemerkt, dass ich von meinem Umfeld positives Feedback und Komplimente bekomme, wenn ich mich auf eine bestimmte Art kleide. Diese Komplimente zielten meistens auf mein Äußeres ab und gerade als Jugendliche freute ich mich riesig darüber. Aber irgendwie ging damit unterbewusst auch dieser Druck einher, immer den Erwartungen anderer Menschen entsprechen zu müssen. Ich hatte und habe nach wie vor das Gefühl, immer für andere »schön« sein zu *müssen*, so als wäre das irgendwie meine Hauptaufgabe als Frau, der ich nachzukommen habe. Natürlich ist Schönheit subjektiv, aber je näher man dem Schönheitsideal ist, desto mehr Menschen finden einen auch schön. Das ist leider so.

Seitdem ich ein Kind war, versuche ich also durch meine Kleidung und mein Aussehen anderen Menschen zu gefallen und so Anerkennung zu erlangen. Mittlerweile ist mir das bewusst und ich schaffe es immer mehr, mich von diesem Drang zu lösen und auch mal ungeschminkt außer Haus zu gehen. Trotzdem ist dieser Glaubenssatz, anderen gefallen zu müssen, noch immer sehr tief in meinem Unterbewusstsein verankert. Ich denke sogar, dass er nicht nur mir gehört, sondern eine Art kollektive »Frauenkrankheit« ist. Das liegt daran, dass besonders weiblich gelesene Menschen schon sehr früh auf ihr Äußeres reduziert werden und das auch durch Filme und Medien so vorgelebt bekommen. In Zeitschriften werden das Aussehen und die Kleidung von Schauspielerinnen und Sängerinnen akribisch beurteilt und abfällig kommentiert. Die berufliche Leistung ist leider seltener ein Thema, denn das Wichtigste scheint immer das Äußerliche zu sein. Das wird mir auch immer wieder bewusst, wenn Politikerinnen medial zum Thema werden. Als in Österreich 2019 Brigitte Bierlein zur ersten österreichischen Kanzlerin angelobt wurde, dauerte es nicht lange, bis ihre Kleidungswahl öffentlich kommentiert wurde. Bereits einen Tag später erschien auf der Website vom Kurier ein kompletter »Stylecheck« der Kanzlerin, in dem Isabella Klausnitzer den gesamten Artikel nur dem Stil und der Kleiderwahl der Frau widmete, anstatt ihrer politischen Leistung.[1]

Als wäre es kein Meilenstein, zum ersten Mal eine weibliche Kanzlerin in Österreich zu haben. Es schien weitaus wichtiger, zu betonen, dass diese Frau »Mut zu starken Farben« hat und großen Wert auf ihr Äußeres legt, »ohne dass es sich zwingend um sündteure Designerstücke handelt«. Ergibt natürlich Sinn. Scheiß auf die Leistung einer Frau, Hauptsache, sie sieht gut aus! Obwohl der ehemalige Bundeskanzler Sebastian Kurz mehr als fünf Mal so lang im Amt war als Bierlein, kann ich keinen einzigen ausführlichen Stylecheck im Internet von ihm finden. Scheint so, als wäre seine Arbeit irgendwie wichtiger als sein Aussehen. Seltsam. Das bestätigen auch Sebastian Fellner und Katharina Mittelstaedt in ihrem Artikel über die Sexualisierung von Politikerinnen. Es scheint ein weit verbreitetes Phänomen zu sein, dass Frauen, die sich politisch engagieren, primär auf ihr Aussehen reduziert werden, anstatt auf ihre Tätigkeiten als Politikerinnen.[2]

Die Soziologin Laura Wiesböck erläutert, dass von Frauen in der Öffentlichkeit erwartet wird, dass sie sich für den männlichen Blick attraktiv gestalten. Allerdings werden sie auch schnell darauf reduziert, wenn sie dem Bild entsprechen.

Frauen befinden sich also im Zwiespalt, denn sollten sie dem männlichen Blick nicht schmeicheln, wird ihnen das schnell zum Verhängnis und ihre Unattraktivität zum Mittelpunkt der medialen Berichterstattung über sie. Wir werden also ständig damit konfrontiert, dass andere Frauen auf ihr Aussehen reduziert werden. Sei es durch Artikel, Filme, Soziale Netzwerke oder andere öffentliche Berichterstattungen. Es ist für mich eine logische Schlussfolgerung, dass wir uns selbst irgendwann auch darauf reduzieren.

Deshalb verwundert es mich wenig, dass das eigene Aussehen für viele Frauen (inklusive mir) ein wichtiges oder oft auch das *wichtigste* Thema ist.

Zusätzlich ist es auch ein Fakt, dass »Pretty Privilege« existiert. Das bedeutet, dass Menschen, die dünn sind und dem gängigen Schönheitsideal entsprechen, auch beruflich bessere Chancen haben und weniger diskriminiert werden als Menschen mit Mehrgewicht. Wir leben in einer Gesellschaft, in der dicke Menschen systematisch diskriminiert werden. Man spricht von »fat shaming«, wenn dicke Menschen in gängigen Kleidungsgeschäften keine passende Kleidung finden, bei ärztlichen Untersuchungen weniger ernst genommen werden oder auf der Straße schief angeschaut werden, nur weil sie gerade einen Snack essen. Wir wachsen also alle in einer Gesellschaft auf, die dicke Menschen auf sehr vielen Ebenen diskriminiert. Natürlich ist das grundlegend falsch und sollte sofort gesetzlich als Straftat verankert werden, jedoch hat sich dieses Gedankengut trotzdem so tief in unsere Köpfe gebrannt, dass viele von uns Mehrgewicht mit Faulheit verbinden und Angst davor haben, »zu dick« zu werden.

Obwohl ich dem gängigen Schönheitsideal größtenteils entspreche und damit unheimlich viele Vorteile einhergehen, hatte ich trotzdem immer Probleme mit meinem Aussehen. Dünn zu sein bedeutet Privilegien zu haben, nicht aber, sich automatisch zu akzeptieren und zu lieben, wie man ist.

Wer bestimmt, was schön ist?

Aber wer bestimmt eigentlich, was »schön« ist? Lange ging ich davon aus, dass jeder Mensch die gleichen Vorlieben hat, denn schon zu Schulzeiten waren alle Mädchen meiner Klasse in denselben Jungen verliebt. Und scheinbar auch alle Jungen in dieselben zwei Mädchen.

Das liegt laut Liv Strömquist aber nicht daran, dass alle Menschen den gleichen Geschmack haben, sondern sie argumentiert mit der mimetischen Theorie des französischen Philosophen René Girard.[3] Diese besagt, dass Menschen oft das wollen, was andere Menschen begehren. Laut ihm liegt das an praktischen Gründen. Weil die Welt manchmal sehr überfordernd sein kann, suchen wir uns Vorbilder wie weltbekannte Stars, Influencer*innen oder auch Freund*innen, deren Begehren wir anschließend kopieren. So müssen wir uns nicht ständig selbst überlegen, was wir wirklich wollen, sondern überlassen die Arbeit den anderen und wollen einfach das, was sie wollen. Praktisch. So entstehen zum Beispiel auch Trends. Vielleicht hast du das ja selbst schon mal bemerkt. Eigentlich fandest du weiße Turnschuhe immer hässlich, doch mit der Zeit trugen sie immer mehr Menschen in deiner Umgebung. Schließlich haben auch noch deine besten Freundinnen weiße Sneaker und ehe du dich versiehst, läufst du in einen Schuhladen und besorgst sie dir selbst. Spannend, oder?

Aber kommen wir zurück zum Thema Schönheit. Als ich zwölf Jahre alt war und mit meinen Eltern zum ersten Mal Urlaub außerhalb Europas machte, ahnte ich, dass es irgendwie nicht stimmen konnte, dass jeder Mensch dieselben Vorlieben hat. Ein großes Problem war für mich in meiner frühen Jugend meine Hautfarbe.

Mittlerweile weiß ich, dass es in unserer Welt ein riesiges Privileg ist, mit einer hellen Hautfarbe geboren zu sein, weil damit weltweit unglaublich viele Vorteile einher gehen. Weiße Menschen werden anders als Schwarze Menschen und People of Color nicht systematisch diskriminiert. Deshalb fühlt es sich für mich gerade auch etwas unangenehm an, meine Hautfarbe in folgenden Zeilen als »Problem« zu thematisieren.

Ich möchte also vorab noch mal verdeutlichen, dass es in den folgenden Zeilen um meine persönliche Geschichte und meinen eigenen Bezug zu meiner Hautfarbe geht und ich hier kein gesellschaftliches Konstrukt beschreibe. Dennoch möchte ich diese Geschichte nicht ausklammern, weil sie einen wichtigen Beitrag zu meiner Entwicklung und auch zu diesem Buch beitrug.

Damals, mit zwölf Jahren, waren mir die vielen Privilegien meiner Hautfarbe noch nicht bewusst, denn ich bekam oft genug dumme Sprüche zu hören wie »Stell dich mal vor eine Hauswand, dann sieht man dich gar nicht mehr!« oder die klassische Frage nach den Sommerferien, ob ich denn meinen Sommer im Keller verbracht hätte. Äußerst originell und lustig – vor allem, wenn man solche Sprüche ständig hört.

Ich versuchte mir nichts anmerken zu lassen, lachte mit und machte sogar selbst Späße auf meine Kosten. Trotzdem hätte ich, wenn ich es mir aussuchen hätte können, eine dunklere Hautfarbe gewählt. Keine, die anderen verriet, wie braun sie über den Sommer geworden war. Denn mindestens genauso oft wie ich in den Genuss dieser lustigen Witze kommen durfte, spürte ich auch Arme von Personen neben meinen, die unsere Hautfarben belustigt verglichen, um danach voller Freude festzustellen, dass ihre Haut viel sonnengebräunter war als meine.

Rückblickend betrachtet frage ich mich, was damals mit den Menschen eigentlich los war, dass sie auf die Idee kamen, andere für ihr Äußeres zu diskreditieren. Aber ich denke, so sind Kinder eben. Sie wissen es oft nicht besser. Richtig problematisch wird es meiner Meinung nach erst, wenn Erwachsene so ein Verhalten an den Tag legen. Und ja, auch damit habe ich so meine Erfahrungen gemacht.

Lange wünschte ich mir nichts sehnlicher als braungebrannte Haut. Ich verfluchte meinen Körper – schließlich schafften es doch alle anderen auch, diese »gesunde Bräune« zu bekommen. »Warum ich nicht? Warum sehe ich immer krank aus?«, dachte ich in meiner kindlichen Naivität.

Wie gesagt, damals hatte ich noch keine Ahnung davon, wie privilegiert meine Probleme eigentlich waren. Es kränkte mich einfach und ich hasste meinen Körper dafür.

In der Hoffnung auf Bräune kassierte ich in meinem Leben einige heftige Sonnenbrände, die nicht selten mit schmerzhaftem Brennen und Juckreiz einhergingen. Doch all das nahm ich in Kauf, denn wer schön sein will, muss bekanntlich leiden, und gebräunte Haut ist nun mal »schön«. Zumindest im Jahr 2010 hatten die meisten Models in den Werbungen einen goldenen Hautton.

Als ich später durch die Straßen von Kairo schlenderte, inmitten von Staub, Kühen und Menschenmengen, sah ich ein paar Werbeplakate. Irgendwas daran kam mir seltsam vor, aber ich erkannte es nicht gleich. Bis ich schließlich realisierte: Die Haut der Menschen auf den Plakaten war verdammt hell und das, obwohl die Haut der Ägypter*innen an sich viel dunkler war. Um ehrlich zu sein, beneidete ich sie um ihre Hautfarbe und verstand überhaupt nicht, warum Produkte hier mit extrem hellhäutigen Menschen vermarktet wurden. Mit zwölf war ich darüber verwundert, machte mir aber keine weiteren Gedanken darüber. Erst mit siebzehn Jahren öffnete mir mein Thailand-Urlaub endgültig die Augen. Auch dort waren auf Werbeplakaten mehrheitlich weiße Menschen zu sehen und in den Stores gab es sogar »Snailwhite«-Creme, die die Haut bleichen sollte. In einem Restaurant traf ich dann auf eine Thailänderin, die mich bis über beide Ohren anstrahlte. Sie kam zu mir und legte ihren Arm neben meinen, um unsere Hautfarbe zu vergleichen. »Na toll, nicht schon wieder diese dummen Hautfarbenvergleiche«, dachte ich mir im Stillen. Doch diesmal war es anders. Die Frau sagte mir gefühlte tausendmal, wie schön meine Hautfarbe sei und dass sie sich dieselbe wünschte. Warte, was?! Hier war meine Hautfarbe plötzlich das Schönheitsideal. Und ich realisierte zum ersten Mal, dass Schönheitsideale nichts weltweit Kollektives sind, sondern länderabhängig sind. Irgendwie wurde ich dieses Gefühl nicht los, dass immer das das Ideal ist, dem möglichst wenige Menschen der Bevölkerung entsprechen.

Danach traf es mich nicht mehr so, wenn andere Witze über mich machten, weil ich begriff, dass es nicht an mir als Mensch lag, sondern an unserer Sozialisierung. Außerdem weiß ich jetzt, dass mit meiner Hautfarbe viele Privilegien einhergehen.

Allerdings wurde mir dadurch klar, dass Schönheitsideale nur Erfindungen diverser Industrien sind, die uns damit ihre Produkte verkaufen wollen und Profit aus unseren vermeintlichen Makeln schlagen wollen. Der Kapitalismus, riesige Konzerne, Meinungsmacher*innen und Medien spielen gekonnt zusammen und vermitteln uns täglich auf verschiedenen Arten, dass wir nicht gut genug sind.

Die Journalistin Esther Honig verbildlichte 2014 durch ein Experiment, was ich damals in Kairo fühlte. Sie machte ein unbearbeitetes Foto von sich, sendete es an Photoshop-Künstler*innen aus vierundzwanzig verschiedenen Ländern und beauftragte eine Abänderung auf das jeweilige Schönheitsideal der einzelnen Länder.[4] Das Ergebnis hätte nicht unterschiedlicher sein können. In Argentinien wurde ihre Haut erheblich aufgehellt, weichgezeichnet und stark geschminkt, während sie auf den Philippinen kaum bearbeitet wurde. In Indien und Marokko sah sie hingegen wie eine komplett andere Person aus. Schönheit ist also weitaus schwieriger zu definieren, als ich dachte, weil es kein einheitliches »Schön« gibt.

Schönsein ist auch nur ein Trend

Schönheitsideale sind nicht nur länderabhängig, sondern können sich im Laufe der Zeit auch verändern. Teilweise sogar innerhalb von nur fünfzehn Jahren. Das ist doch komplett absurd, oder? Es kann also sein, dass dein Körper jetzt

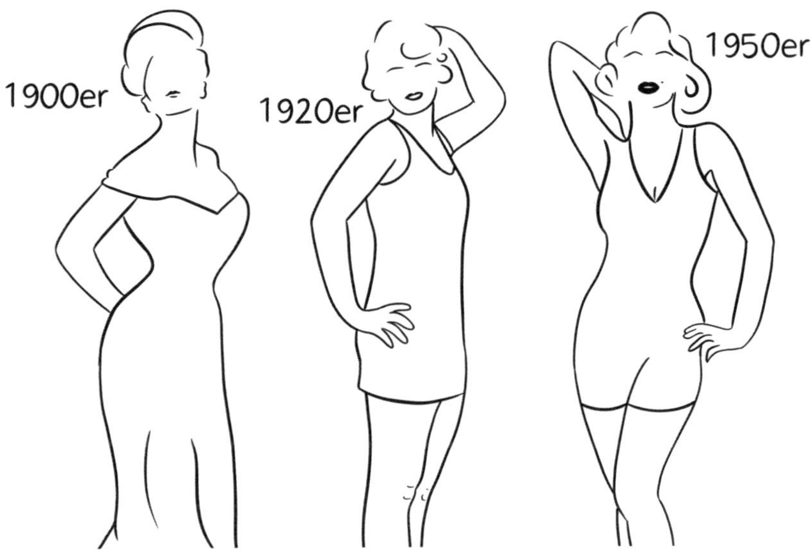

dem aktuellen Schönheitsideal entspricht, aber in 15 Jahren nicht mehr. Warum machen wir also immer noch unser Selbstwertgefühl davon abhängig? Sehen wir uns die Ideale unserer Ahnen doch etwas genauer an. Wenn wir weiter in der Zeit zurück gehen, können wir feststellen, dass sich Männer früher geschminkt haben. Sowohl Römerinnen als auch Römer schminkten ihre Augen und Lippen ganz selbstverständlich. Auch in der Renaissance im Jahre 1.500 schminkten sich Männer, um einen helleren Teint zu bekommen. Es ist also eher ein neuartiges Konzept, dass Schminken »Frauensache« ist.

Interessanterweise waren auch Schuhe mit hohen Absätzen zuerst eine Erfindung für Männer, um ihren Status nach außen zu tragen. Außerdem galten im Barock üppig gebaute Frauen als besonders schön. Das Schönheitsideal hat sich in der Menschheitsgeschichte schon einige Male grundlegend verändert, deshalb möchte ich mich hier auf die letzten 100 Jahre beschränken, um zu verdeutlichen, wie stark und schnell sich Trends verändern.

19. Jahrhundert

Im 19. Jahrhundert war das Korsett das ultimative Statement-Piece der modernen Frau. Besonders schön war es, wenn sie große Brüste und eine sehr dünne Wespentaille hatte. Ab 1865 galt es als besonders sexy, wenn der Taillenumfang nicht mehr als 53 Zentimeter betrug.[5] Zum Vergleich: Mein Kopf hat genau denselben Umfang. Krass, oder? Zurecht war das Korsett von manchen Mediziner*innen sehr umstritten, weil es den Brustkorb sowie innere Organe deformierte. Das ging so weit, dass sogar Rippen geprellt oder gebrochen(!) wurden. Es kam auch schon mal vor, dass Frauen in Ohnmacht fielen, weil sie durch das enge Korsett kaum Luft bekamen. Ein Klassiker: Für Schönheit muss Frau schließlich auch Opfer bringen, oder? Kaiserin Elisabeth (Sisi) war die Bella Hadid ihrer Zeit und galt als schönste Frau. Doch das hatte seinen Preis. Sisi war ständig auf irgendwelchen skurrilen Diäten und hatte, aus heutiger Sicht, definitiv eine Essstörung. Teilweise aß sie nichts außer sechs Orangen am Tag oder trank tagelang nur Milch. Außerdem hatte sie in jedem Raum Trainingsgeräte installiert und machte unglaublich viel Sport, was für die damaligen Frauen eher unüblich war. Obwohl Kaiserin Elisabeth im 19. Jahrhundert für viele Frauen ein großes Vorbild war, war sie stark depressiv und sehr unzufrieden mit sich selbst.[6] Denn ihre Schönheit hatte einen gravierenden Makel: kaputte und fehlende Zähne, die der Kaiserin sehr unangenehm waren. Sie schämte sich so sehr, dass sie in der Öffentlichkeit selten sprach und wenn, nur mit vorgehaltenem Fächer, damit niemand ihre Zähne sehen konnte. Ganz nach dem Motto: Hauptsache, schön aussehen. Was Frau zu sagen hat, ist unwichtig.

1920er

Es war die Zeit nach dem Krieg, und weil vor allem viele männliche Soldaten starben, mussten die Frauen anpacken und beim Wiederaufbau mithelfen. Die Zeit der engen Korsetts war also endgültig vorbei, denn Bewegungsfreiheit war von Vorteil. Frauen erkämpften sich das Wahlrecht und es ging ihnen weniger um Schönheit, sondern viel eher um die gesellschaftliche Teilhabe und die eigenen Rechte. Frauen trennten sich von ihren langen Haaren und trugen in den Zwanzigerjahren des letzten Jahrhunderts eine Kurzhaarfrisur und kurze Kleider. Auch die »weiblichen Rundungen« waren jetzt out, denn das neue Schönheitsideal war ein möglichst androgyner und sportlicher Körper.[7] Die berühmte Filmschauspielerin Greta Garbo galt als außergewöhnliche Schönheit ihrer Zeit.

1950er

In den 1950er Jahren sah alles schon wieder ganz anders aus. Jetzt waren Schönheitsideale wie Marylin Monroe oder Grace Kelly im Trend. Frau sollte also wieder Rundungen haben anstelle des androgynen Körpers. Her mit den großen Brüsten und schmalen Taillen! Es gab sogar Werbeslogans wie »Skinny girls are NOT glamour girls« und es wurden Produkte beworben, mit denen man angeblich 17 kg in nur 40 Tagen zunehmen konnte, um endlich eine begehrenswerte Sanduhrfigur zu bekommen.[8] Der Krieg war zu Ende und die Ehemänner kamen wieder nach Hause. Somit wurden Frauen vermehrt zurück in den Haushalt verfrachtet, wo sie nun die Zeit und auch das Interesse daran hatten, sich mit dem Thema Schönheit zu beschäftigen. Ein Grund dafür war auch, dass Werbungen und Magazine Frauen nun einredeten, dass ein gutes Frauenleben vor allem davon abhing, ob Männer sie schön fanden.[9]

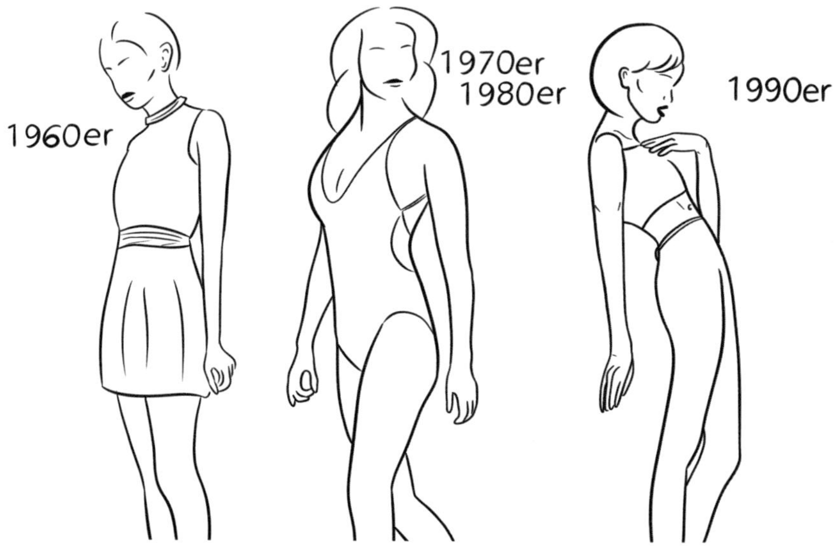

1960er

Jetzt, nachdem viele Frauen erfolgreich eine Sanduhrfigur erreicht hatten, bewegte sich der Trend wieder langsam hin zu dünneren, androgyneren Körpern. Seltsamerweise waren jetzt besonders Proportionen besonders gefragt, die aussahen wie die von Kindern. Keine Rundungen, sehr schlank, große Augen und volle Lippen. Das damalige Model Lesley »Twiggy« Lawson war Vorbild für die Frauen ihrer Zeit. Jetzt mussten also besonders die einst »schönen« Frauen der 50er Jahre mit den damals beliebten Rundungen schlagartig abnehmen, um weiterhin als »attraktiv« zu gelten. Produkte zum Zunehmen gehörten der Vergangenheit an, denn die Zeit der strengen Diäten begann. Firmen wie die »Weight Watchers« wurden erfolgreich gegründet und verdienten ihr

Geld damit, den Körper von Frauen in einen vermeintlichen »Bikinibody« zu verwandeln.

1970er und 1980er

In diesen Jahren galt es nach wie vor als attraktiv, einen sehr schlanken Körper zu haben. Allerdings reichte das einfache Dünnsein jetzt nicht mehr aus, sondern ein schöner Frauenkörper sollte gefälligst auch trainiert sein. Ganz klar. In Film und Fernsehen tauchten zunehmend »Actionfrauen« wie Farrah Fawcett auf, die groß, schlank und fit waren – das neue Vorbild der Frauen.[10] Jetzt sind große Brüste und breite Hüften zusätzlich zum restlichen schlanken Körper wieder sehr willkommen. In den Siebziger und Achtziger Jahren war zur Abwechslung mal ein Schönheitsideal »in«, dem verhältnismäßig viele Frauen leicht entsprechen konnten. Ganz ohne Pillen zum Zu- oder Abnehmen, sondern einfach mit viel Sport und einer gesunden Ernährung. Aerobic-Kurse boomten und die Menschen legten viel Wert auf eine gesunde Lebensart. Eigentlich gar nicht so schlecht.

1990er

Das änderte sich wieder schlagartig, denn »gesund sein« war nicht weiter im Trend. Filme wie »Trainspotting« liefen in den Kinos und der sogenannte »Heroin Chic« war das neue Schönheitsideal. Jetzt sollten Frauen so dünn und knabenhaft wie möglich sein. Wenig Brust, keine Kurven und viele sichtbare Knochen. Kate Moss war damals ein großes Vorbild für viele Frauen ihrer Zeit. Obendrein wurde ein sehr dünner und müde aussehender Körper glorifiziert. Zigaretten, Alkohol und Drogen waren ebenfalls schöne Accessoires für diesen Körpertrend. Ziemlich upgefuckt, oder? Ich bin auch immer wieder schockiert, wenn ich mir Filme aus dieser Zeit ansehe. Die Darstellerinnen waren so unglaublich dünn und in Serien wie »Friends« hört man mehr als nur einmal Witze über dicke Menschen. Fatshaming at its best.

2000er

Langsam realisierten die Menschen, dass Drogensucht doch gar nicht so schick ist, sondern ein gesunder Lebensstil eigentlich die bessere Entscheidung wäre. So hörten viele Menschen wieder auf zu rauchen und aßen stattdessen lieber gesunde Mahlzeiten und machten Sport. Ein trainierter Körper war nun wieder im Trend und im Gegenteil zu den Neunzigerjahren sollte Frau jetzt wieder Busen haben. Sehr viel sogar. So viel, dass sich viele dafür sogar unters Messer legen und sich für Silikonimplantate entscheiden. Pamela Anderson und Models von Victoria's Secret machen es vor in einer Zeit, in der Röcke so kurz und sexy wie möglich sein sollten und Hüftjeans ihren großen Auftritt hatten.

2010er

Kim Kardashian wurde das absolute Schönheitsideal und der Fokus rückte weg von der Brust hin zu einem prallen Hintern. Die Sanduhrfigur lag wieder voll im Trend und obwohl man sich einen runden Po auch durch Sport antrainieren kann, entschieden sich viele Frauen lieber für die Abkürzung. Eine neue Schönheitsoperation gewann an Beliebtheit und immer mehr Frauen wollten das »Brazilian Butt Lifting«. Operationen sind natürlich immer ein Gesundheitsrisiko, doch diese gilt als eine der gefährlichsten. Bei dem Eingriff stirbt eine von 3.000 Patientinnen (Stand 2019) an den Folgen der Operation.[11] Umso schockierender, dass sich weltweit trotzdem um die 335.000 Frauen pro Jahr (Stand 2019) den Po vergrößern lassen. Das sind fünfmal so viele Frauen wie noch zehn Jahre zuvor, die sogar das Risiko zu sterben auf sich nehmen, nur um als »schön« zu gelten.[12]

Es macht mich traurig, dass wir in einer Welt leben, in der so viel Druck auf Frauen ausgeübt wird, dass sie wortwörtlich ihr Leben für ihre Schönheit geben. Es scheint, als hätte sich das Sprichwort »Schönheit muss leiden« so tief in unsere Köpfe gebrannt, dass wir alles dafür tun, um als »schön« zu gelten.

Fake it till you make it?

Wusstest du, dass Männer fast doppelt so häufig in Hauptrollen erfolgreicher Filme zu sehen sind wie Frauen?[13] Eine Studie der Universität Rostock untersuchte die Geschlechterdarstellung in Film und Fernsehen in Deutschland und fand heraus, dass der geschlechtsspezifische Unterschied in keinem Format so hoch ist wie im Kinderfernsehen. Bei diesen Produktionen ist gerade einmal jede vierte Figur weiblich.[14] Vor allem beim fiktionalen Kinderfernsehen möchte ich erst mal kurz laut losschreien, sobald ich die Zahlen sehe. Wenn beispielsweise Tiere als Charaktere gezeigt werden, kommen auf eine weibliche Tierfigur neun männliche. So viel zum Thema Gleichberechtigung im Kinderfernsehen.

Das Problem ist, dass es beim Erwachsenenfernsehen nicht wirklich besser wird. Auch hier sind Frauen ganz klar in der Unterzahl und werden zudem noch extrem sexistisch behandelt. Hier fällt mir direkt das Paradebeispiel Barney Stinson aus »How I Met Your Mother« ein. Mal abgesehen davon, dass er in seinem »Playbook« verschiedene Taktiken beschreibt, wie er Frauen nach Strich und Faden belügt und verarscht, nur um sie ins Bett zu bekommen, geht er sogar so weit, dass er Sexvideos seiner Partnerinnen ohne deren Einverständnis filmt oder eine Frau im Wald aussetzt und ihr Auto klaut. Barneys Lebensaufgabe scheint es also zu sein, mit so vielen Frauen wie möglich Sex zu haben. Trotzdem verurteilt er im selben Atemzug seine Freundin Robin, wenn sie die Nacht mal bei einem Mann verbracht hat. Die sexuelle Auslebung scheint also auch in dieser Serie nur den Männern vorbehalten zu sein.

Ebenso das Aussehen von Frauen wird durchweg in beinahe jedem Film und jeder Serie kommentiert. Ein gutes Beispiel für Sexismus, Stereotypen und Frauenfeindlichkeit sind bereits die ersten 15 Minuten des Filmes »Pitch Perfect«. Bereits am Anfang der Komödie ist eine Gruppe von Jungs zu sehen, die stillschweigend und ungefragt vorbeigehende Studentinnen auf einer Skala von eins bis zehn bewerten. Im Anschluss daran werden zwei junge Frauen vorgestellt, die bereits vor dem eigentlichen Kennenlernen eine tiefe Abneigung füreinander zu hegen scheinen, während sich zeitgleich zwei Jungs sofort miteinander anfreunden. Somit ist auch das Klischee vertreten, dass alle Frauen Zicken sind, während Männer natürlich direkt sympathisch und locker sind. Darauf folgt dann eine abschätzige Bemerkung zweier Frauen über die Nippel einer weiteren und ich überlege, den Film an dieser Stelle kopfschüttelnd abzubrechen. Warum nochmals kam »Pitch Perfect« so gut an bei den Zuschauer*innen? Ich halte weiter durch, bis zu dem Punkt, an dem zwei Studentinnen für ihren Gesangsverein »acht sexy Mädels mit Bikinifigur« suchen und klappe den Laptop schockiert zu. Der Film ist mal wieder ein Paradebeispiel dafür, wie Frauen ständig auf ihr Aussehen reduziert werden. Es scheint, als wäre das Aussehen wichtiger als ihr Können und ihr Talent.

Aber auch, wenn wir wissen, dass sich Schönheitsideale alle paar Jahre grundlegend verändern und Schönheit grundsätzlich etwas sehr Subjektives und Wandelbares ist, fühlen sich vor allem viele Frauen dazu verpflichtet, gewisse Schönheitsmerkmale zu haben. Fast schon, als wäre es unsere Lebensaufgabe, als Frau schön zu sein. Es wird uns ja durch Filme wie »Pitch Perfect« ganz klar vorgelebt.

Und obwohl diese Gespräche nur in fiktiven Filmen stattfinden, prägen sie sich in unser Unterbewusstsein ein. Vielleicht nicht nach dem ersten Film, aber weil solche Konversationen keine Ausnahme, sondern die Regel darstellen, finden wir in beinahe jedem Film Aussagen die Körper diskriminieren. Natürlich prägt das. So fragen wir uns vielleicht sogar schon nach dem nächsten Duschen, ob unsere Brust auch zu klein ist oder unsere Oberschenkel zu dick. Kritisch wird es vor allem, wenn wir dieselbe Körperform haben wie die diskriminierte Frau im Film. Dann ist es traurigerweise fast schon eine logische Konsequenz, dass wir unseren eigenen Körper infrage stellen.

Dass weibliche Charaktere gerne besonders sexy dargestellt werden, zeigt auch die Figur »Harley Quinn« in »Suicide Squad«, die in Netzstrumpfhose, knapper Shorts, Hundehalsband und einem Shirt mit der Aufschrift »Daddy's Lil Monster« kämpft, während die Männer in der Szene vorwiegend eine Ganzkörper-Kampfmontur tragen. Zufall? Mag sein. Dass vor allem die männlichen Fans gerne knappe Kleidung und ausladende Brüste sehen wollen, zeigt das Feedback der Fans des Filmes Wonder Women (2017) bei dem viele die »zu kleine Brust« der ebenfalls knapp bekleideten Schauspielerin bemängelt haben.

Eine Studie von Plan International bestätigt ebenfalls, dass Frauen viel öfter sexuell objektifiziert werden durch knappe Kleidung und bestimmte Kamerawinkel, in denen man möglichst viel von ihrem Körper sieht.[15] Außerdem haben sie weniger zu sagen und oft besteht ihr einziges Ziel darin, einen Mann zu finden. Natürlich geht so eine Darstellung der Frauen nicht spurlos an uns vorbei.

Hast du in deiner Jugend jemals Germany's Next Topmodel gesehen? Wenn ja, bin ich mir sicher, dass du deinen Körper und dein Gewicht schon mindestens ein Mal in deinem Leben infrage gestellt hast. GNTM ist nur die Spitze des Eisbergs und eines der offensichtlichsten Beispiele dafür, wie der Körper junger Mädchen und Frauen laufend bewertet und sexualisiert wird. Heidi Klum ist nicht die Wurzel allen Übels, jedoch spielt sie eine Hauptrolle in diesem Trauerspiel unserer Gesellschaft. Wir wachsen mit einer Show auf, in der Frauen offensichtlich und penibel auf ihren Körper reduziert und bewertet werden. Natürlich sind es Models, deren wichtigstes Arbeitsmittel ihr Körper ist, das Problem ist allerdings, dass sich viele junge Frauen mit ihnen vergleichen. Wir bekommen ohnehin schon früh eingeimpft, dass unser Aussehen das Wichtigste ist, wie manche vielleicht noch aus ihrer »Bravo-Girl«-Zeit wissen. Der Druck auf junge Frauen wird immer größer.

Auch Social Media spielt eine wichtige Rolle in Bezug auf das eigene Körperbild. Obwohl ich selbst Influencerin bin, stehe ich den sozialen Netzwerken kritisch gegenüber. Ich finde, diese Netzwerke sind Fluch und Segen zugleich. Einerseits können sie wahnsinnig inspirierend sein, andererseits können sie den psychischen Druck auch drastisch erhöhen. Die Zahl der Einzelpersonen mit hoher Reichweite steigt schnell an und mit steigender Reichweite geht natürlich auch eine immer größer werdende Verantwortung einher. Wenn man als Mann mit drei Millionen Followern in seiner Story täglich Frauenwitze erzählt, stumpft die Community automatisch immer mehr ab und wird selbst Frauenwitze weitererzählen. Menschen mit vielen Followern sind automatisch Vorbilder für andere, egal ob das, was sie tun, verantwortungsvoll ist oder eben nicht.

Instagram ist und bleibt ein Highlight-Reel und jeder teilt vorrangig die schönen und positiven Seiten des Lebens. Zwar versuche ich vermehrt auch die negativen Seiten zu zeigen, mein Social-Media-Profil bildet dennoch nicht mein Leben ab. Selbst wenn ich es versuche, entscheide immer noch ich, was auf meinem Account gezeigt wird und was nicht. Ich habe zu jedem Zeitpunkt das Sagen. Nicht wie in meinem wahren Leben, wo das Leben den Ton angibt und nicht ich. Das ist auch okay. Ich denke, die Aufgabe von Social Media ist nicht, das Leben von Menschen 1:1 online darzustellen, sondern vielmehr andere positiv zu beeinflussen und zu inspirieren. Aber gerade deshalb ist es umso wichtiger, die Distanz zu wahren und sich nicht mit dem vermeintlichen Leben anderer zu vergleichen. Ja, ich weiß – leichter gesagt als getan, und auch mir geht es manchmal so, dass ich die trainierten, aalglatten Körper von hübschen Blondinen am Strand sehe und mich eine Welle von Selbstzweifeln überkommt. »Warum sehe ich nicht so aus? Warum kann ich jetzt nicht auch auf den Malediven sein?« Du weißt, was ich meine, oder? Leider vergessen wir dabei manchmal unsere eigene Geschichte. Unsere eigenen Erfolge und Hürden, die wir schon gemeistert haben. Denn wir kennen die vollständige Geschichte der Personen nicht, die lachend auf unseren Bildschirmen flimmern.

Was du siehst: Influencerin Jana hat über zwei Millionen Follower, fliegt auf die Malediven mit ihrem perfekten Ehemann und geht auf ein cooles Event nach dem anderen.

Was du nicht siehst: Jana ist am Rande eines Burnouts, verspürt selbst kein Glück mehr über all das, sondern möchte am liebsten einfach untertauchen, weil sie diesem Druck nicht mehr standhält.

Was du siehst: Sandra aus deiner Parallelklasse hat endlich den Job als Managerin, ist mit deinem Exfreund zusammen und hält die neueste Prada-Tasche breit grinsend in die Kamera.

Was du nicht siehst: Sandra weint sich jeden Abend in den Schlaf, weil ihr Vater ihre Mutter seit Jahren betrügt. Damit sie das Geheimnis für sich behält, kauft er ihr Schweigen mit Designer-Handtaschen.

Worauf ich hinaus will: Nichts ist so, wie es scheint. Schon gar nicht auf Social Media. Ich mache das seit über fünf Jahren hauptberuflich und habe schon einige andere Influencer*innen persönlich kennengelernt. Und ja, ich war das eine oder andere Mal regelrecht schockiert, als ich erfuhr, wie es wirklich hinter den Kulissen aussieht. Wir sehen auf Bildern und Videos, wie glücklich und erfolgreich andere sind, aber kennen nun mal nicht ihre gesamte Geschichte. Wir wissen nicht, wie es familiär aussieht oder von welchen Gedanken sie nachts wachgehalten werden. Ich denke, wir können es ihnen nicht einmal übelnehmen. Oder würdest du auf Social Media teilen, dass dein Vater das vierte Mal diese Woche sturzbetrunken nach Hause kam und du einfach nicht mehr weißt, wie du mit der Situation umgehen sollst? Oder dass du dein Leben lang das Gefühl hast, nicht gut genug zu sein und dir deshalb über Social Media Bestätigung holst? Würdest du teilen wollen, dass dein Freund schon wieder lieber Zeit mit seinen Freunden verbringt anstatt mit dir? Oder würdest du dich vielleicht eher dafür entscheiden, ein Foto der Blumen zu teilen, die er dir danach als Entschuldigung gebracht hat? Vielleicht noch mit der Caption: »Es ist so süß, dass mir mein Freund immer wieder Blumen bringt. Bester Mann!«

Natürlich ist das nicht immer so und nicht alle Influencer*innen belügen dich pausenlos und inszenieren ihr Leben. Nicht jeder Blumenstrauß ist eine Vertuschung eines Problems, aber manche bestimmt. Es ist wichtig, das beim nächsten Scrollen im Kopf zu behalten, damit du nicht wieder in ein tiefes Loch fällst und das Gefühl hast, allen anderen geht es viel besser als dir.

Beauty-Filter – das Spiel mit dem Teufel

Viele Influencer*innen haben einen schlanken, trainierten Körper und sehen sich im Grunde sehr ähnlich. Sie haben einen gewissen Lebensstil und ein Aussehen, um das sie andere beneiden. Das bestätigt auch die Vereinigung der deutschen ästhetisch-plastischen Chirurgie (DGÄPC), denn sie stellten allein im Jahr 2022 einen Anstieg von ästhetischen Behandlungen von rund 15 % fest.[16] Fünfzehn Prozent! Das bedeutet also, dass sich immer mehr Menschen operieren wollen. Bereits auf Instagram sah ich im vergangenen Jahr vermehrt Videos, in denen vor allem junge Frauen über ihre Schönheitsoperationen sprachen. Ich finde es gut, dass mit dem Thema offen umgegangen wird und man zu seiner Entscheidung steht, dennoch empfinde ich es auch als große Verharmlosung. Da die Zielgruppe beispielsweise auf TikTok generell jünger ist und sich dementsprechend auch noch leichter beeinflussen lässt. Wer aus diversen Gründen auf eine Operation verzichten möchte, aber dennoch mit dem eigenen Aussehen unzufrieden ist, kann heutzutage auch leicht auf diverse Beauty-Filter zurückgreifen. Während Fotobearbeitung in meiner Schulzeit nur wenigen Menschen vorbehalten war, da Programme wie Photoshop noch sehr kostenintensiv waren und man ein gewisses Know-how besitzen musste, kann heutzutage jedes zwölfjährige Kind problemlos darauf zugreifen. Snapchat hat mit den Beauty-Filtern gestartet, aber schnell implementierte auch Instagram und TikTok die Funktion, dass man sein eigenes Gesicht in Echtzeit glätten oder verändern kann. In wenigen Sekunden kannst du dich in den eineiigen Zwilling von Kim Kardashian verwandeln. Das wird auch zur Genüge getan. Deshalb sehen sich auch so viele Influencer*innen so ähnlich, wenn man ihre Selfies vergleicht. Oder weil sie denselben Schönheitschirurgen haben, kann natürlich auch sein.

Hier stellt sich zwangsläufig die Frage: Was macht das mit uns? Was macht das mit unserem Selbstbewusstsein, wenn wir tagtäglich Fotos von anderen Menschen sehen, die aalglatte Haut, einen prallen Po, volle Lippen und eine perfekte Haarpracht haben? Ich weiß nicht, ob es dir auch so geht, aber ich vergleiche mich manchmal damit. Das Gefährliche daran ist auch, dass wir auf den ersten Blick nicht erkennen können, ob das Bild bearbeitet ist oder nicht. In Frankreich oder Norwegen müssen stark retuschierte Bilder deutlich gekennzeichnet werden. Finde ich gut, so sieht man zumindestens direkt, dass das Foto nicht genau die Realität abbildet, sondern nachträglich modifiziert wurde. Das ist zumindest mal ein Anfang, um dem unrealistischen Schönheitsideal entgegenzuwirken und Bewusstsein für die Thematik zu schaffen.

Was mit seltsamen Hundeohren und überdimensionaler Zunge auf Snapchat begonnen hat, ist mittlerweile so fortgeschritten, dass Menschen ihr bearbeitetes Selfie ausdrucken und ihrem Schönheitschirurgen als Referenz vorlegen. Früher verglich man sich mit Stars, heute möchte man so sein, wie das bearbeitete Selbstportrait. Laut einer Umfrage der Deutschen Gesellschaft für ästhetisch-plastische Chirurgie von 2019 gaben 59,1 % der befragten Chirurg*innen an, dass bereits einige Patient*innen mit einem bearbeiteten Selfie als Vorlage in die Praxis gekommen sind und so aussehen wollten wie auf dem Foto.[17]

Wenn du dein eigenes Gesicht laufend bearbeitest und dich an den Anblick gewöhnst, fühlst du dich hässlich, wenn du dein »normales« Spiegelbild siehst. Dieses Phänomen hat sogar einen Namen: »Selfie Dismorphia«. Es beschreibt, dass wir uns an den Anblick des digital bearbeiteten Selfies so sehr gewöhnen, dass es irgendwann ungewohnt ist, unser Gesicht unbearbeitet zu sehen. Ich habe selbst schon gemerkt, wie schnell das gehen kann. Früher machte ich öfter Selfies mit Filtern und bereits nach ein paar Fotos fühlte ich mich ohne Filter weniger schön. Das geht so unfassbar schnell und ist so gefährlich, weil das eigene Selbstbewusstsein sehr darunter leiden kann und psychische Probleme verstärkt werden. Deshalb hörte ich damit auf, Filter zu verwenden, die meine Gesichts- oder Körperform verändern. Das tut mir einfach nicht gut und ist Betrug den Menschen gegenüber, die sich meine Fotos oder Videos ansehen und sich anschließend mit mir vergleichen. Manchmal poste ich auf Instagram Vergleiche zwischen einem bearbeiteten Selfie und einem unbearbeiteten, um meine Community für die Thematik zu sensibilisieren. Ich kann dir nur raten, die Finger von solchen Filtern zu lassen! Für dich selbst, und auch für andere. Trau dich und poste das nächste Foto von dir einmal ohne irgendwelche verzerrende Filter. Nimm es als Challenge, um an deinem Selbstbewusstsein zu arbeiten und markiere mich gerne in deinem unbearbeiteten Selfie. Du bist gut, so wie du bist! Du brauchst keinen künstlichen Filter, der versucht unser aller Gesicht in dieselbe Form zu pressen. Wir sehen alle einzigartig aus und das ist auch gut so. Genau das sollten wir mehr feiern.

Spieglein, Spieglein, du kannst mich mal

Dünn sein = glücklich sein?

Disclaimer: In diesem Kapitel spreche ich über mein gestörtes Essverhalten. Wenn dich das triggert oder dir gerade nicht guttut, überspringe diesen Teil bitte einfach.

Als ich sechzehn war, entwickelte ich eine zunehmende Unzufriedenheit mit meinem Körper. In meinen Augen war ich zu dick. Nicht viel, aber ein bisschen abnehmen würde mir sicher nicht schaden, dachte ich. Tumblr war damals *das* soziale Netzwerk, mit dem ich die meiste Zeit verbrachte. Das gängige Schönheitsideal zeigte Mädchen mit einer Lücke zwischen den Oberschenkeln und hervorstehenden Schlüsselbeinen. »Thigh gap« und »collar bones« lautete mein damaliges Lebensziel. Die Größe der Oberschenkel-Lücke setzte ich damals gleich mit der Größe meiner persönlichen Zufriedenheit. Ich tat also alles, um so dünn wie möglich zu sein. Für Sport konnte ich mich noch nie sonderlich begeistern, deshalb beschloss ich, einfach meine Nahrung zu reduzieren. Würde ich einfach nur die halbe Portion essen, wäre das ein tolerierbarer Verlust und ich würde meiner

Traumfigur, und dem damit verbundenen Glück, näherkommen. Das kam mir nicht weiter tragisch vor, denn ich war schon daran gewöhnt, dass Frauen ständig irgendwelche Diäten machten. Die Jahre davor las ich ständig Magazine, die die absurdesten Abnehmtipps empfahlen. Bald entwickelte sich diese »Diät« allerdings zu einem ziemlich gestörten Essverhalten, denn ich reduzierte meine Nahrung immer weiter, bis hin zu Tagen, an denen ich über den gesamten Tag verteilt nicht mehr als ein Brötchen mit Aufstrich aß. Irgendwie rutschte ich da hinein. Ganz schleichend. Über Monate hinweg. Eigentlich wollte ich ab einer gewissen Zahl auf der Waage damit aufhören und wieder normal essen, aber es ging nicht. Mein Appetit war komplett weg und mir war den ganzen Tag nur übel. Ja, ich war dünn und hatte endlich diese verdammte Lücke zwischen den Beinen, aber das damit verbundene Glücklichsein stellte sich, entgegen meinen Erwartungen, nicht ein. Außerdem hatte ich nun andere Probleme: Jetzt störte mich meine verhältnismäßig große Nase, meine schiefen Zähne und meine noch kleiner gewordenen Brüste. Jetzt hatte ich zwar endlich den lang ersehnten flachen Bauch, aber gepaart mit einem winzigen Po mit Dellen – gibt's scheinbar nur im Doppelpack. Meine vermeintlichen »Problemzonen« lösten sich mit der Gewichtsabnahme nicht auf, sondern verlagerten sich nur auf andere Körperstellen. Warum hatte mir das vorher niemand gesagt?

Der Appetit war mir völlig vergangen und über Monate und Jahre hinweg kannte ich das Gefühl von Hunger nur vom Hörensagen oder aus verschwommenen Erinnerungen an meine Kindheit. Damals war mir klar, dass ich essen muss, damit mein Körper funktionierte und ich wieder Energie bekam, aber ich konnte trotzdem nicht mehr essen. Wenn ich Nahrung nur sah oder roch, wurde mir speiübel. Wenn ich mich dann doch mal dazu zwang, etwas zu essen, musste ich nach ein paar Bissen aufhören, weil sich ein Würgereflex bei mir einstellte, den ich nicht unterdrücken konnte. Eklig.

Auch die äußerst cleveren »Iss doch einfach mal was!«-Ratschläge meiner Schulkolleg*innen machten es seltsamerweise nicht besser. Jetzt hörte ich täglich Sätze wie »Du bist soo dünn! Iss mal mehr! Du siehst krank aus!« und realisierte, dass diese Bemerkungen über den eigenen Körper genauso belastend waren, wie Sprüche darüber, dass man zugenommen hatte. Es waren keine Komplimente, es war aus meiner Sicht beleidigend und übergriffig, denn keiner wusste von meinem schwierigen Verhältnis zu Essen. Die Jahre davor hätte ich mir gewünscht, einfach keinen Hunger zu verspüren, aber es ist ein verdammt ekliges Gefühl, nichts mehr essen zu können, obwohl man es eigentlich will. Es war eine richtig schwere Zeit für mich und zu dem Zeitpunkt, an dem ich so dünn war wie noch nie, ging es mir auch so dreckig wie noch nie. Und das, obwohl ich immer dachte, dass dünne Menschen automatisch glücklich sind, weil das in meinem Unterbewusstsein so tief verankert war, was mir durch Zeitschriften und andere Medien eingebläut wurde. Jedoch schien das nicht zu stimmen, denn ich befand mich in der dunkelsten Phase meines bisherigen Lebens. Es schien mir alles so sinnlos und es gab Tage, da hätte ich mich am liebsten einfach in Luft aufgelöst. Ich wünschte mir nicht unbedingt, tot zu sein, aber zu mindestens wollte ich ganz weit weg von meinen Problemen und der Welt um mich herum sein. Ich hatte das Gefühl, dass mich niemand verstand. Deshalb behielt ich diese Gedanken für mich und versuchte, da irgendwie wieder alleine herauszukommen. Irgendwann war dann der Punkt gekommen, an dem ich realisierte, was ich mir mit diesem Hungern eigentlich angetan hatte, und so begann ich mich wieder mehr um mich zu kümmern und für mich zu sorgen wie für ein kleines Kind. Es gab nicht viele Gerichte, auf die ich Lust hatte, aber ich versuchte gezielt, diese zu kochen. Ich aß nur noch Dinge, die mir schmeckten. Auch wenn das größtenteils süße Snacks wie »Milchschnitte« oder »Kinder Country« waren. Es ging mir nicht mehr darum, diese dünne Figur unbedingt zu behalten, sondern im Vordergrund stand jetzt der Wunsch, endlich wieder ein normales Essverhalten zu haben, eine gesunde Beziehung zum Essen und vor allem wieder Freude daran zu haben. Was mir außerdem half, war, das Essen wieder mehr zu zelebrieren. Ich machte einen Akt der Selbstliebe daraus, bereitete mir liebevoll das Essen zu, zündete Kerzen an und nahm es ohne Ablenkung und mit Dankbarkeit zu mir. Natürlich dauerte das Monate und Jahre, bis ich wieder an dem Punkt war, an dem mir Essen Spaß machte und ich ein normales Hungergefühl hatte, aber: Ich schaffte es da raus und darüber bin ich verdammt glücklich! Ich ließ diese Hungerphase hinter mir und erlangte die vage Erkenntnis, dass das eigene Glück vielleicht gar nicht so viel mit dem Aussehen zu tun hat, wie ich immer dachte.

Zu diesem Thema habe ich auch meine Instagram-Community befragt und es stellte sich heraus, dass beinahe jedes Mitglied schon mal eine Diät gemacht hat. 57 % der Personen gaben außerdem an, dass sie schon mal eine Essstörung oder ein sehr ungesundes Essverhalten hatten.

Denkst du, du wärst glücklicher, wenn du dünner wärst?

Hast du schon einmal eine Diät gemacht?

Hattest du schon mal eine Essstörung oder ein sehr ungesundes Essverhalten?

I feel good!

2018 hatte ich endlich wieder ein normales Essverhalten. Ich ernährte mich vegetarisch und intuitiv und das funktionierte ganz gut. Mittlerweile war ich auch nicht mehr untergewichtig und hatte wieder einige Kilos zugenommen, was mich grundsätzlich nicht störte. Silvester 2018 hatte ich dann aber ein Erlebnis, das mich zum Nachdenken brachte. Eigentlich hasse ich Silvester, weil es für mich immer mit so vielen Erwartungen verknüpft ist und somit auch die Enttäuschungen vorprogrammiert sind. Deshalb war ich an diesem Montag generell schon mal in keiner guten Verfassung. Damals hatte ich auf Instagram schon einige tausend Follower und der Druck, ein großartiges Silvester-Bild in perfektem Outfit zu teilen, war erdrückend groß. Ich stand also in meinem alten Kinderzimmer bei meiner Mama und riss ein Kleidungsstück nach dem anderen aus meinem Kleiderschrank. »Ich bin so fett geworden!«, schrie ich in Gedanken und Tränen schossen mir in die Augen. »Wieso habe ich einfach nichts zum Anziehen?« Wut stieg in mir hoch. Wut auf mich selbst, dass ich es zugelassen hatte, wieder zuzunehmen. Wut darauf, dass ich einfach nicht mit anderen Influencerinnen mithalten konnte und nicht annähernd so außergewöhnliche Outfits besaß wie sie. Von dem trainierten, perfekten Körper mal ganz abgesehen. Die Tränen rannten mir über die Wangen und mein Freund umarmte mich tröstend. Er gab sein Bestes, mich aufzuheitern, doch es änderte nichts an der Tatsache, dass er mein Leiden einfach nicht nachempfinden konnte. Schließlich weiß er nicht, wie es sich anfühlt, wenn man ständig nach seinem Äußeren beurteilt wird. Wenn Aussehen und Outfits ständig kommentiert werden. »Na, hast du wieder zugenommen?« musste er noch nie von jemandem hören und das Verlangen, einem Schönheitsideal zu entsprechen, ist bei ihm nicht annähernd so tief verankert wie bei mir. Ich fühlte mich mal wieder hässlich und wie eine einzige große Enttäuschung. »Wieso folgen mir überhaupt andere Menschen? Wieso habe ich so einen tollen Freund? Eigentlich habe ich das alles doch gar nicht verdient!« Das Gedankenkarussell drehte sich, ich schaffte es nicht, auszusteigen und so weinte ich über Stunden. Eigentlich wollte ich mich nur in meinem Bett verkriechen und dieses beschissene Silvester überspringen. Aber wir hatten Freundinnen versprochen, dass wir uns abends treffen. Meine Tränen überschminkte ich und versuchte mir nicht anmerken zu lassen, wie unzufrieden ich mit mir selbst war. Alkohol und Zigaretten halfen mir, dieses Gefühl zu betäuben. Mal wieder. Als ich dann aber inmitten meiner fünf Freundinnen saß, wurde mir etwas bewusst: Vier davon waren viel dünner als ich. Sie trugen Kleidergröße 34 und hatten allesamt kein allzu gutes Verhältnis zum Essen. Jede von den Vieren fühlte sich damals in Wahrheit kein Stück besser und selbstbewusster als ich, obwohl sie die Figur hatten, die ich mal wieder für erstrebenswert erachtete, obwohl ich es eigentlich schon besser hätte wissen sollte. Nur Annika war anders. Annika hatte Rundungen an den Hüften, Brüsten und am Po und man sah weder ihre Schlüsselbeine besonders hervorstehen, noch hatte sie eine Lücke zwischen ihren Beinen. Sie war ohne jeden Zweifel die »Dickste« von uns. Aber sie hatte etwas, das wir alle nicht hatten: Selbstbewusstsein. Annika kam in den Raum, strahlte und zweifelte keine Sekunde an ihrer Schönheit. Sie versuchte im Sitzen nicht wie wir, mit den Armen den Bauch zu verdecken, sondern saß selbstbewusst da und stand zu ihren Bauchrollen. Sie war verdammt sexy. Nicht wegen ihres Körpers oder ihrer Kleidung, sondern weil sie selbst wusste, dass sie verdammt sexy war. Das strahlte sie einfach aus. Sie erleuchtete den Raum und hatte das Selbstbewusstsein und die Energie, die uns anderen so offensichtlich fehlte. An diesem Abend wurde mir klar: Selbstbewusstsein hat absolut nichts mit dem Aussehen zu tun. Es ist nicht der Körper, der uns schön macht, sondern die Ausstrahlung.

Adiós, Selbstzweifel!

Okay, Selbstbewusstsein hat also nichts mit dem Aussehen zu tun. Schön und gut, aber woher bekam ich jetzt dieses Selbstbewusstsein? Wie sollte ich bitte meinen Selbsthass in Selbstliebe umwandeln? Ich liebte mich doch gar nicht! Oder zu mindestens nicht wirklich.

Der Hass musste also zuerst in etwas Neutrales umgewandelt werden. Also beobachtete ich mich und die Art, wie ich mit mir sprach. Was sagte ich, wenn ich in den Spiegel schaute? Machte ich mir Komplimente oder redete ich abfällig über mich? Wie sah die Mehrheit meiner Gedanken aus, die ich über mich hatte? Sagte ich oft »Boah, ich bin so fett!«, und verwendete »fett« eigentlich als Synonym für »hässlich« und »wertlos«, obwohl das eine mit dem anderen rein gar nichts zu tun hat? Beschimpfte ich mich und sprach ich mit mir, wie ich es nicht einmal mit meiner schlimmsten Feindin tun würde?

Irgendwann stieß ich auf den Satz »Behandle dich selbst so, wie du dein siebenjähriges Ich behandeln würdest« und plötzlich machte es in meinem Kopf »klick«. Das Buch glitt aus meiner Hand und Tränen schossen mir in die Augen. Vor meinem inneren Auge das Bild der siebenjährigen Hannah, wie sie lachend in der Wiese sitzt und glücklich ihr Lieblingseis isst. »Verdammt, es stimmt. Irgendwo in mir lebt noch immer dieses kleine Mädchen, das einfach nur geliebt werden möchte.« Plötzlich verstand ich, dass ich mit meinen Worten nicht nur mich beschimpfte, sondern auch die kleine Hannah. Das hatte sie nicht verdient! Jetzt weinte ich wirklich und es tat mir unfassbar leid, was ich meinem Körper alles angetan hatte und zum Teil immer noch tat. Ich hatte es davor noch nie so betrachtet und identifizierte mich sehr stark mit meinem Körper. Obwohl wir eigentlich nicht nur unser Körper sind, sondern auch Seele und Geist.

Unser Körper ist ein wunderbares Hilfsmittel, welches unsere Seele dabei unterstützt, auf diesem Planeten diverse Erfahrungen zu machen. Deine Hände helfen dir dabei, süße Kätzchen zu streicheln oder deine Liebsten zu umarmen. Deine Beine tragen dich zu den schönsten Orten dieser Welt. Dein Herz schlägt unermüdlich für dich und dein Atem funktioniert automatisch. Eigentlich arbeitet unser Körper ein Leben lang für uns und ist immer für uns da, egal wie wir mit ihm umgehen. Er liebt uns immer. Auch wenn wir ihn noch so schlecht behandeln. Er gibt jeden Tag sein Bestes. Und wenn ich genauer über den Sinn unseres Körpers nachdenke, wird mir klar, dass wir einen Körper nur aus dem Grund haben, um uns im Leben zurechtzufinden, Emotionen zu fühlen und Erlebnisse zu machen. Dabei ist es sowas von egal, ob du Dellen auf dem Po hast oder nicht. Sitzen kannst du so oder so. Es ist egal, ob du fünf Kilogramm mehr oder weniger auf den Rippen hast – dein Körper funktioniert und tut, was er soll. Es ist nur die Gesellschaft und die verschiedenen Industrien, die uns einreden, dass unser Aussehen wichtig wäre. Wichtiger als alles andere.

Die innere Kritikerin stoppen

Achte mal bewusst auf deine Gedanken. Wir alle haben eine »innere Kritikerin«. Sie ist unerbittlich, sucht permanent nach Fehlern und lässt uns das auch fühlen. »Du bist unsportlich und faul!«, sagt sie vielleicht. Oder: »Deine Cellulite ist so hässlich und abnormal!«. Diese Beleidigungen sind absolut kontraproduktiv und ändern nichts an der Gegenwart, sondern ziehen dich eher in ein tiefes Loch der Verzweiflung. Sag bewusst »Stopp!« zu deiner inneren Kritikerin! Immer, wenn du vor dem Spiegel stehst, und du sie dabei erwischst, wie sie etwas Negatives zu dir sagt, sag laut: »Stopp! Das ist falsch! Hör auf damit!«. Anfangs kommst du dir dabei vielleicht lächerlich vor, aber glaube mir: Es hilft! So habe ich es geschafft, mir dieses ständige negative Geschwafel abzutrainieren und zu neutralisieren. Das gilt nicht nur für Beleidigungen, die du dir vor dem Spiegel zuwirfst, sondern auch für die Selbstgespräche, die du führst, wenn du einen Fehler machst. Beobachte dich einfach mal. Wie reagierst du auf deine Fehler? »Ach, du bist so blöd!«, sagen dann leider viele Menschen und es macht mich sehr traurig, wenn ich das höre. Zu einem anderen Menschen würden wir so etwas vermutlich nicht sagen, oder? Viel eher: »Schon gut, kann passieren! Versuchs einfach noch mal!« Also versuche diese Art auch dir gegenüber zu kultivieren. Bevor du deine Gedanken in etwas Positives umwandeln kannst und Komplimente statt Beleidigungen verteilst, ist es hilfreich, erst einmal an den Punkt zu kommen, wo du neutral auf dein Spiegelbild reagieren kannst.

Dazu gibt es eine einfache Übung, die ich vor Jahren entdeckt habe. Die sogenannte »Spiegel-Challenge«. Dabei geht es darum, dich täglich fünf Minuten im Spiegel anzusehen. Stell dich vor den Spiegel und versuche, dich nur anzuschauen. Ohne jegliche Gedanken. Einfach nur schauen. Sage jedes Mal bewusst »Stopp!«, wenn Gedanken oder Aussagen in deinem Kopf auftauchen. Es geht hier einfach nur um das bewusste Observieren deines Körpers. Die Challenge der ersten Tage ist, die innere Kritikerin einfach mal zum Schweigen zu bringen. Du kannst das mit Kleidung machen, oder in Unterwäsche, wie es dir lieber ist. Mir hat es geholfen, die Übung die ersten Tage angezogen zu machen, bis ich mich damit halbwegs wohl fühlte und die negativen Gedanken annähernd verschwanden. Dann probierte ich es in Unterwäsche. So lange, bis in meinem Kopf kaum noch Beleidigungen auftauchten. Natürlich geht das nicht von heute auf morgen, sondern braucht eine gewisse Zeit. Schließlich haben wir uns diese negativen Gedanken auch über Jahre hinweg antrainiert. Sei nicht zu hart zu dir und setz dich damit auf keinen Fall unter Druck! Hier geht's nicht darum, etwas tun zu *müssen*, sondern viel eher darum, dir etwas Gutes zu tun. Und es wird immer Tage geben, an denen dir das leichter fällt, und welche, an denen es mehr Überwindung kostet. Das ist ganz normal. Diese Übung hilft dir, die negativen Gedanken abzutrainieren und somit die innere Kritikerin zu stoppen, damit du zum nächsten Schritt der Selbstakzeptanz übergehen kannst.

Dankbarkeit fühlen

Wenn du dich nach ein paar Wochen immer sicherer fühlst und die innere Kritikerin ruhiger wird, kannst du versuchen, dich in Dankbarkeit zu üben. Stelle dich wieder für jeweils fünf Minuten vor den Spiegel und finde so viele Dinge wie möglich, wofür du deinem Körper dankbar bist. Durch diese Übung schaffst du es, den Fokus weg von deinem Aussehen hin zur Dankbarkeit und Selbstwertschätzung zu legen. Bei mir lauteten die Sätze zum Beispiel so: »Danke, Beine, dass ihr mich täglich von A nach B tragt. Danke, Augen, dass ich durch euch wundervolle Dinge sehen kann. Danke, Hände, dass ihr es mir ermöglicht, dieses Buch zu schreiben.« Das können ganz individuelle Dinge sein. Wichtig ist nur, dass in dir das Gefühl von Dankbarkeit entsteht. Auch das kann eine Challenge sein, weil du vielleicht schon einen jahrelangen Kampf gegen deinen Körper führst. Du darfst erkennen, dass dein Körper nicht dein Feind ist, sondern viel eher so etwas wie eine gute Freundin. Für sie möchtest du doch auch nur das Beste und bist ihr einfach dankbar, oder? Vielleicht erleichtert dir dieser Gedanke die Übung und unterstützt dich dabei, einen differenzierteren Blick auf deinen Körper zu erlangen. Mit der Zeit wird es auf jeden Fall leichter. Auch heute noch integriere ich diese Übung in meinen Alltag und mache sie, wann immer ich daran denke, weil es mir richtig guttut und mich positiv stimmt. Manchmal gehe ich im Bett vor dem Einschlafen geistig alle Körperteile durch, fokussiere mich auf sie und konzentriere mich auf das tiefe Gefühl der Dankbarkeit. Hört sich vielleicht blöd an, doch mir hat es wirklich geholfen, dadurch den Fokus mehr auf die Funktion und den wahren Grund für das Dasein meines Körpers zu lenken. Das ist so viel schöner, als immer nur die vermeintlichen Makel an meinem Körper zu sehen.

Komplimente machen

Wenn du es erfolgreich geschafft hast, dir die negativen Gedanken abzutrainieren und sie durch das Gefühl von Dankbarkeit ersetzt hast, bist du schon auf einem guten Weg zu mehr Selbstliebe. Der nächste Schritt ist, dir Liebe zu schenken. Mach dir jedes Mal, wenn du dich im Spiegel siehst, ein Kompliment. Es muss gar nichts Äußerliches sein, es ist sogar besser, wenn es sich um eine Charaktereigenschaft von dir handelt. Aber natürlich kannst du dir auch ein Kompliment zu deinem Outfit oder deinen Augen machen. Die einzige Regel ist, dass du dir selbst etwas sagst, das dir ein gutes Gefühl gibt.

Das Ziel dieser gesamten Challenge ist, deine negativen Selbstgespräche entweder durch Stille oder durch schöne Komplimente zu ersetzen. Glaub mir: Damit geht so viel Lebensqualität einher. Probiere es doch einfach mal aus und schreib mir gerne auf meinem Instagram-Kanal @hannahmaylou, wie es dir dabei geht.

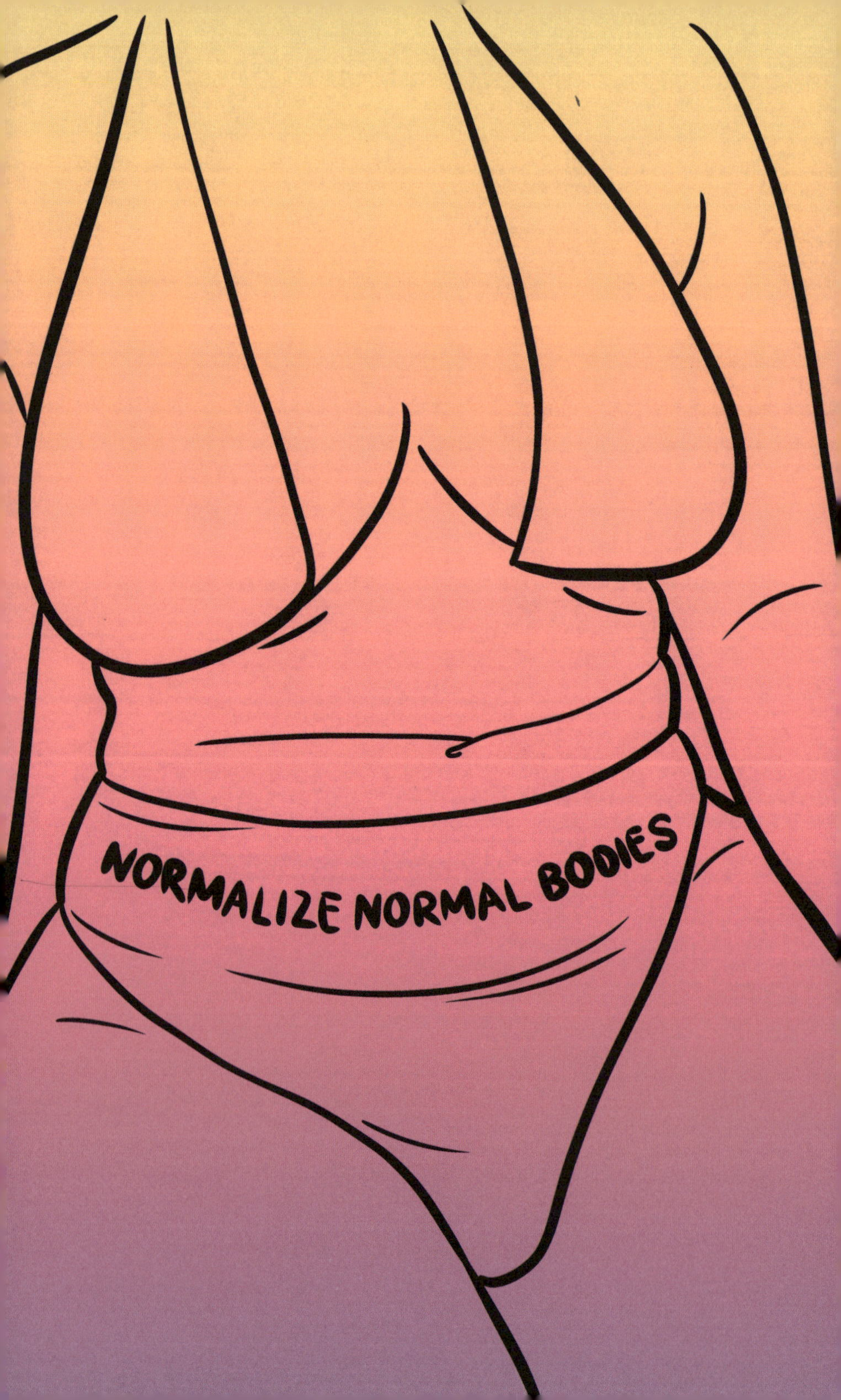
NORMALIZE NORMAL BODIES

Gestreifte Dellen mit Fell

Bye, bye, Bodyshamer!

Sich selbst so zu akzeptieren, wie man ist, ist natürlich alles andere als einfach und geht leider nicht von heute auf morgen. Um ehrlich zu sein, ist es in unserer Welt sogar verdammt schwierig, sich selbst zu lieben. Dieses Gefühl, nicht gut genug zu sein, wurde vielen von uns schon in die Wiege gelegt und zieht sich durch unser ganzes Leben. Es beginnt schon im Kindesalter beim Puppenspielen. Barbie, die bekannteste Puppe der Welt, hat nämlich Maße von 91–46–84, womit sie in der realen Welt nicht lebensfähig wäre. Sie ist so dünn, dass nicht einmal ihre Organe in ihrem Bauch Platz hätten.[18] Außerdem wäre sie vermutlich unfruchtbar, da ihr Körper zu wenig Geschlechtshormone produzieren würde und auch ihr BMI deutet auf sehr starkes Untergewicht hin. Sollten kleine Kinder mit so einem Vorbild aufwachsen? Spätestens wenn wir Models oder scheinbar »perfekte« Influencer*innen mit glatter Haut, großer Oberweite und flachem Bauch sehen, ist es bei den meisten vorbei mit der Selbstakzeptanz. Wir vergleichen uns und es endet meistens so, dass wir uns minderwertig fühlen. Über Jahre hinweg habe ich meinen Körper mit anderen verglichen und bei diesem Vergleich immer den

Kürzeren gezogen. Meine Haut ist nicht glatt. Sie ist durchscheinend, sodass man meine blauen Adern sieht. Außerdem habe ich ziemlich viel Cellulite. Das war schon immer so. Das ist vermutlich genetisch bedingt, und dass ich kaum Sport mache, trägt wohl auch dazu bei. Wenn ich dann Fotos von anderen sehe, kommt plötzlich diese »Lust« auf Sport, die eigentlich gar keine ist. Viel eher ist es eine Maßnahme aus dem Gefühl der Minderwertigkeit heraus. Ein Ich-*muss*-Sport-Machen, um abzunehmen, straffere Haut zu bekommen oder endlich einen größeren Booty zu haben. Ein Ich-*muss*-Sport-Machen mit dem Beigeschmack von Ich-*muss*-mich-verbessern. In Wahrheit ist die Kernaussage davon: »Andere sind besser als ich« und: »Ich bin nicht gut genug.« Hast du das auch schon mal gefühlt?

Fühlst du dich manchmal nicht schön?

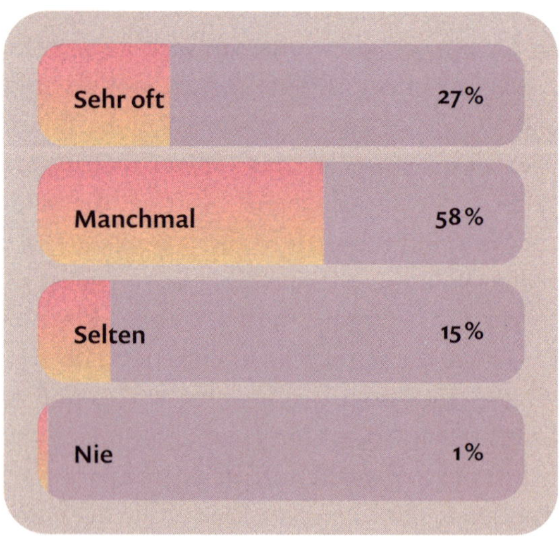

Bei der Umfrage an meine Community stellt sich schnell heraus, dass JEDE*R von uns dieses Gefühl kennt! Generell befürchte ich, dass es niemanden auf der Welt gibt, der es noch nie verspürt hat, und falls doch: Ich bin offiziell eifersüchtig!

Dieses Gefühl war lange eine sehr gute Freundin von mir und auch heute kommt sie ab und zu noch vorbei und sagt »Hallo«. Nicht mehr so oft, nicht mehr so aufdringlich, aber sie ist da. Der Unterschied ist nur, dass ich mich jetzt traue, diesen ungebetenen Gast einfach hinauszuwerfen, in dem ich zum Beispiel in Gedanken »Stopp« sage. So wie im vorherigen Kapitel beschrieben. Ich sage bewusst »Stopp« zu diesen Gedanken und versuche, mich abzulenken. Auch das braucht natürlich viel Übung. Und ja, mir ist bewusst, wenn man so sehr damit beschäftigt ist, sich selbst zu hassen, klingt das nach einem Ding der Unmöglichkeit. Man muss sich auch nicht unbedingt gleich selbst *hassen*, es beginnt schon bei den vermeintlichen »Problemzonen«, die die meisten von uns haben. In diesem Kapitel möchte ich mich speziell unseren problematischen Stellen widmen. Wieso eigentlich »Problemzonen«? Ist mein Po ein Problem? Eigentlich nicht. Zumindest beeinträchtigt er mich nicht in seiner physischen Form. Obwohl, irgendwie ja doch, was das Aussehen angeht. Doch das Wort »Problemzonen« macht die ganze Sache nicht besser, weil wir dadurch bei dem Narrativ bleiben, sie stünden uns irgendwie im Weg. In Wahrheit sind es nur Körperstellen, die uns helfen, uns in Selbstakzeptanz zu üben.

Fest steht: Wir ALLE haben Körperstellen, bei denen es uns schwerfällt, diese zu akzeptieren. Nachdem ich meine Community gefragt habe, um welche Stellen es sich konkret handelt und sich gewisse Antworten oft wiederholten, möchte ich jetzt auf diese Körperstellen genauer eingehen.

Alle lieben Sommerrollen

Der Bauch ist das Körperteil, das am öftesten genannt wurde, und auch eines, mit dem ich lange haderte. »Der Bauch MUSS flach sein!«, denken wir und vergessen, dass unsere Organe auch irgendwo Platz finden sollten.

Bist du zufrieden mit deinem Bauch?

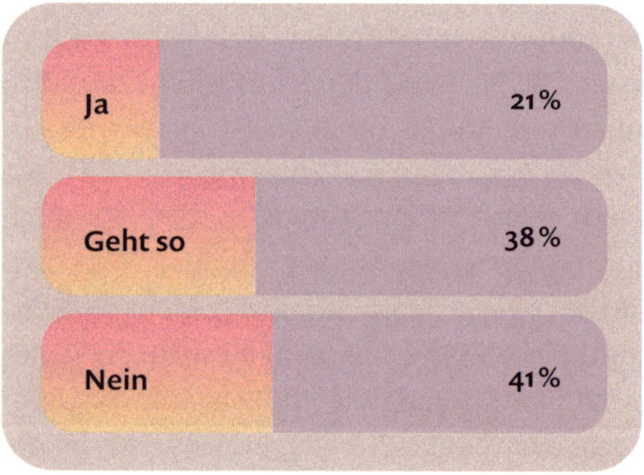

Ist dein Bauch flach?

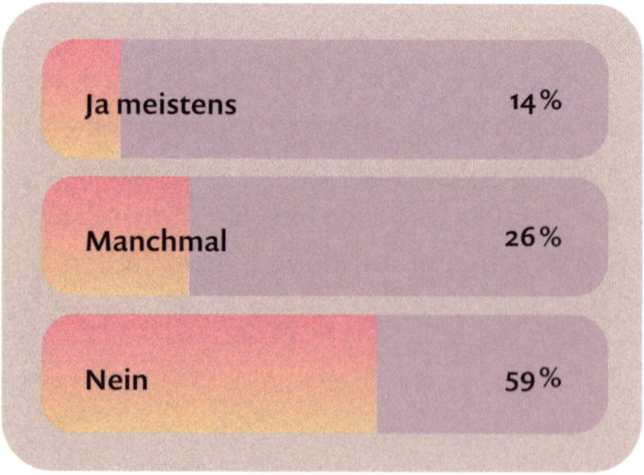

Eigentlich möchte ich gar nicht wissen, wie viele Stunden, Tage und Monate ich schon damit verbracht habe, meinen Bauch einzuziehen. Das ist nicht nur verdammt anstrengend, sondern auch ungesund für den Körper. Nicht selten führte das bei mir zu Magenkrämpfen und Verstopfung, also völlig kontraproduktiv. Aus Angst, andere könnten sehen, dass mein Bauch nicht flach ist, tat ich es trotzdem. Aber sind wir mal ehrlich: »Das Leben ist zu kurz, um den Bauch einzuziehen!«, wie die Autorin Sandra Wurster mit ihrem gleichnamigen Buchtitel zu sagen pflegt. Und sie hat verdammt recht! Wieso versuchen wir unsere Körperhaltung bewusst zu verändern und uns künstlich einzuschränken, anstatt einfach mal locker zu lassen und zu entspannen? Es ist doch so anstrengend, immer darauf zu achten, dass man »vorzeigbar« ist, oder? Außerdem ist der Bauch speziell von Menschen mit Uterus gar nicht dafür bestimmt, flach zu sein, denn unsere Organe brauchen auch irgendwo Platz! Unser Bauch besteht nämlich nicht nur aus Fett, sondern ist gleichzeitig auch das wohlig warme Zuhause unserer Organe. Denen steht auch etwas Raum zu, immerhin halten sie uns am Leben. Obwohl uns die sozialen Medien oft etwas anderes vorgaukeln, ist es in der Realität so, dass die wenigsten einen völlig flachen Bauch haben. Schon gar nicht nach den Mahlzeiten, denn auch die Nahrung braucht irgendwo Platz und dafür darf sich unser Bauch ausdehnen und sich Raum nehmen. Der Bauch ist beweglich und macht im Sitzen auch schon mal Rollen. Man sieht diese vor allem im Badeanzug, deshalb spricht man im Fachjargon auch von »Sommerrollen«. Okay, Spaß beiseite. Aber diese Rollen sind wirklich absolut normal! Wir alle haben sie! Und wenn man sie auf dem Instagramfoto von Influencerin XY nicht sieht, liegt das daran, dass sie in Wahrheit in einer extrem ungemütlichen Pose sitzt, den Bauch einzieht, die Luft anhält und das Foto im Nachhinein noch retuschiert. Kein Witz. Been there, done that. Ich hab schon genug Fotos gemacht, auf denen ich mich in Wahrheit extrem unangenehm verrenkt habe und mich bemüht habe, den Atem so lange wie möglich anzuhalten, nur um anderen zu suggerieren, mein Körper sehe so aus, weil ich dachte, andere Menschen erwarten von mir, »perfekt« auszusehen. Aber spoiler alert: Weder ich noch du müssen perfekt aussehen! *Wir müssen gar nichts!* Wir schulden niemanden ein gewisses Aussehen, sondern dürfen sein, genauso wie wir eben gerade sind. Mit all den Fältchen und Rollen. Außerdem, wer bestimmt schon, was »perfekt« ist? Das nächste Schönheitsideal? NO WAY! Können wir bitte mal kollektiv aufhören, dem Schönheitsideal Beachtung zu schenken? Danke!

Lange Beine & praller Po

Auch die Beine wurden von meiner Instagram-Community verdammt oft als »Problemzone« betitelt. Aus vielen Gründen. Entweder sind sie zu dick, zu kurz, zu schwabbelig, haben zu viel Cellulite, sind zu haarig oder alles zusammen. Auf jeden Fall sind sie auf irgendeine Art falsch. Und das, obwohl sie eigentlich so viel für uns tun. Sie helfen dir täglich von Ort zu Ort zu kommen und tragen dich unermüdlich durch die Gegend. Obwohl du sie so sehr hasst. Das ist eine ziemlich nette Geste von ihnen, oder? Da könnten wir ab und zu schon mal ein bisschen Dankbarkeit zeigen. Schließlich ist es nicht selbstverständlich, zwei funktionierende Beine zu haben. Trotzdem weiß ich sehr gut, wie das ist, wenn man ein Körperteil hat, das man überhaupt nicht mag. Man schenkt den Beinen die ganze negative Aufmerksamkeit und glaubt, dass sie alle anderen Menschen genauso hässlich finden wie man selbst. Es kann sogar passieren, dass die Hässlichkeit, die wir gegenüber den Beinen empfinden, sich schnell auf den ganzen Körper verlagert und in dieses Ich-bin-so-hässlich-keiner-mag mich-Gefühl verwandelt. Aber überleg mal rational: Hast du einen Freund oder eine Freundin, die du nur wegen ihres Aussehens magst? Mit der du befreundet bist, weil sie einen flachen Bauch hat und perfekte Beine? Ich frag mal umgekehrt: Wärst du mit jemandem nicht befreundet, hätte die Person unproportional dicke Beine? Ich glaube nicht. Oder hoffe es zu mindestens. Deine Beine sind zwar ein Teil von dir, aber du bestehst nicht nur aus deinen Beinen. Du bist viel mehr als dein Aussehen und andere Menschen mögen dich nicht nur deshalb. Sie mögen dich, weil du andere zum Lachen bringst, weil du gut zuhören kannst oder einfach einen tollen Charakter hast. Und nein, das ist nicht nur platt dahingesagt, sondern meine Instagram-Community, bestehend aus über 70.000 Menschen, sieht das genauso.

Was findest du attraktiver?

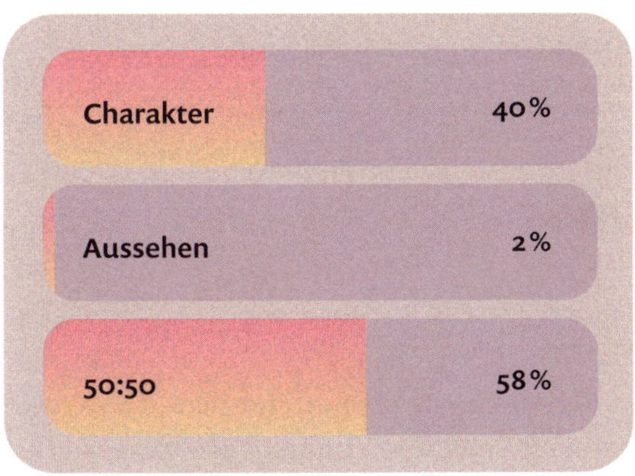

Kommen wir zu unserer Kehrseite: Kann es sein, dass sich unsere Beziehung zu unserem Po in den letzten Jahren kollektiv verändert hat? Während vor zehn Jahren andere Mädchen noch ein Problem mit einem großen Po hatten, gilt das heute als erstrebenswert. Spätestens seit Kim Kardashian kann der Po gar nicht groß und prall genug sein. Natürlich ging dieser Trend auch an mir nicht vorbei. Mein Po war schon immer eher klein und flach. Früher störte er mich nicht, aber heute wünsche ich mir schon manchmal, dass er ein bisschen praller ist. Ich weiß, dass das in Wahrheit nicht mein persönlicher, innigster Wunsch ist, sondern viel eher einem Schönheitsideal geschuldet ist, das aktuell in den Medien propagiert wird. Wir alle werden täglich mit diversen Medien konfrontiert und es ist verdammt schwer, sich von den Bildern und damit auch den vermittelten Idealen zu distanzieren und sie nicht an einen ranzulassen. Gerade beim Thema Po sieht man, wie stark dieses Schönheitsideal medial beeinflusst wurde. Um ehrlich zu sein, beruhigt mich das, weil ich weiß, dass wieder eine Zeit kommen wird, in der kleinere Pos voll im Trend sind. Und mal ehrlich: Unsere Körperformen sind doch keine Trends, oder? Umso mehr ich darüber nachdenke, desto absurder finde ich dieses Konzept. Schließlich hat sich niemand seinen Körper ausgesucht und vieles ist und bleibt einfach Genetik.

Tigerstreifen

Cellulite

Kommen wir zu einem Thema, mit dem ich persönlich auch manchmal noch hadere: Cellulite. Fälschlicherweise auch oft »Cellulitis« genannt, was eine bakterielle Entzündung des Unterhautgewebes ist. Die Grübchen, die wir im Gesicht so süß finden, sind nämlich auf den Beinen »komische Dellen« und eher unerwünscht. Ein bisschen so, wie Brustwarzen als schön gelten, solange man nur zwei hat, aber schiefe Blicke ernten, sobald man drei Stück davon hat.

Schämst du dich für deine Cellulite?

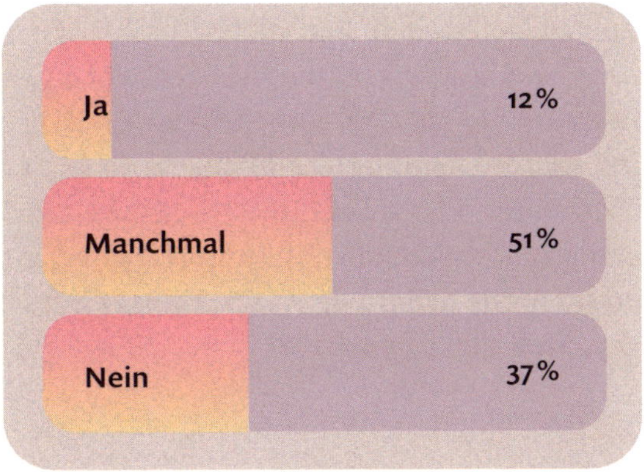

Viele von euch schämen sich sehr für die Dellen an Beinen und Po. Faktisch betrachtet gibt es eigentlich keinen Grund dafür, denn über 90% der Frauen haben diese Grübchen und sie sind somit die absolute Norm. Das liegt auch daran, dass das weibliche Bindegewebe anders aufgebaut ist als das männliche. Bei biologischen Frauen sind die Fasern parallel angeordnet mit dehnbaren Zwischenräumen. Bei Männern hingegen ist das Netz dichter und kann deutlich weniger Fett und Wasser speichern.[19] Ziemlich gemein, oder? Naja, gemein ist eher, dass uns permanent eingeredet wird, dass die Grübchen hässlich sind und wir sie loswerden müssten. Lasst uns doch kollektiv mal lieber dazu stehen, dass wir Frauen nun eben Cellulite haben. Ist ganz normal und mindert weder unsere Schönheit noch unseren Wert!

Dehnungsstreifen

Auch Dehnungsstreifen betreffen ganz viele Menschen. Einige nennen sie auch »Schwangerschaftsstreifen«, obwohl sie nicht nur durch eine Schwangerschaft auftauchen können, sondern genauso auch bei Menschen, die noch nie schwanger waren. Wie wär's, wenn wir ab jetzt von »Tigerstreifen« sprechen? Ich finde, das klingt viel süßer und positiver behaftet. Auch Tigerstreifen sind nichts, wofür wir uns schämen müssen, sondern zeigen uns viel eher, wozu unsere Haut eigentlich imstande ist. Die unbeliebten Streifen entstehen durch eine starke Dehnung der Haut, wenn man zum Beispiel viel zunimmt oder schnell wächst. Und eigentlich ist es doch ziemlich faszinierend, dass unsere Haut einfach mitwächst und wir uns nicht, wie eine Schlange, jedes Mal häuten müssen. Stell dir das mal vor!

Hast du Dehnungsstreifen?

Ich glaube, wir müssen uns von der Vorstellung trennen, dass unser Körper ein Leben lang gleichbleiben muss und sich nicht verändern darf. Klingt jetzt vielleicht nach so einem Kalenderspruch, aber ich sag's trotzdem: Das Leben ist Wandel und auch wir und unser Körper dürfen uns wandeln. Du darfst auch mal zunehmen! Du darfst altern und Falten bekommen! Das Leben darf sich an deinem Körper abzeichnen und das ist völlig okay und normal so. Du schuldest niemandem ein bestimmtes Aussehen! Das Einzige, was du jemandem schuldest, und zwar dir selbst, ist Selbstakzeptanz.

Brüste – die ungleichen Schwestern

»Flachland« nannten mich Jungs aus meiner Klasse, weil ich mit dreizehn Jahren noch immer keinen Millimeter Brust vorweisen konnte. Da musste schon ein Push-up-BH aushelfen, damit ich mit meiner Freundin Paula mithalten konnte. Sie hatte Glück. Ihr Busen war im vergangenen Jahr ziemlich schnell gewachsen. Sie trug bereits Körbchengröße C. Natürlich war ich neidisch, denn den Jungs schien das ziemlich gut zu gefallen. Und natürlich wollte auch ich den Jungs gefallen. Es war ein verregneter Nachmittag im Herbst, an dem ich vom älteren Bruder eines Klassenkollegen bis zu meiner Haustüre verfolgt wurde. Er machte sich lustig über meine kleinen Brüste und beschimpfte mich. Wenn ich ihn nicht mit einer Hand weggedrückt und die Türe blitzschnell hinter mir zugezogen hätte, wäre er mir sogar bis in unser Haus gefolgt. Paul hatte es auf mich abgesehen. Es war ein Junge, der in der gesamten Schule durch seine aggressive Art auffiel und somit der Alptraum aller Lehrkräfte war. Wenn Paul jemanden nicht mochte, hörte er nicht auf, ihn zu piesacken. Er mobbte andere und ich hatte schon immer großen Respekt vor ihm. »Respekt« ist vielleicht untertrieben, denn Paul war zusätzlich noch zwei Jahre älter als ich. »Angst« trifft es eher, wenn ich das Gefühl beschreiben soll, das in mir aufstieg, sobald ich nachmittags den Schulbus verließ und gemeinsam mit ihm und seinem jüngeren Bruder Jan den Fußweg zu meinem Haus teilte. Aber weißt du, warum es Paul überhaupt auf mich abgesehen hatte? Waren meine Bruste tatsächlich so seltsam und mickrig, dass es nur daran lag? Früher dachte ich das, aber der eigentliche Grund für sein Verhalten war, dass er seinen jüngeren Bruder verteidigen wollte. Denn Jan bekam nicht, was er wollte. Ein paar Wochen zuvor fragte er mich nämlich per SMS, ob ich seine Freundin sein wollte. Weil meine Liebe Jonas, dem süßen

Skaterboy unserer Klasse galt, sagte ich schweren Herzens nein. Es tat mir unfassbar leid, aber ich war nun mal nicht in Jan verliebt. Tja, ab sofort war ich das böse Mädchen, das einem Jungen nicht gab, was ihm vermeintlich zustand. Verständlicherweise wird mir das erst rückblickend klar und ich erkenne, dass diese Situation nie etwas mit meinen Brüsten zu tun hatte, sondern einfach nur mit dem gekränkten Männerego von Jan. Trotzdem trafen mich die Beleidigungen meiner kleinen Brust und meine Unsicherheiten wurden größer. So entwickelten sich langsam meine Komplexe. Mein absoluter Tiefpunkt war erreicht, als mich dann eine damalige Freundin vor der halben Klasse darauf ansprach, ob bei mir eine Brust größer sei als die andere. Ich wollte im Boden versinken, weil es mir so unangenehm war. Großartig, jetzt habe ich also nicht nur kleine Brüste, sondern auch noch ungleich große. Schöne Scheiße! Warum ich? Warum ist die Welt so ungerecht?

Die Brüste gelten wahrscheinlich als *das* weibliche Körpermerkmal schlechthin. Es ist das, was man trotz der Kleidung sieht und was für viele auch ein Teil der eigenen Definition von Weiblichkeit ist. Ich habe schon zahlreiche Umfragen zum Thema Brüste in meiner Instagram-Story gemacht und jedes Mal kristallisiert sich das gleiche Ergebnis heraus: Alle sind unzufrieden. Okay, das ist vielleicht übertrieben. Es gibt schon einige, die sehr zufrieden sind mit ihren Brüsten, was mich extrem freut, aber eben auch viele Unzufriedene.Was ich spannend finde, ist, dass die Probleme sehr subjektiv sind. Was eine gern hätte, ist der Alptraum einer anderen. Die einen wünschen sich große Brüste und die anderen hätten lieber kleinere. Gerade beim Thema Brüste scheint es einen enormen Druck zu geben, unter dem Frauen leiden. Ein Grund dafür ist sicher, dass wir so selten Brüste sehen. Frauen, die sich am Strand oben ohne sonnen, sind »Schlampen«. Das finden auch soziale Netzwerke wie Instagram, die automatisch Postings löschen, bei denen eine weibliche Brust zu sehen ist. Dabei kommt es nicht auf den Kontext an, denn Brust ist Brust. Zumindest die weiblich gelesene. Männlich gelesene Nippel dürfen sichtbar sein. Frauen, die keinen BH in der Öffentlichkeit tragen, brauchen sich nicht wundern, wenn sie sexualisiert werden. Stillende Frauen? Die will sowieso niemand sehen. Der einzige Kontext, indem es scheinbar erlaubt ist, Brüste öffentlich zu zeigen, ist, wenn es für Männer passiert. Unser kollektives Bild einer Brust betrachten wir vor allem durch die Brille der Pornoindustrie. Mittlerweile gibt es zwar schon feministische Pornoseiten wie Cheex, wo man eine größere Vielfalt von Körpern sehen kann, aber in den meisten Erotikfilmen sieht man nach wie vor pralle, runde Brüste mit abstehenden Brustwarzen. Wenn das unser einziger Zugang zu anderen Brüsten ist, haben wir natürlich auch nur diesen Vergleich. Meine Brüste sehen ganz und gar nicht so aus, deshalb dachte ich auch lange, dass etwas mit ihnen falsch ist. Generell fand ich meine Brüste unglaublich hässlich und konnte mir nicht vorstellen, dass es irgendjemandem bei ihrem Anblick anders gehen würde. Zuerst waren sie klein und wuchsen nicht schnell genug. Dann gewannen sie an Größe. Zumindest eine Brust. Die andere Brust gab ziemlich schnell den Geist auf und stellte aufgrund ihrer Faulheit das Wachstum ein. Hallo Brust-Asymmetrie! Das war vor allem in meiner Jugend eine große Last für mich und ich müsste lügen, wenn ich behaupten würde, ich feiere das inzwischen. Ich habe gelernt, meine Brüste zu akzeptieren, bin aber immer noch etwas nervös beim Tippen dieser Zeilen.

Obwohl keine Brust hundertprozentig symmetrisch ist und die meisten eine (zu mindestens leichte) Asymmetrie aufweisen, sieht man das kaum irgendwo. Ich fühlte mich jahrelang sehr einsam damit und wie eine Art Produktionsfehler. Meine Brüste waren immer meine größte »Problemzone« und ich wünschte mir nichts sehnlicher, als zwei komplett gleich große Brüste zu haben. Mindestens eine Million Mal stand ich beim Unterwäscheprobieren in der Umkleidekabine und weinte. Nein, ich ging nicht einfach nach Lust und Laune spontan BHs einkaufen, sondern wählte für dieses Vorhaben schon extra Tage aus, an denen ich mehr Selbstbewusstsein hatte. Aber wenn man bereits zehn verschiedene Oberteile probiert und einfach alle komplett beschissen aussehen und dich pausenlos daran erinnern, dass du irgendwie abnormal bist, ist es echt schwer, das nicht zu sehr auf sich selbst zu beziehen.

Es war lange Zeit ein fixer Lebensplan von mir, eines Tages eine Schönheitsoperation zu machen und meine Brüste angleichen zu lassen. Denn irgendwann kommt der Punkt, an dem man das ständige Heulen vorm Spiegelbild satthat und sich wünscht, einfach nur »normal« zu sein. Was auch immer das bedeuten mag.

Trotz des Risikos einer Operation wäre sie für mich der »leichte« Weg. Denn mittlerweile arbeite ich schon über zehn Jahren an der Akzeptanz meiner Brüste und es ist verdammt anstrengend. Was mir fehlt, sind Vorbilder. Leider kenne ich kein Role Model, das öffentlich über eine Brust-Asymmetrie spricht und diese auch selbstbewusst zeigt. Die einzige Frau, die mir diesbezüglich bekannt ist, ist Rebecca Butcher. Auf ihrem Instagram-Profil klärt sie über das »Poland Syndrome« auf. Das ist eine Fehlbildung der Brust, die noch sehr unerforscht ist und sich zum Beispiel in Form eines fehlenden Brustmuskels zeigen kann. Als ich ihr YouTube-Video zum ersten Mal sah, kamen mir die Tränen. Bis jetzt habe ich nicht herausgefunden, ob ich dieses Syndrom auch habe, aber es tat so unglaublich gut zu sehen, dass ich mit meiner unperfekten Brust nicht allein bin.

Also falls du diese Gedanken auch kennst, möchte ich dir zwei Dinge sagen. Erstens: Deine Brust ist gut, genauso wie sie ist. Du bist kein Produktionsfehler, sondern ein wunderbares Unikat! Zweitens: Du bist damit nicht allein! Wenn es sich trotzdem manchmal so anfühlt, darfst du mir gerne jederzeit auf Instagram (@hannahmaylou) schreiben und wir tauschen uns zu dem Thema aus!

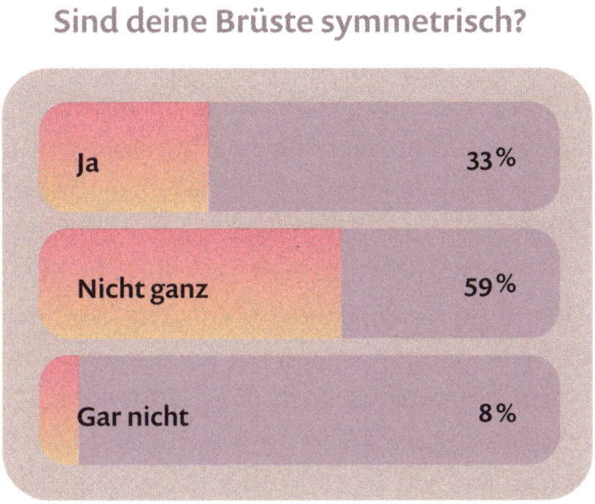

So viel zu meiner Geschichte. Aber es gibt noch viele andere Gründe, warum Menschen ihre Brust nicht schön finden. Das zeigt sich auch in weltweiten Statistiken. Nicht umsonst ist die Brustvergrößerung auch im Jahre 2020 der beliebteste plastisch-chirurgische Eingriff der Welt.[20] Insgesamt legten sich dafür 1,62 Millionen Frauen unters Messer. Eine Operation kostet durchschnittlich 6.000 Euro, also wurden damit weltweit allein in diesem Jahr über 9,7 Milliarden Euro umgesetzt. Heftig, oder? Es ist mir an dieser Stelle auch wichtig zu sagen, dass ich niemanden für eine Operation verurteilen möchte. Ich kenne selbst ein paar Menschen, die dadurch wirklich glücklicher und zufriedener geworden sind, und das freut mich unheimlich für sie. Ich denke, auch ich wäre mit einer Operation womöglich glücklicher und würde mir sehr viel Persönlichkeitsarbeit sparen. Allerdings kenne ich auch Menschen, die so eine Operation im Nachhinein bereuten. Zurzeit bemerke ich einen Trend, bei dem sich viele Menschen ihre Implantate unter anderem aus gesundheitlichen Gründen wieder herausnehmen lassen. Beispielsweise der »High School Musical«-Star Ashley Tisdale, aber auch die österreichische Fitness-Influencerin Gerid Rux. Generell sind Operationen auch immer mit großen Risiken verbunden und ich stelle mir immer wieder dieselbe Frage: Wären meine Brüste für mich ein Problem, wenn ich der einzige Mensch auf der Welt wäre? Höchst wahrscheinlich nicht, denn ich habe erst durch Medien, Mitschüler*innen und fehlende Vorbilder gelernt, sie als Problem zu empfinden. Also würde ich eine Operation nicht mit absoluter Sicherheit nur für mich machen. In dem Moment, in dem ich dieses Buch schreibe, habe ich noch keine Brust-OP gemacht. Natürlich kann es sein, dass sich meine Meinung in ein paar Jahren dazu ändert und ich das starke Bedürfnis danach habe, meinen Körper operativ anzugleichen. Auch das ist total okay. Meinungen dürfen sich immer ändern und man darf sich auch umentscheiden. Im Moment möchte ich aber weiter am Thema Selbstakzeptanz arbeiten und ich hoffe sehr, dass ich eines Tages meine Brüste voll und ganz so annehmen und lieben kann, wie sie sind. Ganz ohne Scham und Operation.

BH-Kauf: Horror in der Umkleidekabine

Ich kann mich noch so gut an meinen ersten BH erinnern. Es war mein zwölfter Geburtstag und mir unglaublich peinlich. Viele meiner Freundinnen trugen damals schon einen richtigen BH, während ich nur diese eigenartigen »Tops« hatte, die nur aus dünnem, einlagigen Stoff bestanden. Die einzige Funktion dieser Oberteile war es, die Brüste zu verdecken, und weil es bei mir damals ohnehin nicht viel zu verdecken gab, sah meine Mutter den Sinn hinter einem echten BH nicht wirklich. Bei meiner Freundin Paula war das anders. Sie hatte mit dreizehn schon Größe C. Die Jungs fanden es »sexy« und ich lernte recht früh, dass mir diese Meinung von

Jungs wichtig sein sollte. Also machte die Rechnung mehr Busen = mehr Sexyness = mehr Selbstwert für mich definitiv Sinn und ich kam zu dem Ergebnis, dass ich auch endlich einen BH brauchte. Am besten einen mit Push-Up-Effekt.

Ich erzählte also meiner Mama von meinem BH-Wunsch und sie plauderte es bei meiner Oma aus. So kam es, dass ich zu meinem zwölften Geburtstag eine weiße Geschenktüte mit rosa Herzen in die Hand gedrückt bekam. Vor meiner gesamten Familie öffnete ich sie und wollte am liebsten im Boden versinken. Meine Oma meinte es nur nett, indem sie mir Unterwäsche schenkte. MEINE OMA! Schamesröte stieg mir ins Gesicht, denn als Zwölfjährige war mir das unglaublich peinlich. Es gibt sogar ein Foto von mir, wo ich auf Omas Holztreppe sitze, mit der damals typischen »Emo-Frisur« und knallpinken Sternohrringen und beschämt in die Kamera lächle. Dieses Foto ziert jetzt sogar das Klavier im Wohnzimmer meines Vaters. Yay! Rückblickend betrachtet, finde ich die Situation nicht peinlich. Was es unangenehm machte, war die Gesamtsituation in meinem Leben. Die beginnende Pubertät, die mir generell zu schaffen machte samt ersten Anzeichen vom »Frauwerden«, die bei mir teilweise etwas länger auf sich warten ließen. Generell eine Zeit, wo ich mich für vieles schämte. Für meine Periode, für die langsam wachsende Körperbehaarung, für die weiblichen Rundungen und für meine fehlenden Brüste. Mit dieser Unterwäsche outete ich mich somit offiziell vor der ganzen Familie als Push-up-Trägerin. Na toll.

Aber ich war nicht die Einzige, die versuchte, den fehlenden Vorbau zu kaschieren. In meinem Bekanntenkreis gab es ein Mädchen, das täglich zwei (!!) BHs übereinander trug. Und das waren keine gemütlichen Bralettes, sondern richtige Schalen-BHs mit doppeltem Push-up und Drahtbügeln. Wie sie dabei noch Luft bekommen konnte, war mir schon damals ein Rätsel. Definitiv wollte ich »schön« sein, jedoch nicht zu so einem hohen Preis.

In den letzten Jahren haben sich BHs generell sehr verändert. Während es in meiner Jugend fast nur Push-up-BHs gab, trenden aktuell Bralettes. Verständlich, sie sind ja auch wesentlich angenehmer! Was auch voll im Trend ist: kein BH! Immer mehr Menschen mit Brüsten verzichten darauf, weil sie es angenehmer finden. Ich finde das richtig cool und bin generell der Meinung, dass jeder Mensch machen soll, was sich für ihn am besten anfühlt. Natürlich nur, solange es niemand anderen beeinträchtigt. Leider traue ich mich das aktuell selbst noch nicht, aber andere ernten definitiv meinen Applaus.

Nach wie vor werden unsere Brüste ständig bewertet und sexualisiert. Ich bin mir sicher, wir alle kennen dieses penetrante Starren aufs Dekolleté. Umso lustiger, wie manche denken, wir bekämen das nicht mit. Wobei, eigentlich ist es überhaupt nicht lustig, sondern verdammt nervig und unangenehm, das Gefühl zu haben, man wird nur auf die eigenen Brüste reduziert. Für die man noch nicht mal etwas kann. Nicht nur das Starren ist ein Problem, sondern auch diese Rückschlüsse, die durch einen fehlenden BH gezogen werden. »Die ist voll geil auf mich«, denken manche, weil sich die Nippel von fremden Frauen an der Kasse durch das Oberteil abzeichnen. Manchmal formen sich diese Gedanken auch zu Worten wie »Geile Titten – willste ficken?«. Übergriffige Kommentare von Fremden sind einer der Hauptgründe, warum sich viele von uns ohne BH nicht wohl fühlen. Da feiere ich besonders die mutigen Frauen, die sich trauen, Konter zu geben. Manchmal schaff ich das, sage »du Idiot« oder zeige den Mittelfinger. Manchmal hat man einfach keine Energie für entwürdigende Sprüche. Umso schlimmer, wenn Menschen dann noch meinen, solche Sprüche seien doch »ein Kompliment«. Nein, Harald, es ist kein Kompliment, wenn du mir anzügliche Sprüche nachrufst oder mich anhupst! Man nennt es *Catcalling* und es ist in Ländern wie Belgien oder Portugal bereits strafbar![21] Auch in Österreich läuft dazu aktuell ein Volksbegehren und ich hoffe sehr, dass es auch hierzulande bald zu den Straftaten zählen wird, damit sich mehr Menschen auf öffentlichen Plätzen wohlfühlen können.

Tipps für mehr Busenliebe

Aktuell hilft mir bei der Akzeptanz meiner Brüste definitiv mein Freund und er ist auch der Hauptgrund, warum ich mittlerweile viel offener über meine Unsicherheit sprechen kann. An dieser Stelle: Shoutout an meinen Freund Michi, der mich so liebt, wie ich bin. Dafür bin ich ihm unglaublich dankbar. Was mir auch hilft, ist, schöne Unterwäsche zu tragen, in der ich mich sexy fühle. So wie der offene Austausch mit anderen Menschen, um zu wissen, dass ich damit nicht allein bin. Immerhin sind Brüste Schwestern und keine Zwillinge. Es gibt eine kleine Schwester und eine große Schwester. Bei manchen ist der »Altersunterschied« eben größer und bei anderen kleiner. Beides ist absolut okay und normal. Eigentlich ist das Aussehen unserer Brüste objektiv betrachtet sowas von irrelevant! Sie müssen, rein biologisch gedacht, niemandem gefallen. Schon gar nicht den Männern. Brüste sind nicht für sie da, sondern für Kinder, die gestillt werden möchten. Nur deshalb haben wir Brüste. Übrigens: Wenn du mal einen Einblick in die Vielfalt weiblicher Brüste bekommen möchtest, kann ich dir die »Brüste-Galerie« auf bravo.de sehr empfehlen. Dort siehst du Fotos von diversen Brustformen.

Trägst du BHs?

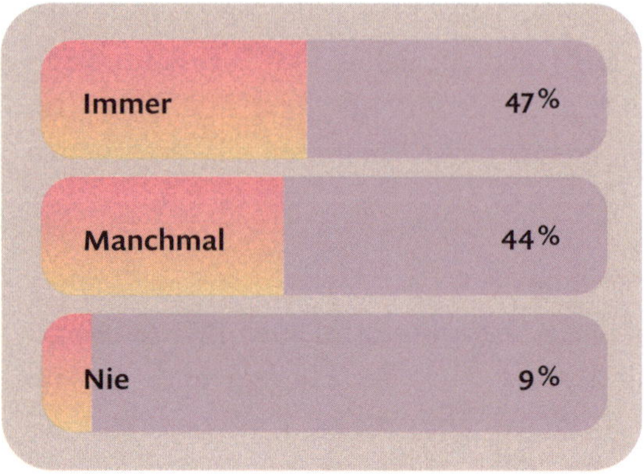

Gehst du ohne BH raus?

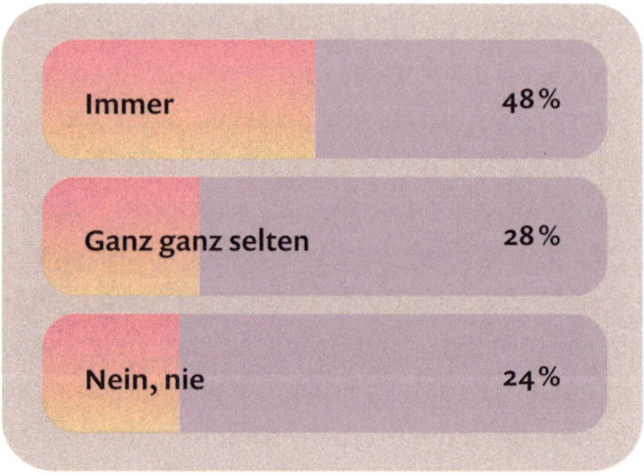

Findest du deine Brüste schön?

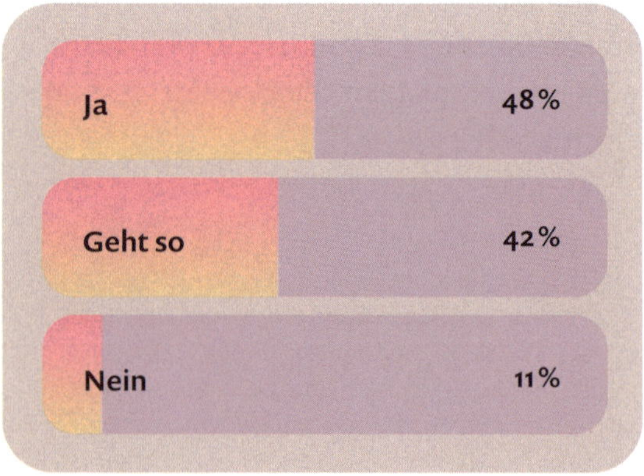

Wenn nein, warum findest du sie nicht schön?

Zu groß/ klein	25 %
Hängend	32 %
Asymmetrisch	9 %
Bin zufrieden	35 %

Sind sie eher spitz oder rund?

Rund	63 %
Spitz	42 %
Eine so, eine so	11 %

Hast du eine Brust-OP gemacht?

Ja	2 %
Nein	98 %

Body hair, don't care!

Körperbehaarung – ein Akt der Rebellion?

Kannst du dich noch an deine ersten Achselhaare erinnern? Als sie vereinzelt zu sprießen begannen und man ein bis zwei richtig lange Haare hatte? So als hätten sie sich auf dem Weg zum Kopf verlaufen und seien versehentlich unter der Achsel herausgekommen. Ich kann mich noch gut an dieses Gefühl der Belustigung und an diese Scham erinnern. Da war es also: mein erstes Achselhaar. »Was soll ich jetzt damit machen? Es anderen stolz präsentieren? Mit der Schere einfach wegschneiden und so tun, als wäre es nie da gewesen?« Zufällig sprach ich einmal mit meinem Freund Michi darüber, ob er sich an seine ersten Achselhaare erinnern kann. Er meinte, seine Eltern haben das richtig zelebriert und sind mit ihm gemeinsam in ein Restaurant essen gegangen. Richtig witzig! Später fand ich aber heraus, dass sie bei ihm die Achselhaare als Anlass genommen haben, weil es bei seiner älteren Schwester die Menstruation war, die sie feierten. Finde ich ehrlich gesagt richtig cool, dass man das als Elternteil feiert, anstatt es zu verdrängen und dem vermeintlich unangenehmen Gespräch aus dem Weg zu gehen. Bei mir war das etwas anders. Meine Eltern sahen meine frischen Achselhaare nicht unbedingt als Grund, für mich eine Party zu schmeißen, und wir gingen auch in kein Restaurant. Eigentlich sprachen wir gar nicht darüber. Meine Mama sah sie nur einmal neugierig an, aber das war's. Körperbehaarung war für mich bis dahin kein großes Thema und niemand aus meiner Familie oder meinem Umkreis gab mir das Gefühl, dass irgendwas mit ihnen falsch war oder sie meinen Wert als Frau in irgendeiner Weise minderten. Zumindest nicht zu diesem Zeitpunkt, doch das sollte sich ein paar Monate später schlagartig ändern.

Es war mein Geburtstagsmonat Mai, die Temperaturen stiegen auf 23 Grad und ich konnte endlich wieder Röcke ohne Strumpfhosen tragen, als mich meine Freundin Paula im Turnunterricht mit meinem vermeintlichen Fauxpas konfrontierte. Ihre Augen glitten über meinen Körper und blieben an meinen Beinen hängen. »Meinst du nicht, dass es langsam Zeit wird, dir die Beine zu rasieren?« Mein Gesicht verzog sich, als hätte ich gerade in eine saure Zitrone gebissen. »Wieso zum Teufel sollte ich mir die Beine rasieren? Seit wann sind meine Haare ein Problem und warum denkt Paula überhaupt über meine Beinhaare nach? Das ist doch sowas von irrelevant, oder?« Es gibt weitaus wichtigere Themen wie zum Beispiel Tobias aus der Parallelklasse, auf den wir beide ein Auge geworfen hatten. Dennoch wurde mir ziemlich schnell klar, dass meine Körperbehaarung meiner Schönheit als Frau seltsamerweise im Weg stand. Die restliche Turnstunde über hatte ich nur noch Beine im Kopf. Turnen war generell schon immer das Fach, das ich am aller meisten hasste. Als Pubertierende hat man schon genug Probleme, da braucht man nicht noch eine Turnlehrerin, die einen laufend vor der Klasse schikanierte und die sportlichen Leistungen der Mädchen akribisch miteinander vergleicht. Wir spielten Handball und ich wurde wie immer als eine der letzten ins Team gewählt. An diesem Tag war mir das jedoch völlig egal, denn mein Blick glitt über die Beine meiner Freundinnen Selina, Jana und Paula und ich entdeckte bei keiner ein einziges Haar. »Was? Alle rasieren sich – alle außer mir?«, schoss es mir gemeinsam mit einer unangenehmen Röte in den Kopf. »Wie peinlich!« »Ab in die Kabine und umziehen gehen!«, unterbrach unsere Lehrerin meinen Gedankengang. Vielleicht hatte meine Freundin Paula doch recht. Erwachsene Frauen haben keine Haare an den Beinen. In Filmen und Werbungen sind weibliche Beine gefühlte Kilometer lang, glänzen braungebrannt und weit und breit ist kein einziges Haar zu sehen. Plötzlich fühlte ich mich unwohl in meinem pinken Minirock und hatte Angst, dass die Jungs meine Beinhaare entdecken könnten. Zum Glück war es unsere letzte Stunde und ich konnte dem Leben meiner Beinhaare endlich ein Ende bereiten. Paula und ich stiegen in den Schulbus. Die Drogerie meines Vertrauens sollte unser nächster Stopp werden. Zum ersten Mal in meinem Leben kaufte ich mir eine Packung pinker Einwegrasierer zusammen mit rosa Rasierschaum. Obwohl dieselben Einwegrasierer für Männer deutlich billiger waren, griff ich zu den pinken. Selbstverständlich. Schließlich sind sie speziell auf die Anforderungen von Frauen zugeschnitten. Dachte ich zumindest. Erst Jahre später fand ich heraus, dass es die »pink tax« (deutsch: pinke Steuer) gibt, die das Phänomen beschreibt, dass Hersteller gewisse Produkte, die speziell für Frauen sind, oft deutlich teurer verkaufen als das männliche Pendant. Die Verbraucherzentrale Hamburg fand heraus, dass die Aufschläge für Frauen teilweise bei über 100 % liegen, obwohl die Inhaltsstoffe genau gleich sind.[22] Der teurere Preis war mir in dem Moment aber egal, immerhin ging es hier jetzt um meine Zur-Frau-Werdung. Da kann man schon mal großzügig sein. Zu Hause zeigte mir meine Freundin Paula, in welche Richtung ich mich am besten rasieren sollte, und bis auf ein paar Einschnitte und vergessene Haarpartien, hatte ich diese Prüfung ganz gut gemeistert.

Das war der Beginn meiner Sensibilität für Haare. Jetzt, wo ich mir die Beine regelmäßig rasierte, störten mich plötzlich auch die anderen Haare an meinem Körper und ich eliminierte auch meine Achselhaare und Armhaare. Denn gerade die Härchen auf meinen Armen waren lang und dicht und in meinen Augen ganz und gar nicht weiblich. »Was halten die Jungs davon?« Auf keinen Fall wollte ich Kosenamen wie »Äffchen« oder »Bär« ergattern. So artete es schnell darin aus, dass ich jeden Zentimeter meines Körpers fein säuberlich rasierte. Koste es, was es wolle. Zeitaufwendig? Auf alle Fälle! Aber in meinen Augen ein Opfer, welches Frau für die weibliche Schönheit nun mal bringen muss. Jetzt packte ich vor heißen Pooltagen keine Snacks mehr ein, sondern nutzte die Zeit davor, um meinen Körper haarfrei zu bekommen. Es war so weit gekommen, dass ich manche Treffen sogar absagte, wenn ich wusste, dass mir keine Zeit mehr für die Rasur blieb. Während ich früher meinen Arm in der Schule einfach hob, lies ich ihn jetzt lieber unten, wenn ich wusste, dass ich mich nicht frisch rasiert hatte. Ja, ich wusste die Antworten auf die Fragen, die die Lehrkräfte uns stellten. Trotzdem konnte ich nicht riskieren, dass ich für ein mickriges Plus in der Mitarbeit meinen Ruf verlor. Jeder weiß, wie schnell das in einer Klasse, in der sich 24 pubertierende im Alter von 13 Jahren befinden, passieren kann. In dem Alter sind alle nur darauf bedacht, etwas beim anderen zu finden, mit dem man von den eigenen Unsicherheiten ablenken konnte. Mein gefühlter »Busch« unter den Achseln wäre ein gefundenes Fressen gewesen, doch die Raubtierfütterung musste ausfallen. So blieb mein Arm gesenkt und ich verzichtete an einigen Tagen schon mal auf meine Bildung oder griff an heißen Sommertagen lieber zu einer Jacke, wenn ich meiner weiblichen Pflicht der Rasur, aus welchen Gründen auch immer, nicht nachkommen konnte. Das ging einige Jahre so weiter und dass die Rasur eigentlich eine individuelle Entscheidung sein sollte und keine kollektiv weibliche, wurde mir erst viel später klar. Der erste richtige Kontakt mit einer Bekannten, die sich dazu entschied, ihre Achselhaare nicht zu rasieren, schockierte mich massiv. Es triggerte mich und obwohl ich ihre Entscheidung nie kommentiert habe, fand ich sie höchst verwerflich und mehr als eklig. »Meine persönliche Meinung«, fand zumindest mein damaliges Ich.

Ich kann mich auch noch an einen heißen Sommertag erinnern, an dem ich eine Frau im Bikini sah. Als mein Blick über ihr knappes Höschen glitt, erschrak ich kurz. Rundherum sah ich ihre Intimbehaarung. Es war ein regelrechter Busch. Mit 14 war mir das höchst unangenehm und ich verstand nicht, wieso es diese Frau so weit kommen lassen konnte und warum das ihren männlichen Begleiter nicht zu stören schien. Ich hatte ja bereits gelernt, dass ich jeden Millimeter meiner Haut rasieren musste, vor allem die Achseln und den Intimbereich. Denn der musste spiegelglatt sein.

Während in den 70er und 80er Jahren der »Busch« zwischen den Beinen noch voll im Trend war, war das in meiner Jugend anders. Im Jahre 2012 hatte Intimbehaarung in meinen Augen nichts verloren. Ganz im Gegenteil: ich fand es sogar ziemlich eklig, wenn sich Frauen dazu entschieden hatten, ihre Haare nicht zu entfernen.

Aber warum eigentlich? Warum finden die meisten Menschen Achselhaare, Intimbehaarung und Beinhaare bei Frauen eklig, aber bei Männern nicht? Warum müssen sich Frauen jede Stelle ihres Körpers rasieren, während es bei Männern gesellschaftlich weitestgehend akzeptiert wird, wenn sie sich nicht rasieren? Ja, auch Männer leiden unter dem aktuellen Schönheitsideal, denn zu starke Brust- oder Rückenbehaarung wird auch nicht gerne gesehen. Es scheint also von der jeweiligen Körperstelle abhängig zu sein, ob Haare akzeptiert werden oder nicht, und wir leiden alle bis zu einem gewissen Grad unter diesem glatt rasierten Ideal.

Während man bei Männern oft noch ein Auge zudrückt, wenn die Körperbehaarung »zu lang« ist, wird das Geschlecht von Frauen dadurch gelegentlich schnell mal infrage gestellt. »Mannsweib« ist ein bekanntes österreichisches Schimpfwort, das für Frauen verwendet wird, die sich nicht feminin genug kleiden oder ihre Beine nicht rasieren. Aber wie kann Körperbehaarung ein Geschlechtsmerkmal sein, wenn Haare auf nahezu allen Menschen wachsen?

Eine haarige Geschichte

Die Geschichte der Körperbehaarung zeigt, dass die Rasur schon immer ein Thema war, mit dem sich Menschen beschäftigten. Der exakte Grund dafür lässt sich nur schwer herausfinden, allerdings haben Archäolog*innen Höhlenmalereien entdeckt, auf denen man erkennen kann, dass die damaligen Menschen sich mit primitivem Werkzeug die Achselhaare entfernten. Die Menschen verwendeten natürlich nicht den neuesten, nachhaltigen, goldenen Rasierhobel, sondern Muscheln, Haizähne oder andere spitze Gegenstände, um sich ihrer Haare zu entledigen. Auch die damalige Bevölkerung Ägyptens rasierte sich aus diversen Gründen wie Hitze, Ästhetik oder Hygiene ihre gesamten Haare ab. Außer die Augenbrauen. Die blieben stehen, falls die geliebte Hauskatze irgendwann sterben sollte. Dann wurden diese aus Gründen der tiefen Trauer abrasiert, um der Katze ihre letzte Ehre zu erweisen.

Gerade zu einer Zeit, in der Menschen nur alle paar Wochen baden konnten und das Badewasser obendrein noch mit der gesamten Familie teilen mussten, war die Rasur ein hilfreiches Mittel, um den Befall von Läusen und Parasiten zu mildern. Trotzdem war es immer eine lästige und schmerzhafte Angelegenheit, die man lieber vermied. Die Menschen hatten weitestgehend ihre Haare akzeptiert. Die Historikerin und Professorin Rebecca Herzig schreibt in ihrem Buch »Plucked: A History of Hair Removal«, dass Naturforscher und Entdecker des 18. Jahrhunderts haarfreie Haut als eine

»seltsame Besessenheit der indigenen Völker« betrachteten.[23] Die Haarentfernung war damals nämlich eher verpönt und nicht wirklich weit verbreitet. Doch das änderte sich mit einem Mann namens Charles Darwin.

Der Naturwissenschaftler mit dem langen weißen Bart begründete die Evolutionstheorie und ging zum ersten Mal davon aus, dass Menschen nicht aus Adams Rippe abstammen, sondern von Affen. »Ganz schön wild«, fand die Kirche und verteufelte den Wissenschaftler. Charles Darwins Einstellung widersprach allerdings nicht nur der Kirche, sondern war auch ziemlich rassistisch.[24] In seinem weltbekannten Buch »Abstammung des Menschen« vertritt er die diskriminierende These, dass es »zivilisierte Völker« und »Barbaren« gäbe, sowie »niedere« und »höhere ~~Rassen~~«. Natürlich waren seiner beschränkten Ansicht nach auch Frauen den Männern unterstellt. Denn diese sind laut ihm nur dazu da, Menschen zu gebären und aufzuziehen. Nichts weiter. Männer hingegen sind kreativ, intelligent und innovativ und somit etwas Besonderes und natürlich viel origineller als Frauen. Okay, genug Bullshit für heute! Worauf ich hinauswill, ist, dass Darwin Unterschiede zwischen Menschen mit verschiedener Herkunft suchte und sich dabei irgendwann auf das Thema der Haare versteifte. Er verbrachte seine Zeit damit, stundenlang Affen-Popos zu beobachten und entdeckte dabei schließlich, dass ihre Geschlechtsorgane völlig haarfrei waren. »Scheinbar sind kahle Geschlechtsorgane für andere Affen sexier als behaarte«, dachte Darwin und da wir direkte Nachkommen der Affen sind, übertrug er diese Ansicht 1:1 auch auf uns Menschen. Darwin war außerdem der Meinung, dass ein besonders behaarter Körper ein offensichtliches Erkennungsmerkmal für einen niedriger gestellten Menschen sei, denn diese stehen laut ihm den behaarten Affen evolutionär gesehen näher als die Menschen, die weniger behaart waren. Diese Ansicht ist absolut rassistisch und unfair, weil kein Mensch einen Einfluss auf die eigene Körperbehaarung hat. Trotzdem fand seine Theorie bei der breiten Bevölkerung zunehmend Anklang. Plötzlich war ein Großteil der Menschen davon überzeugt, dass enthaarte Körper viel erotischer, schöner und überlegener seien als unbehaarte Körper.[25] So erfand King Camp Gillette (der Gründer der Marke Gillette) im Jahre 1901 den ersten mechanischen Rasierapparat mit doppelseitiger, wechselbarer Sicherheitsrasierklinge.[26] Eigentlich wurde dieser zuerst für Männer entwickelt. Weil sich Frauen damals größtenteils noch sehr bedeckt kleideten, hatte das Thema weibliche Rasur erst knappe zehn Jahre später den Höhepunkt erreicht. Wie im vorherigen Kapitel beschrieben, wurden in den 1920er Jahren die Kleider immer knapper und kürzer und so sah man nun auch in Werbungen glatt rasierte Frauen in kurzen Kleidern. Weil damals der Fernseher, Radio und Zeitschriften die einzigen Medien waren, konnte man damit Menschen besonders leicht beeinflussen. Als überall nur noch enthaarte Models zu sehen waren, und spätestens als 1915 Gillette den ersten Damenrasierer »Milady Décolleté« launchte, war es um die Damen geschehen. Durch Werbungen und Industrien, die ebenfalls von diesem Trend profitieren wollten, war das neue weibliche Schönheitsideal geboren: makellos glatt rasiert. Aber warum galt das nur für Frauen und nicht für Männer? Damalige Wissenschaftler vermuteten, dass eine Kultur umso entwickelter ist, je größer der äußerliche Unterschied zwischen Mann und Frau ist. Wenn sich also Frauen rasieren und Männer nicht, deutet das auf besonders intelligente Menschen hin. Klingt natürlich absolut logisch. Herzig schreibt in ihrem Buch ebenfalls über eine Studie aus dem Jahr 1893. 271 Fälle von Wahnsinn bei Weißen Frauen wurden untersucht und das Ergebnis war, dass verrückte Frauen häufiger stärkere Gesichtsbehaarung hatten. Angeblich waren die Haare auch viel dicker und steifer als bei anderen. Havelock Ellis, ein britischer Sexualforscher, deutete starken Haarwachstum bei Frauen als ein Zeichen von höherer krimineller Gewaltbereitschaft und besonders starken sexuellen Instinkten.[27] Komplett absurd, oder? Trotzdem bliebt die Ansicht, dass Körperbehaarung bei Frauen eklig und unhygienisch ist, noch bis heute bestehen. Dabei spielten die rassistischen Thesen kombiniert mit der jahrzehntelangen Werbung ebenfalls eine große Rolle. Wie kommt es sonst, dass die meisten Menschen noch immer eine Abneigung gegen weibliche Körperbehaarung haben? Persönliche Präferenz? Ich glaube nicht. Viel eher denke ich, dass es daran liegt, dass wir in einer Gesellschaft aufwachsen, in der wir in Filmen, Werbungen und Magazinen immer nur völlig enthaarte Frauen sehen und schon so an diesen Anblick gewöhnt sind, dass wir alles andere als »absurd« und »eklig« bezeichnen.

Kein Rasierer, kein Problem

Als ich 21 Jahre alt war, kannte ich den geschichtlichen Hintergrund der Haarentfernung noch nicht, sondern fand es einfach nur nervig und anstrengend, mich immer rasieren zu *müssen*. Nur weil die Gesellschaft das so von mir als Frau erwartet. Außerdem folgte ich auf Instagram schon Menschen wie Rebecca Chelbea. Sie ist eine wunderbare Influencerin, die dich dem Thema Selbstliebe widmet, und mittlerweile auch eine sehr gute Freundin von mir. Rebecca veröffentlichte bereits im Jahr 2019 Beiträge zum Thema Körperbehaarung und ermutigte auch andere dazu, sich nicht mehr zwanghaft zu rasieren. »Wie mutig und spannend!«, dachte ich mir damals und die Reise der Akzeptanz meiner Körperbehaarung begann. Ich wollte meine Haare einfach mal kennenlernen. Schließlich wusste ich ja gar nicht, wie meine Achselhaare eigentlich aussahen. Ich hatte die Jahre davor immer spätestens nach drei Tagen rasiert.

Also startete ich eine Challenge. 30 Tage nicht rasieren. Und ja, ich hatte auch verdammt Schiss davor. Vor allem vor den Reaktionen anderer Menschen. Trotzdem war die Neugier eine Spur größer als die Angst. Damals war ich schon mit meinem jetzigen Freund Michi zusammen und er unterstützte mich sofort bei diesem Experiment, als ich ihm die Hintergründe meines Vorhabens erklärte. Ich erzählte ihm davon, dass meine Achselhaare mich immer sehr belasteten und ich das Gefühl habe, mich nur zu rasieren, weil andere das von mir als Frau erwarten würden.

Es war Herbst 2019 und weil ich zu dieser Jahreszeit ohnehin meist lange Hosen und Shirts mit Ärmeln trage, gab mir die bedeckte Kleidung eine gewisse Sicherheit und fühlte sich schützend an. So hatte ich meinen persönlichen Raum fürs Experimentieren geschaffen und entschied selbst, wem ich davon erzählte und bei wem ich die Ärmel lieber unten lassen wollte. Es war ungewohnt, meine Achselhaare plötzlich sprießen zu sehen und dem innerlichen Drang, sie sofort wieder abzurasieren, standzuhalten. Nach zwei Wochen waren sie ganz schön lang und auch meine Intimbehaarung juckte und pikste. »Soll ich mich doch einfach rasieren?«, schoss es mir durch den Kopf. Aber obwohl es verdammt ungewohnt war, war es auch spannend zu sehen, welche Farbe meine Körperbehaarung eigentlich hat und dass diese Farbe gar nicht an allen Stellen gleich ist. Ich fand heraus, dass die Haare in meinem Intimbereich viel rötlicher sind als meine Achselhaare und auch viel dicker und borstiger. Meine Beinhaare waren im Gegenteil dazu sehr blond und unscheinbar. Es fühlte sich an, als wäre ich zum zweiten Mal in der Pubertät und beobachtete meinen Körper, wie er seltsame, ungewohnte Dinge machte. Außerdem erkannte ich, an welchen Stellen ich überhaupt Haare habe. An den Beinen, den Zehen, vereinzelt auf dem Bauch und den Brüsten sowie auf den Armen, auf meinen äußeren Vulvalippen und natürlich auch zwischen den Pobacken.

Ja, ich weiß. Über die Pohaare redet niemand gerne und es grenzt schon fast an einen akrobatischen Akt grenzt, sie zu entfernen. Es ist wortwörtlich ein »pain in the ass« und ganz ehrlich: Diese Haare sind doch wirklich vollkommen unnötig, oder? Obwohl ich meine Haare akzeptierte, muss ich mir eingestehen, dass ich mich nach drei Wochen schon wieder sehr aufs Rasieren freute. Ich konnte es kaum erwarten, meinen Körper einzuschäumen und mein Fell wieder loszuwerden. Aber als es dann endlich so weit war und ich mit dem Rasierer meine Behaarung entfernte, fühlte es sich direkt komisch an, wieder glatt rasiert zu sein. Ich fühlte mich wie der Nacktmull von Kim Possible und plötzlich wieder mehr wie ein Kind als eine Frau. Ich erkannte: »Eigentlich sind Haare gar nicht so schlimm.« Und so begann es, dass ich immer wieder testete, wie lange ich mich unrasiert wohl fühlte. Die Zeiträume des Nichtrasierens wurden immer größer und während es anfangs nur fünf Tage waren, wurden daraus schnell zwölf und irgendwann ganz natürlich dreißig Tage. Mittlerweile kenne ich meine Körperbehaarung und weiß, wie ich ohne und mit Behaarung aussehe. Ich kenne beide Seiten und kann mir endlich wirklich meine eigene Meinung bilden, ganz ohne medialen Einfluss und Prägungen. Schließlich kannte ich es vor meinem Experiment gar nicht anders und blieb einfach meiner Gewohnheit des ständigen Rasierens treu.

Jetzt rasiere ich mir die Beinhaare nur alle drei Monate, die Achselhaare ca. einmal im Monat und auch im Intimbereich mache ich das ganz nach Gefühl. Rasieren ist nun nichts mehr, was sich für mich wie eine Verpflichtung anfühlt, sondern wie eine freie Entscheidung. Für andere mache ich das schon lange nicht mehr. Ich rasiere mich nur noch, wenn ich mich wirklich danach fühle und Lust darauf habe. Und diese Freiheit fühlt sich so gut an!

»Was sagt dein Freund dazu, dass du dich nicht rasieren willst?«, werde ich oft gefragt und ganz ehrlich: Es ist ihm egal. Wir sprechen sehr offen über das Thema und ich weiß, dass es ihm besser gefällt, wenn manche Stellen rasiert sind. Doch das heißt noch lange nicht, dass ich es deshalb auch mache. Wenn du dieses Experiment mal ausprobieren willst und Angst vor der Reaktion deines Freundes hast, rate ich dir, ein offenes Gespräch zu suchen. Erkläre, was dich dazu bewegt und wieso du das einmal ausprobieren möchtest. Sprecht gemeinsam über das Thema Körperbehaarung und frag ihn auch nach seiner Meinung. So könnt ihr euch respektvoll dazu austauschen und habt mehr Verständnis für die jeweiligen Standpunkte. Womöglich hat auch er seine Einstellung zum Thema Körperbehaarung noch nie hinterfragt. Nutzt die Chance und wachst gemeinsam! Wenn ich bei meinem Freund trotzdem auf Unverständnis gestoßen wäre und er verlangt hätte, dass ich mich weiterhin rasieren soll, wäre das für mich eventuell ein Grund gewesen, mit ihm Schluss zu machen. Denn ich finde, dass man in einer Beziehung wachsen und sich weiterentwickeln darf – auch wenn dein Gegenüber das nicht zu hundert Prozent versteht. Immerhin sind wir auch innerhalb einer Beziehung zwei individuelle Personen, die sich auch getrennt voneinander entfalten dürfen.

Wie oft rasierst du dich?

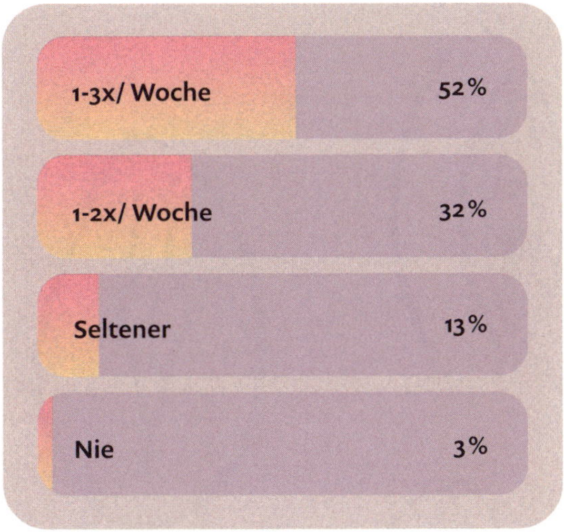

Verspürst du Druck, dich rasieren zu müssen?

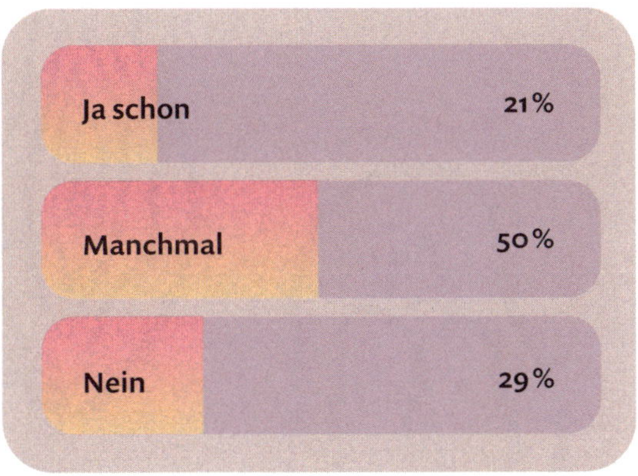

Hast du schon mal versucht, dich über einen Zeitraum nicht zu rasieren?

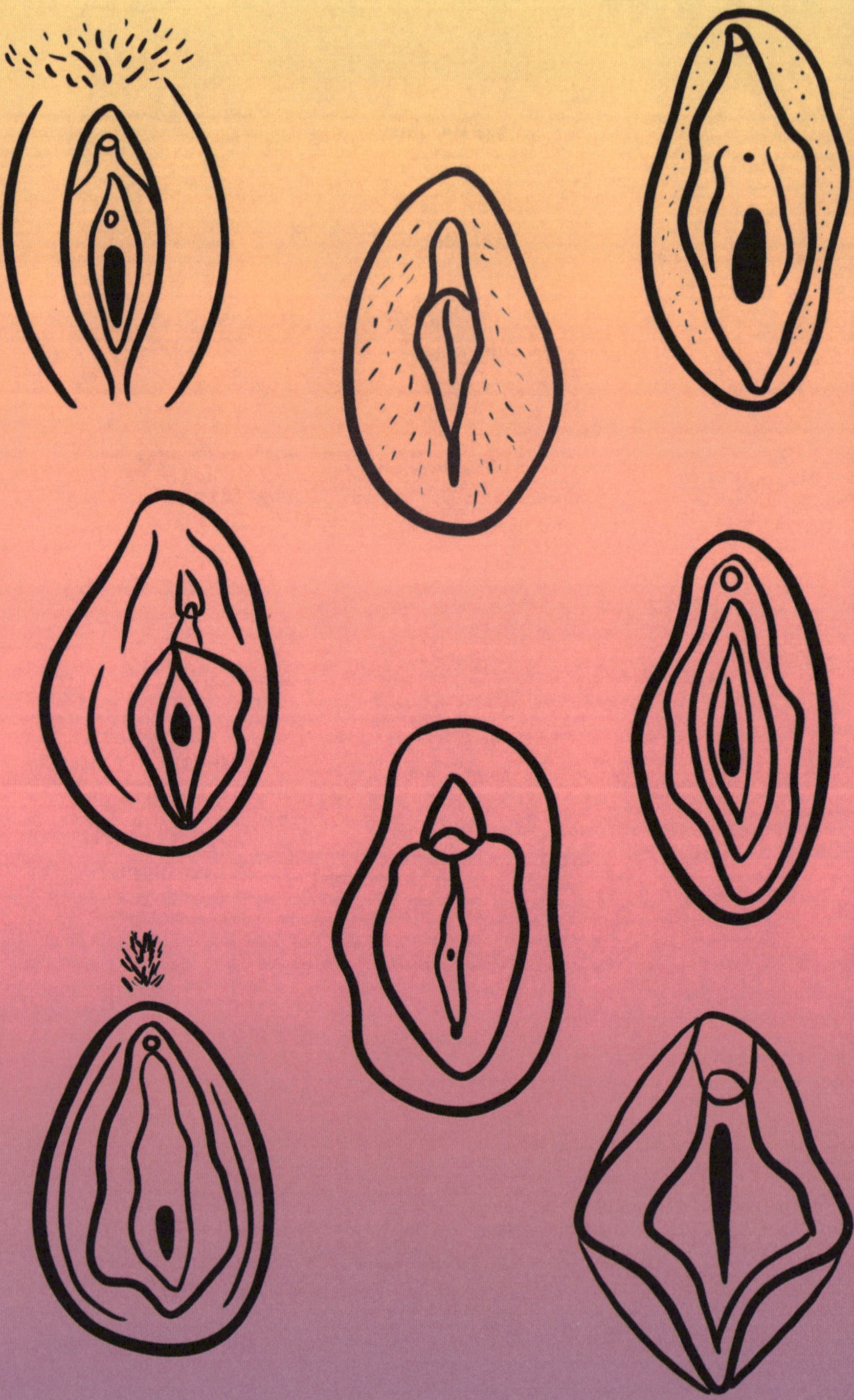

I am woman, I am fearless, I am sexy …

Say my name, say my name: Scheide, Vagina, Vulva

In den vorherigen Kapiteln habe ich mich vielen vermeintlichen »Problemzonen« gewidmet. Dabei habe ich ein Körperteil außen vorgelassen, das immer noch mit sehr viel Scham besetzt ist: die Vulva. Ihr Aussehen stellt für viele Menschen ein Problem dar. Bevor wir uns damit beschäftigen, sollten wir erst einmal klären, wie wir »das da unten« überhaupt richtig benennen. Die fehlende Bezeichnung ist meiner Meinung nach ein Hauptproblem für das Tabu rund um dieses Körperteil. Meine Freundin Linda arbeitete eine Zeit lang als Babysitterin und erzählte mir eines Tages von einem Mädchen, das ihre Vulva »Pipi-Box« nannte. PIPIBOX?! In meinem Umfeld verwendeten viele das Wort »Muschi«, was ich schon immer extrem unangenehm fand. Ich denke, es war gar nicht das Wort selbst, sondern viel eher das zugehörige Körperteil, mit dem ich lange so eine Scham verband. Trotzdem versuchte ich so gut es ging um diesen Begriff herumzukommen und nie über das »da unten« zu sprechen. Als ich älter wurde, verwendeten manche Burschen Begriffe wie »Fut«, »Pussy« oder »Fotze«, wenn sie andere besonders heftig beschimpfen wollten. »Du Penis« hingegen sagt im deutschsprachigen Raum kaum jemand. Dass das weibliche Geschlechtsorgan in vielen Ländern zu den krassesten Schimpfwörtern zählt, verschlimmert das Verhältnis zur eigenen Vulva natürlich maßgeblich.

Wir brauchen also dringend neue Wörter für den weiblichen Intimbereich. Denn absurderweise scheint das immer noch ein Thema zu sein, wie Frauen ihre »Dings« nennen sollen.

Scheide

Wie wäre es also mit »Scheide«? Das ist doch neutral, oder?

Ich weiß nicht so recht. Der Begriff Scheide kommt eigentlich von der mittelalterlichen Schwertscheide und bezeichnet die Hülle, in der Ritter ihr Schwert aufbewahrten. Die damaligen Männer nahmen an, dass sich die Funktion des weiblichen Geschlechtsorgans auch primär auf die Aufbewahrung ihres »Schwerts« beschränkt und benutzten den Begriff Scheide nun auch als Bezeichnung des weiblichen Intimbereichs. Leider ist das Wort »Vagina« nicht viel besser, denn es ist bloß die lateinische Übersetzung des Wortes Scheide.

Uns bleibt also die Wahl zwischen abwertenden Begriffen oder solchen, die das Körperteil auf die Penetration durch den Penis reduzieren. Na toll.

Bestimmt hast du schon von der Bezeichnung »Vulva« gehört. Das ist mein persönlicher Lieblingsbegriff. Mich erinnert der Klang des Wortes an eine duftende, große Rosenblüte. Dieser Gedanke gefällt mir weitaus besser als jene, die ich mit den vorherigen Wörtern assoziiere. Natürlich kannst du deine Vulva nennen, wie du willst. Hauptsache, du fühlst dich wohl mit dem Begriff und verbindest etwas Positives damit. Manche geben ihrem Geschlechtsorgan auch einen Vornamen. Auch das ist absolut okay, wenn dich das empowert.

Vulvina

Der Begriff Vulva ersetzt allerdings nicht das Wort Vagina, denn die Begriffe bezeichnen zwei unterschiedliche Körperteile. Während die Vulva alles meint, was von außen sichtbar ist, bezeichnet die Vagina das, was im Inneren des Körpers liegt. Du fragst dich jetzt vielleicht, ob es keinen Überbegriff für beides gibt? Es ist leider gar nicht so einfach, ein neutrales Wort dafür zu finden, jedoch hat die Sexualpädagogin Ella Berlin einen guten Ansatz. Sie ist die Urheberin des Wortes »Vulvina«, was eine Mischung aus beiden Wörtern darstellt. Es ist eine wertfreie Neubezeichnung für das gesamte weibliche Geschlechtsorgan. Also ein guter Anfang.

Schamlippen

Sprache formt unsere Wirklichkeit und beeinflusst, wie wir Dinge wahrnehmen. Das ist auch der Hauptgrund, warum ich für das Gendern bin. Meiner Meinung nach ist es auch Zeit, im Namen der Gleichberechtigung einige Begriffe aus unserem Wortschatz zu streichen. Denn wenn wir uns endlich vollständig von der weiblichen Scham lösen wollen, kommen wir nicht drumherum, sie auch aus unserem Vokabular zu eliminieren.

*Scham*lippen. *Scham*hügel. Müssen wir uns im Jahre 2023 wirklich noch für unseren Körper schämen? Ich denke nicht! Deshalb wird es Zeit, dieses Wort aus unserem Wortschatz zu verbannen und durch ein anderes zu ersetzen. Wie wär's mit *Vulvalippen* oder *Lustlippen*? So liegt der Fokus auf dem Thema *Lust* anstelle der »Scham« von Schamlippen. Klingt doch gleich viel schöner, oder?

Die unsichtbare Vulva

»Sei keine Pussy!«, rief mir meine damals fünfzehnjährige Freundin Linda beim Mopedfahren zu, als ich mich nicht traute, schneller zu fahren. Kurz darauf baute ich einen Unfall, weil ich in der Kurve auf dem Schotterweg beschleunigte, anstelle die Bremse zu betätigen. Warum ich das tat? Na, ganz einfach: weil ich *keine Pussy* sein wollte! Denn das ist ein Synonym für Feigheit und Schwäche. Als Jugendliche hinterfragte ich das nicht und verwendete diesen Satz ebenfalls, um andere zu »ermutigen«. Lol. Heute zucke ich zusammen, wenn ich diese Wortkombination auch nur in Hollywood-Komödien höre. Filme, die sich Kinder ansehen und die eine unglaubliche Wirkung auf sie haben. Das reproduziert frauenfeindliche Ansichten bereits im jungen Alter und schon Kinder lernen, dass das weibliche Geschlecht »schwach« ist. Wenn die Vulva schwach ist, muss der Penis der Starke sein. Es ist auch eine Frage der Erziehung. Während kleine Jungs dauernd fröhlich an dem herumbaumelnden Ding zwischen ihren Beinen spielen, schauen viele Eltern weg oder reagieren belustigt mit Sätzen wie »Früh übt sich!«. Bei Mädchen ist das anders. »Finger weg, das macht man nicht!«, zischen viele Eltern, wenn ihre Tochter die Hand auch nur in der Nähe des Intimbereichs hat. So kommt es also, dass bereits kleine Jungs stolz auf ihren Penis sind und auch bei großen Jungs nimmt der Stolz analog zur Körpergröße zu. Versteh mich bitte nicht falsch: Ich find's verdammt gut, wenn man seinen eigenen Körper toll findet. Was ich hingehend nicht gut finde, ist, dass unsere Gesellschaft den Penis zelebriert und die Vulva im selben Atemzug verteufelt. Und das schon bei Kleinkindern.

Wo wir schon beim Thema sind: Eine Vulva ist alles andere als schwach! Sie ist so machtvoll, dass sie sogar einen Menschen gebären kann, während eine etwas festere Berührung der Hoden viele Männer schon in die Knie zwingt. Also wenn man Geschlechter zwanghaft nach Stärke einteilen möchte, dann bitte mit biologischem Hintergrund und dem anschließenden Ergebnis, dass der Penis das schwächere Geschlecht ist.

Das der Penis weitaus beliebter ist, erkennt man nur unschwer, wenn man sich im öffentlichen Raum befindet und eine Hauswand in Sichtweite ist. Überall Penisse. Manche haben lustige Gesichter und manche tragen sogar Superman-Kostüme. Die Kreativität scheint bei Zeichnungen von Penissen keine Grenzen zu kennen. Wo hingegen sind die Vulven? Die suche ich vergeblich. Es ist auch gar nicht so einfach, sie zu zeichnen, zumal sie so unterschiedlich aussehen. Also lieber gleich bleiben lassen und somit unsichtbar machen.

In meiner ehemaligen Schule ging das Zelebrieren der Penis-Zeichnungen sogar so weit, dass wir eine ganze »Peniswand« hatten. Ja, wirklich! Im Kunstgeschichteraum gab es eine Wand, die zuerst nur ein einsamer Penis zierte. Ganz nach dem Motto »Gleich und gleich gesellt sich gern« wurden es schnell zwei, dann drei, dann vier. Schlussendlich waren eineinhalb Quadratmeter Wandfläche voller Penisse in unterschiedlichen Ausführungen. Eigentlich ziemlich cool. Ein Akt der Enttabuisierung und ein Hochlebenlassen der Penisvielfalt. Nur schade, dass Vulven kein Teil davon sein durften. Keine Ahnung, ob es diese Wand noch gibt, aber sie wurde sowohl von Schüler*innen, als auch von Lehrer*innen ziemlich gefeiert. Nur die Vulva blieb weiter unsichtbar.

Sie löst sich erstmals in Luft auf, wenn wir kleinen Mädchen Fantasiewörter wie »Lulu« dafür geben, bleibt versteckt durch fehlende Gespräche um das Thema und die Scham die Menschen überkommt, die es dann doch wagen, mal über die »Scheide« zu sprechen. Obwohl sie ein Körperteil ist wie jedes andere. Trotzdem wurde das Gesicht meines ehemaligen Biologielehrers rot, wenn er darüber sprach. Die Vulva zeichnet sich auch in der Hose nicht ab und wenn sie es doch mal tut, dann ist das ein peinlicher »Cameltoe«. Die Vulva soll unsichtbar bleiben. Oder wenigstens tabuisiert und stark negativ behaftet. Menschen mit Vulva sollen sich schämen. Zumindest lernen wir das von klein auf so.

Porno-Muschi

Es verwundert mich leider wenig, dass so viele Menschen unzufrieden mit dem Aussehen ihrer Vulva sind. Jetzt haben wir generell schon ein großes Pech, weil wir eine Vulva haben und nicht mit einem Penis gesegnet sind, da sollte sie wenigstens »schön« aussehen. Aber was ist eigentlich eine schöne Vulva und wie verkehrt ist es eigentlich, dass es in unserer Gesellschaft sogar ein Schönheitsideal für ein Geschlechtsorgan gibt? Auch hier zeigt sich wieder das Problem der fehlenden Sichtbarkeit von Vulven.

Wer Vulven nicht durch den Geschlechtsverkehr kennt, kennt andere Vulven höchstwahrscheinlich nur aus Pornofilmen. Obwohl uns dieses ständige Vergleichen nie guttut,

Findest du deine V schön?

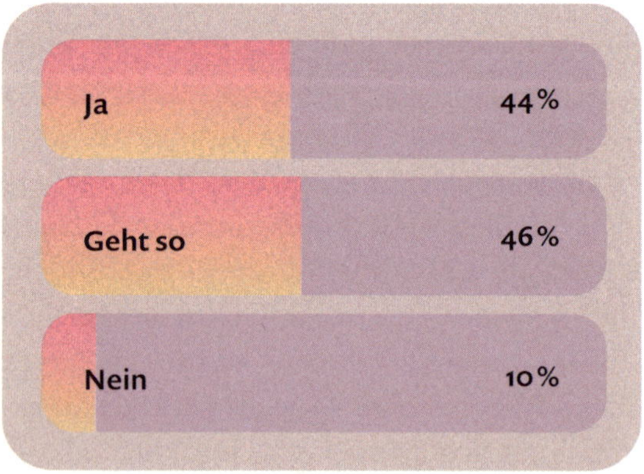

tun wir es trotzdem. In diesem Fall vergleichen wir unsere Vulva mit der von Pornodarstellerinnen, die teilweise sogar operiert oder gebleicht sind. Ja, richtig gelesen, man kann sich mittlerweile sogar den Intimbereich bleichen lassen mit-

Was an ihr findest du seltsam?

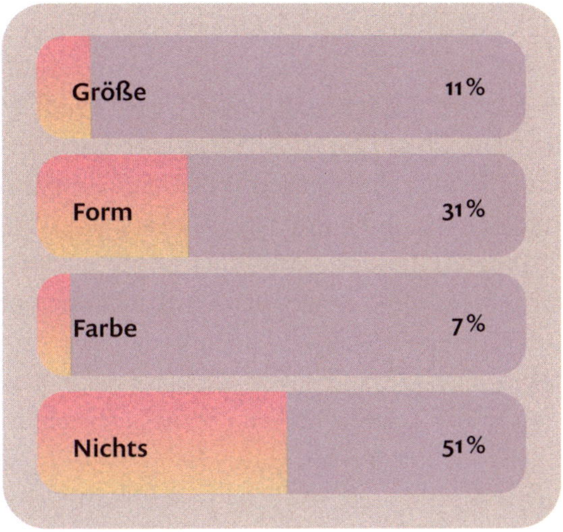

hilfe von speziellen Cremen oder Laserbehandlungen, wenn einem die Farbe der intimsten Stelle nicht ganz so gut gefällt. An dieser Stelle möchte ich sagen, dass es auch sein kann, dass die Vulva dunkler ist als der Rest deines Körpers und dass das absolut normal ist! Das ist sogar bei den meisten Menschen so und kann sich im Laufe des Lebens noch verändern. Der Grund für die dunklere Haut ist, dass sich an Stellen mit viel Körperbehaarung mehr Pigmentzellen befinden, die Melanin produzieren. Es kann aber auch sein, dass Einfärbungen durch chronische Entzündungen oder zu intensives Waxing entstehen. Außerdem kann es ein Zeichen des natürlichen Alterungsprozesses sein.[28]

Es wird allerdings nicht nur die Farbe der Vulva geändert, sondern auch ihre Form. Vulvalippen werden operativ verkleinert oder gestrafft. Auch der Vagina-Eingang kann heutzutage verkleinert und der G-Punkt aufgespritzt werden, damit er leichter erreichbar ist. Für mich hört sich das ziemlich brutal an und mehr nach Selbstverstümmelung. Traurigerweise nehmen diese Schönheitsoperationen immer weiter zu. Es ist schwierig, genaue Statistiken dafür zu finden, weil die meisten Menschen solche Operationen privat bezahlen und sie somit nicht in Krankenkassenstatistiken auftauchen. Dennoch machte die Internationale Gesellschaft für ästhetisch-plastische Chirurgie (ISAPS) im Jahr 2019 eine Umfrage und fand heraus, dass die Zahl der Vulvalippenkorrekturen allein in diesem Jahr um 24,1 % gestiegen ist. Seit 2015 nahm die Anzahl dieser Operationen sogar um 73,3 % zu.[29] Doch woran liegt diese steigende Unzufriedenheit mit der eigenen Vulva? Meiner Meinung nach hängt das von verschiedenen Faktoren ab. Einer davon ist, dass der Pornokonsum von Frauen in den letzten Jahren rasant gestiegen ist.

Schaust du Pornos?

PornHub ist eine der größten Pornoseiten und verzeichnete von 2015–2019 einen hohen Anstieg der Nutzerinnen.[30] Während im Jahre 2015 der Anteil der weiblichen Zielgruppe noch bei 24 % lag, stieg er im Jahr 2019 bereits auf 32 %.[31] Allerdings sind das keine absoluten Zahlen, denn das Schauen von Pornos gilt in unserer Gesellschaft in gewisser Weise immer noch als Tabu, weswegen es auch so schwierig ist, herauszufinden, wie viele Menschen tatsächlich Pornos schauen. Niemand gibt das gerne öffentlich zu. Dementsprechend schwierig zu sagen, wie der absolute Wachstum der weiblichen Nutzerinnen ausfällt, aber ich versuche es trotzdem auszurechnen anhand der Statistiken, die im Internet zugänglich sind. PornHub veröffentlichte im Jahresrückblick von 2015 ebenfalls, dass die Website in diesem Jahr über 21,2 Milliarden Besuche verzeichnete.[32] Bei acht Milliarden Menschen auf diesem Planeten könnte man also sagen, dass jede einzelne Person mindestens drei Mal im Jahr einen Pornofilm über PornHub gestreamt hat. Das ist unglaublich viel Traffic und es ist kein Ende in Sicht. In den darauffolgenden vier Jahren haben sich die Website-Besuche erneut mehr als *verdoppelt* und liegen somit im Jahr 2019 bei 42 Milliarden.[33] Wenn wir also annehmen, dass sich der angegebene Prozentsatz des Geschlechts mit den Website-Besuchen deckt, verzeichnet nur diese eine Website einen weiblichen Nutzerinnen-Wachstum von +164 %. In anderen Worten: Mehr als doppelt so viele Frauen wie 2015 schauen im Jahre 2019 auf PornHub-Pornos.*

Leider gehen nicht alle Webseiten so transparent mit ihren Daten um wie PornHub. Aus diesem Grund kann ich keine absoluten, weltweiten Zahlen des Pornokonsums herausfinden. Da die genannte Website aber weltweit beim Erotikkonsum auf Platz zwei liegt, nehme ich an, dass auch die anderen Seiten einen ähnlichen Zuwachs in den letzten Jahren verzeichneten. Bleiben wir aber im Jahr 2019, in dem die Anzahl der Vulvalippenkorrekturen laut ISAPS um 24 % gestiegen ist. Im selben Jahr stieg also auch der Pornokonsum von Frauen um ganze 38 %. Ist das ein Zufall? Mag sein. Wenn man aber bedenkt, dass die meisten Frauen andere Vulven nur aus diesen Filmen kennen, bestätigt sich meine Annahme. Sind alleine Pornos an der wachsenden Unzufriedenheit schuld? Nein, sicher nicht nur! Außerdem sind Probleme immer sehr individuell. Wird in Pornos ein bestimmtes Aussehen der Vulva propagiert? Ich weiß es nicht und es ist schwer zu sagen. Schließlich hat allein Pornhub Videomaterial für mehr als 115 Jahre und ich habe keine Lust, die nächsten Jahre damit zu verbringen, Erotikfilme zu konsumieren! In einem Interview mit »Refinery29« geben Pornodarstellerinnen an, dass sie nicht das Gefühl haben, eine Art von Vulva wäre beliebter als eine andere. Eine Frau meinte aber, dass aufgrund der Beliebtheit von jüngeren Darstellerinnen auch jünger aussehende Vulven gefragter sind.[34] Damit meint man, denke ich, Vulven, die verhältnismäßig kleine Lippen haben und verschlossen sind. Auch ich habe den Eindruck, dass besonders diese Vulven gerne gezeigt werden. Womit wir schon wieder bei einem anzustrebenden Ideal wären.

Vulva-Shaming

Pornofilme sind sicher nicht an allem schuld. Sie sind Mittäter, genauso wie wir alle, die in einer frauenfeindlichen Gesellschaft aufwachsen und die Augen davor weiterhin verschlossen halten. Auch Barbie ist beteiligt an der Vulva-Unzufriedenheit! Für viele Kinder ist sie ein Vorbild und die meisten von uns haben schon mal ihren Intimbereich gesehen oder heimlich sogar Sexszenen nachgespielt. Gib's zu! Wie sieht die Vulva von Barbie aus? Wie würdest du sie beschreiben? Genau, als nicht existent. Also nicht wirklich. Da sind keine Vulvalippen, sondern alles liegt ganz glatt an. Weil Barbie eine der ersten Referenzen von vielen von uns war, ist sie der erste Berührungspunkt mit der »perfekten« Vulva. Spätestens in der Pubertät fragen sich viele, wieso nicht mehr alles so glatt anliegt wie bei Barbie, sondern die Vulvalippen irgendwie viel größer sind und hängen. »Bin ich normal?«, ist die Frage die uns auf den Lippen brennt, aber wir haben Angst vor der Antwort. Die Pubertät ist generell schon beschissen und dann kommen auch noch Jungs mit dummen Vulva-Witzen. Haben wir nicht alle im Schulhof schon mal diesen »Joke« gehört mit der Vagina und dem Turnsaal, in dem man ein Würstchen wirft? Oder die Vulva, die mit einem Schinkenbrötchen verglichen wird? Nein? Okay, du hast absolut nichts verpasst! Aber die Assoziierung mit dem Fisch hast du sicher schon mal irgendwo gehört, oder? Wenn nicht, dann hattest du verdammt großes Glück, das ich nur ungern kaputt machen möchte. Das alles habe ich ehrlich gesagt ziemlich oft irgendwo gehört. Sowohl im Schulhof als auch im Internet. Zum Glück nicht über meine Vulva, aber so im Generellen, und natürlich fragte ich mich auch irgendwann mal, ob mit meiner Vulva eigentlich alles okay ist. Diese Witze sind das wahre Übel, denn sie sitzen weitaus tiefer als das Bild einer Pornodarstellerin. Die Abwertung stammt von Menschen, die wir gut kennen, und erzeugt somit eine unfassbar große Scham. Plötzlich wird es persönlich. Mit diesem Gefühl geht immer auch ein Stück Schuld einher und eine große Portion Selbstzweifel. Es beginnt vielleicht mit einem kleinen Zweifel, aber kann sich schnell so ausbreiten, dass wir das grundlegende Gefühl des Scheiterns und des Falsch-Seins haben. Wir fühlen uns unwohl, wir verstecken uns, wir lassen uns operieren. In der Hoffnung, nicht nur die Unsicherheit, sondern auch dieses Schamgefühl loszuwerden, um endlich gut genug zu sein.

Woher dieses Schamgefühl genau kommt, ist so individuell wie wir und unsere Vulven selbst. Vielleicht liegt es bei dir an einem Witz, den du mal gehört hast. Oder es liegt am Vergleich mit anderen Vulven oder auch daran, dass du deine Vulva so klein und unauffällig wie möglich halten möchtest, weil sie generell etwas »Schlimmes« ist? Zumindest wird uns das eingeredet. Gerade auch durch vermeintliche Modesünden wie den »Cameltoe« – also wenn sich der Umriss der Vulva durch die Hose abzeichnet. Seltsam, dass es bei Männern okay ist, den Umriss ihres Penis zu sehen, aber WEHE man kann durch die Kleidung ahnen, dass Menschen eine Vulva haben. WIE SCHRECKLICH!

Viva la Vulva!

Menschen mit Vulva haben es keinesfalls leicht. Über viele Ecken wird uns die Scham eingepflanzt, die bei vielen schnell Wurzeln schlägt und inzwischen zu einem gigantischen Baum herangewachsen ist.

Wenn ein Körperteil gedanklich schon so negativ besetzt ist, ist es natürlich schwierig, von heute auf morgen zu erwarten, dass du durch die Welt springst und schreist: »Ich liebe meine Vulva!« Obwohl du ohne Zweifel allen Grund dazu hättest!

An dieser Stelle möchte ich eine kleine Aufgabe mit dir teilen. Vielleicht ist das nichts Neues für dich. Also hoffentlich. Trotzdem lohnt es sich meiner Meinung nach, diese Übung alle paar Monate zu wiederholen. Suche dir einen Raum, in dem du ein paar Minuten ungestört sein kannst und deine Ruhe hast. Schnapp dir einen kleinen Handspiegel, zieh dich nackt aus und betrachte deine Vulva. Nimm dir Zeit und schau dir alles genau an. Versuche auch hier die Übung des Selbstliebe-Kapitels umzusetzen und deine Vulva ganz ohne Wertung anzusehen. Schließlich ist die Vulva verdammt magisch und kann uns so viel Freude bescheren – ganz unabhängig von ihrem Aussehen. Vielleicht siehst du deine inneren Vulvalippen von außen. Vielleicht haben deine Lippen eine andere Farbe als dein restlicher Körper oder deine Klitoris kommt dir verhältnismäßig groß vor. All das ist okay. All das ist normal! Es gibt so viele verschiedene Vulven, wie es verschiedene Menschen gibt, und jede ist völlig individuell. Außerdem kann sich ihr Aussehen auch im Laufe der Zeit verändern. Beispielsweise wachsen die Vulvalippen in der Pubertät aufgrund von Hormonen, aber auch nach Geburten können sie ihr Aussehen verändern. Das ist weder positiv noch negativ, sondern es ist einfach so. Körper verändern sich. Punkt. Mit zunehmendem Alter verliert die menschliche Haut an Spannkraft – und ja, auch an der Vulva. Irgendwann hängt einfach alles ein bisschen mehr. Völlig okay und eben der Lauf des Lebens!

Was ich absolut jedem empfehlen möchte, der oder die mehr über die eigene Vulva erfahren möchte und bereit ist, ein bisschen mutig zu sein: Vulva-Casting. Dabei wird ein Gipsabdruck von deiner Vulva erstellt. Vor circa drei Jahren habe ich das zum ersten Mal probiert und es war so eine unglaublich tolle Erfahrung! Davor war ich sehr aufgeregt. Immerhin würde mir eine mir völlig fremde Person klebrige Maße auf meine Vulva schmieren. »Bestimmt voll peinlich«, dachte ich mir. Doch das war es ganz und gar nicht! Viki hatte das zuvor schon bei vielen gemacht. Bevor wir loslegten, sprachen wir über die eigene Vulva und die Verbindung zu ihr. Sie erzählte mir, dass völlig unterschiedliche Menschen in ihr Atelier kommen. Angefangen vom Hippie in Birkenstocksandalen bis zur sechzigjährigen Oma, die ihrem Liebhaber einen Vulva-Abdruck schenken möchte. Eins ist uns beiden klar: Die Vulva ist verdammt unterrepräsentiert und verdient viel mehr Aufmerksamkeit! Das ist auch der Grund, warum Viki ihre Instagramseite »Vulvacasting« betreibt. Dort teilt sie Fotos von den verschiedenen Vulva-Statuen, die sie schon gemacht hat, und sorgt für öffentliche Vulva-Diversität. Natürlich alles anonym, aber es lohnt sich, auf ihrem Profil vorbeizuschauen und ihr zu folgen. Einfach für mehr Vulva-Diversity im eigenen Feed und um zu erkennen, dass Vulven tatsächlich individuell sind.

Kurz darauf legten wir los und sie schmierte mir die kühle, blaue Masse mit einem Einweghandschuh auf meine Vulva. Das Gefühl war seltsam und angenehm zugleich. Die Situation war völlig neu für mich, dennoch fühlte ich mich in keiner Sekunde unwohl. Als ich am Ende den fertigen Gipsabdruck meiner Vulva in Händen hielt, war ich vollkommen fasziniert! Jede einzelne Pore war erkennbar und ich konnte nun alles genau begutachten. »Ich hab wirklich eine schöne Vulva!«, dachte ich mir und platzierte die Statue in meinem Schlafzimmer, wo sie auch heute noch steht. Ich sehe sie jeden Tag beim Aufstehen und gewöhne mich immer mehr an ihren Anblick. Endlich fällt Licht auf die Vulva! Und mit jedem Lichtstrahl verschwindet auch ein Stück des Schattens und des großen Tabus rund um die Vulva.

Untenrum Blümchenduft

Wo wir schon beim Thema Vulva sind, sollten wir dringend auch über das Thema Ausfluss sprechen. Ja, ich finde das Wort ebenfalls seltsam. Warum, weiß ich auch nicht. Vielleicht weil ich gelernt habe, es seltsam zu finden. Der weibliche Ausfluss ist oft sehr negativ konnotiert und viele Mädchen und Frauen schämen sich dafür. Gerade die weiße Kruste, die getragene Unterhosen manchmal ziert, war mir lange unangenehm und ich bemühte mich beim Sex, die Unterhose so auszuziehen, dass mein Partner sie auf keinen Fall sieht. Ich habe sie sogar extra zusammengeknüllt und »versteckt«, weil es mir so peinlich war, dass meine Unterhose nicht »sauber« war. Ist Ausfluss also schmutzig? Nein, Ausfluss ist weder schmutzig noch unhygienisch. Er ist nicht nur essenziell für eine gesunde Vagina, sondern auch ziemlich cool, weil wir durch seine Konsistenz erkennen können, in welcher Zyklusphase wir uns gerade befinden. Ausfluss im Slip ist ganz normal und gehört zum weiblichen Zyklus genauso wie das Menstruationsblut. Der Ausfluss ist ein Sekret, das aus verschiedenen Teilen besteht. Er kommt nicht direkt aus der Vagina, denn diese hat selbst keine Drüsen.

Allerdings dringt durch die Scheidenwände viel Flüssigkeit ein, die sich mit diversen Sekreten aus dem Gebärmutterhals und aus den Drüsen in der Vaginalöffnung vermischt.[35] Der Großteil kommt aus der Zervixdrüse, deshalb nennen viele den Ausfluss auch »Zervixschleim«. Bei dem Begriff »Schleim« wundert es mich nicht, dass viele denken, es wäre unhygienisch und eklig. Im Durchschnitt haben Frauen täglich bis zu einem halben Teelöffel Ausfluss. Das variiert selbstverständlich je nach Zyklusphase und Person und auch seine Konsistenz verändert sich im Laufe des Zyklus. Nach der Blutung ist deine Vagina eher trocken und klebriger und es kann sein, dass du fast keinen Ausfluss hast. Danach wird er cremiger, weißlicher oder auch gelblich. Gerade in der Unterwäsche sieht er oft milchig aus. Kurz vor dem Eisprung, also in deiner fruchtbaren Phase, wird er immer durchsichtiger und erinnert an Eiweiß. Jetzt kannst du ihn zwischen den Fingern einige Zentimeter in die Länge ziehen, ohne dass er dabei reißt. Meistens steigt hier auch die Menge des Ausflusses und die Spermien können jetzt besonders gut und lange in der Flüssigkeit gleiten. Dadurch, dass diese Konsistenz ein paar Tage anhält, ist auch davor schon Vorsicht geboten bei ungeschütztem Geschlechtsverkehr. Die Spermien können nämlich bis zu fünf Tage im Ausfluss überleben und bleiben weiterhin potent. Nach deinem Eisprung wird auch der Ausfluss wieder dickflüssiger und cremiger und weniger durchlässig für Spermien. Aber nicht nur um Rückschlüsse auf den Zyklus zu ziehen ist der Ausfluss faszinierend, sondern auch wegen seiner reinigenden und gesundheitsfördernden Wirkung gegenüber der Vagina. Der gesunde pH-Wert liegt zwischen 3,8 und 4,5 und ist somit leicht säuerlich. Das muss so sein, damit Bakterien und Erreger keine Chance in der Vagina haben und alles gesund bleibt. Das ist auch der Grund dafür, dass Vulven etwas säuerlich schmecken. Der pH-Wert ist sogar so sauer, dass er Unterhosen bleichen kann. Daher kommen auch manchmal die weißen Flecken in den Slips. Mittlerweile gibt es viele Intim-Waschlotionen, die versprechen, den Geruch zu ändern und blumiger zu machen, aber das ist völliger Blödsinn! Alle Menschen haben einen gewissen Geruch im Intimbereich, das ist doch völlig logisch! Auch Menschen mit Penis riechen untenrum nicht nach Blumen, also warum wird es dann von einer Vulva erwartet? »Dieses Intimprodukt wirkt dem Geruch der Scheide entgegen und ist gut bei Ausfluss« steht in der Beschreibung einer Intim-Waschlotion und ich muss mich zusammenreißen, dass ich mir nicht auf den Kopf schlage und mich direkt mit der Firma in Verbindung setze. GUT BEI AUSFLUSS? Wozu sollte ich ein Produkt brauchen, das den Ausfluss unterstützt, wenn Frauen seit Tausenden von Jahren auch ohne Blumenduft auskommen und der Körper trotzdem einwandfrei funktioniert? Ich habe echt viel Verständnis für innovative Produkte und Marketingideen, aber so was macht mich einfach nur wütend. Intimprodukte haben ihre Berechtigung, wenn es um Infektionen oder Krankheiten geht, jedoch braucht nicht jeder Mensch mit Vulva automatisch eine spezielle Reinigung, die den Duft ändert. Das kann sogar schädlich für den pH-Wert sein, der durch die falschen Produkte aus dem Gleichgewicht gebracht wird und so Bakterien nicht mehr entgegenwirken kann. Die Vagina reinigt sich von selbst und alles, was wir dafür brauchen, ist: Wasser. Kein Duschgel und keine bestimmte Waschlotion, die einfach nur viel Geld kostet und uns einreden möchte, wir wären nicht »sauber« genug. Nein danke, kein Bedarf!

Bleiben wir lieber bei den positiven Seiten des Ausflusses. Vielleicht hast du schon von dem TikTok-Trend »Vabbing« gehört. Das ist eine Mischung aus »Vagina« und »Tapping« und funktioniert so, dass sich Menschen mit Vulva etwas Vaginalsekret als Parfum auftupfen. Hinter die Ohren, auf den Hals und auf die Handgelenke. Warum? Weil es bestimmte Pheromone enthält, die andere Menschen, vor allem Männer, sexuell anziehen sollen. Einige meinen, dass sie dadurch jeden daten können, den sie wollen oder gratis Drinks bekommen. Bislang ist wissenschaftlich leider nicht nachgewiesen, dass der Duft von Pheromonen bei der sexuellen Anziehung eine Rolle spielt, aber du kannst es ja mal ausprobieren. Auch das Parfum »Vulva Original« finde ich sehr spannend, weil es damit wirbt, einen »natürlichen Vaginalgeruch« zu haben. Scheinbar kommt es aus der Erotikbranche und dient vor allem Männern beim Solo-Sex dazu, ihre Toys zu besprühen, die dann »lebensechter« riechen sollen. »Der Traum eines jeden Geruchs-Gourmets«, lautet der Text auf der Website.[36] Offenbar wirkt unser Ausfluss so aphrodisierend, dass es sogar Marken gibt, die den Geruch verkaufen. Wäre doch schade, wenn wir ihn mit Intimlotionen eliminieren, oder?

Period Power

Tante Emma ist da

Warst du schon mal auf dem roten Vulkan, bist auf der roten Welle gesurft oder bekamst Besuch von Tante Rosa? Es gibt mehr Codewörter dafür als für Geheimmissionen. Für etwas, das eigentlich das Normalste auf der Welt ist: die Periode. Circa fünfzig Prozent der Weltbevölkerung blutet einmal im Monat, aber trotzdem ist dieses Thema umhüllt von einem erstickend großen Tabu. Warum ist das so? Warum behandeln wir dieses biologisch normale Thema wie eine illegale Geheimmission und schmuggeln Tampons auf die Toilette, als würden wir gerade Drogen dealen? Warum fragen wir flüsternd nach einem Tampon und lassen ihn dann schnell in der Hosentasche verschwinden?

Im vorherigen Kapitel habe ich über die Scham gesprochen, die wir gegenüber unserer Vulva erlernt haben, und ich denke, dass dabei vor allem auch die Menstruation eine große Rolle spielt. Schließlich kommt da »untenrum« plötzlich auch noch Blut heraus – ganz ohne Verletzung oder Wunde. Das ist schon irgendwie gruselig, oder?

Die Menstruation ist im Grunde das genaue Gegenteil davon, sie ist etwas Wundervolles, denn ohne sie würde es weder dich noch mich geben. Nur ein Mensch, der menstruiert, ist in der Lage dazu, ein Kind zu zeugen und zu gebären. »Mensch, der menstruiert?« »Wieso spricht sie nicht von

Frauen? Schließlich haben nur Frauen ihre Periode!«, denkst du dir an dieser Stelle vielleicht, aber so einfach ist das nicht. Wenn wir von »Frauen« sprechen, benennen wir Menschen, die von außen betrachtet mehrheitlich »weibliche Merkmale« aufweisen. Also das, was wir kollektiv gelernt haben, als »weiblich« zu bezeichnen. Lange Haare, Make-up, Wangenknochen, volle Lippen, Brüste und natürlich auch das wichtigste, biologische Erkennungsmerkmal einer Frau: die Vulva. Aber gar nicht alle Menschen mit Vulva menstruieren. Das kann verschiedene Ursachen haben, wie zum Beispiel Stress, Krankheiten oder dass sie aufgrund diverser medizinischer Bedingungen überhaupt gar nie zu menstruieren angefangen haben. Außerdem gibt es zyklische Menschen, die Trans oder intersexuell sind. Es gibt viele verschiedene Formen von Intersexualität, aber im Grunde bedeutet es, dass die Summe der körperlichen Geschlechtsmerkmale nicht eindeutig den Kategorien Mann oder Frau zugeordnet werden kann. Oft ist der Fall, dass sich sowohl männliche als auch weibliche Organe entwickeln, aber es kann auch sein, dass man von außen ein eindeutiges Geschlechtsorgan hat, aber sich im Gehirn und in den Hormonen ein Unterschied befindet.[37] Auch nichtbinäre und genderqueere Menschen können eine Monatsblutung haben. Also: Nicht alle Frauen menstruieren und nicht alle Menstruierenden sind Frauen!

Die Periode ist für weiblich gelesene Menschen schon ein verdammt großes Tabu. Aber wie muss es dann einem Transmann gehen, der »heimlich« seine Blutung hat und auf der Herrentoilette seinen Tampon wechseln muss? Blutende Männer kennen viele nicht und dementsprechend gibt es auf Herrentoiletten so gut wie nie einen Abfalleimer in der Kabine. Ich finde, es sollte generell gang und gäbe sein, dass in jeder Toilettenkabine Abfalleimer und kostenlose Periodenprodukte zur Verfügung gestellt werden.

Schließlich verbringen wir genug Zeit mit Tante Rosa, da ist ein gebührender Empfang nicht zu viel verlangt.

Die Periode dauert durchschnittlich fünf Tage und findet circa einmal im Monat statt. Nehmen wir mal an, dass wir vierzig Jahre lang bluten. Dann wären wir bei 2.400 menstruierenden Tagen. Insgesamt verbringen wir in unserem Leben also mehr als sechs Jahre blutend. Wäre das nicht Grund genug, mal offen über diese sechs Jahre zu sprechen?

P wie peinlich

Leider ist es nach wie vor Fakt, dass viele junge Mädchen ihre Blutung als negative Belastung sehen. Bei einer repräsentativen Umfrage der Erdbeerwoche, einem Infoportal für Menstruation, wurden im Jahr 2017 1.109 österreichische Jugendliche zwischen elf und achtzehn Jahren zum Thema Menstruation befragt. Davon 684 Mädchen und 425 Jungen.[38] Das Ergebnis war, dass 60 % der Mädchen eine negative Einstellung zu ihrer Menstruation haben und 70 % der Jungen das Thema sogar unwichtig und peinlich fanden.

Aber das Problem beschränkt sich leider nicht nur auf unreife Jugendliche, die schon beim Wort in beschämtes Kichern ausbrechen. Das wurde spätestens im April 2021 klar, als zwei Männer die Geschäftsidee »Pinky Gloves« bei »Die Höhle der Löwen« vorstellten. Die beiden cleveren Gründer mutmaßten nämlich, dass Frauen ein Problem mit der Entsorgung von Tampons haben. Durch einen angewiderten Blick in den Badezimmerzimmereimer wurde ihnen schlagartig klar: So kann das nicht weitergehen. Die selbst bezeichneten »Frauenversteher« entwickelten also ein Produkt, das Frauen endlich von diesem vermeintlichen Ekel befreien sollte: Blickdichte, pinke Einweghandschuhe. Das hört sich jetzt erst mal völlig banal an und nach einer Idee, die von einem unreifen, dreizehnjährigen Jungen stammen könnte, doch der erste Blick täuscht. Diese grandiose Erfindung dient nämlich dazu, Tampons *endlich* »hygienisch« zu entsorgen. Mit dem angezogenen Handschuh kann man den Tampon zuerst entfernen und diesen dann direkt in das Plastik einwickeln und fachgerecht entsorgen. Endlich also ganz sauber und diskret und mit dem toxischen Menstruationsblut müssen wir auch nicht in Kontakt kommen. Nicht, dass wir uns noch verätzen oder so. Natürlich ging es den Frauenverstehern primär um die leidenden Menstruierenden und es ist nur ein weiterer Pluspunkt, dass auch Nichtmenstruierende endlich nicht mehr belästigt werden durch den Anblick blutiger Tampons.

Mal abgesehen davon, dass ein pinker Einweghandschuh keine neuartige Erfindung ist, habe ich von Menstruierenden noch nie gehört, dass sie ein Problem mit dem Entfernen eines Tampons haben. Dass er irgendwo feststeckt – okay, aber dass sie unter dem Entfernen ernsthaft leiden? I don't know. Ich denke, während der Periode leiden wir weitaus mehr unter Dingen wie Stigmatisierung, Regelschmerzen oder übermäßiger Müdigkeit. Außerdem berühre ich den Tampon beim Entfernen gar nicht, weil ich mir ein langes Stück Klopapier abreiße, mit dem ich dann am Tamponfaden ziehe, sodass er direkt darauf landet. Ohne den blutigen Tampon mit meiner Hand zu berühren, wickle ich ihn dann ein. Fertig. Simpel, schnell und ganz ohne unnötigen Plastikmüll. Was für eine Schnapsidee. »Da wird doch keiner investieren wollen«, denke ich und falle fast vom Stuhl, als zwei der männlichen Investoren freudig ihren Geldbeutel zückten.[39] Warte, was?! Falls das mit dem Buch hier nicht klappen sollte, werde ich meinen Lebensunterhalt mit verpackten, gleich großen Klopapierstreifen verdienen, die perfekt portioniert sind, um einen Tampon optimal zu entfernen. Wehe, du klaust mir jetzt diese grandiose Idee! Spaß beiseite: Dieses Beispiel verdeutlicht nicht nur, dass es Männer gibt, die über Themen sprechen, von denen sie offensichtlich keine Ahnung haben. Es zeigt auch, dass gerade Männer die Periode als ein »schmutziges Problem« sehen, für das wir dringend eine *Lösung* brauchen. Natürlich von einem Mann. Ganz klar. Der kommt nämlich und befreit uns endlich aus unserem unhygienischen Dasein. Wie in einer Hollywoodkomödie. Hach. Zum Glück bin ich mit meiner kritischen Meinung nicht allein, denn kurz nach der Ausstrahlung der TV-Sendung positionierten sich viele Menschen zu diesem Thema. Darunter auch Franka Frei, die Autorin des Buches »Periode ist politisch«, die auf Instagram ein Posting veröffentlichte, in dem sie das Produkt als »verdammt überflüssig und ökologisch verwerflich« bezeichnet. Sie argumentiert damit, dass es »ein Schritt nach hinten in Sachen Stigmatisierung Menstruierender« ist. Und was soll ich sagen: Franka hat recht. Es dauerte nicht lange, bis sich immer mehr Menschen öffentlich dazu positionierten und ein regelrechter Shitstorm ausgelöst wurde.[40] Das ging so weit, dass die Gründer sogar Todesdrohungen bekamen und die Angehörigen auf der Straße beleidigt wurden. Das geht natürlich absolut am Thema vorbei und ist extrem verwerflich. Sachliche Kritik: ja bitte! Aber persönliche Drohung: NOPE!

Mittlerweile haben die Unternehmensgründer die Handschuhe vom Markt genommen, nur leider ist das Perioden-Tabu geblieben. Hätten sie das nicht auch einfach vom Markt nehmen können?

Das Tabu

Woher kommt eigentlich dieses Tabu um die Menstruation? Eigentlich hat nie jemand zu mir gesagt: »Über die Periode spricht man nicht« oder »Wenn du über deine Blutung sprichst, stirbst du!«. Trotzdem fühlte es sich lange so an, denn diese große Scham legt sich wie eine große Blase um uns alle. Im Zuge meiner Recherche bin ich auf die sozialkognitive Lerntheorie des Psychologen Albert Bandura gestoßen. Diese besagt, dass Menschen hauptsächlich dadurch lernen, dass wir ein bestimmtes Verhalten bei anderen Menschen sehen und dieses anschließend nachahmen.[41] Das wird deutlich, wenn ich mit dem vierjährigen Kind meines Freundes Patrick spiele und es sich manchmal wie ein Mini-Patrick anfühlt. In seinem Wortschatz kann ich genau dieselben Phrasen erkennen, die Patrick oft zu mir sagt. Es ist erschreckend, wie viel Kinder von den Verhaltensweisen der Erwachsenen um sich kopieren. Vor allem von den eigenen Vorbildern – den Eltern. Das Resultat davon sind auch innere Glaubenssätze, die sich kaum von denen der Eltern unterscheiden. Natürlich ist das auch beim Thema Menstruation so. Obwohl niemand direkt sagt, dass das Thema ein Tabu ist, merken wir es unterbewusst schon sehr früh. Auch wenn viele Menschen davon betroffen sind, spricht niemand darüber. Die Periode wird nicht beim Familienessen mit der Tante zweiten Grades besprochen und wenn doch, ist das meist sehr unangenehm für alle Beteiligten. Einer der ersten Berührungspunkte mit dem Thema ist bei vielen der Biologieunterricht in der achten Klasse, vor dem die Scham leider auch selten Halt macht. Es ist wie eine Art Kodex, gegen den nicht verstoßen werden darf. Niemand sagt es, aber wir kennen auch keinen, der jemals bei der Familienfeier frei über die monatliche Blutung gesprochen hätte. Leider sind wir auch selten die Mutigen, die den ersten Schritt wagen und leisten durch unser Schweigen unseren Beitrag zur Aufrechterhaltung des Tabus.

Wie wäre der Umgang, wenn wir in einer Gesellschaft aufwachsen würden, in der man frei darüber spricht? Wo es kein »Frauenthema« ist, sondern auch Nichtmenstruierende ausführlich über die biologische und hormonelle Komponente der Periode Bescheid wissen? So viele Mädchen und Frauen könnten sich endlich von dieser Scham befreien, die sie gegenüber ihrer Blutung, ihres Körpers und infolgedessen auch ihrer Weiblichkeit empfinden. Doch leider leben wir in einer patriarchal-geprägten Gesellschaft, in der noch immer mehrheitlich Männer das Sagen haben und die Welt vor allem auf die männlichen Bedürfnisse ausgelegt ist.

Glaubst du mir nicht? Autofahren zum Beispiel ist eine Sache davon. Weil Autos für einen durchschnittlich großen Mann konzipiert wurden, ist das Risiko für Frauen, an einem Autounfall verletzt zu werden, um 47 % höher als bei einem Mann.[42] Aber auch bei weniger gefährlichen Dingen werden die Bedürfnisse von Frauen systematisch übergangen. Hast du dich schon einmal gefragt, wieso die Schlangen an öffentlichen Toiletten bei Frauen immer vieeeeel länger sind als die vor den Herrenklos? Der Hauptgrund dafür ist, dass Architekt*innen Toiletten für Männer und Frauen dieselbe Quadratmeterzahl einräumen. Klingt auf den ersten Blick eigentlich ziemlich fair, oder? Bedenkt man aber, dass nicht nur viel mehr Pissoirs als Toilettenkabinen auf der gleichen Fläche Platz haben, sondern dass Frauen generell viel mehr Zeit dort verbringen, weil sie schwanger sind oder ihre Periode haben, sieht es gleich anders aus. Natürlich braucht es mehr Zeit, um beispielsweise Tampons zu wechseln oder aufwändige Kleidung loszuwerden. Da wird schnell klar, dass diese Aufteilung doch irgendwie unfair ist. Außerdem wird der begrenzte verfügbare Platz oft für Wickeltische genutzt, da Kinder ja bekanntlich auch »Frauenarbeit« sind. Gerecht ist es erst, wenn öffentliche Klos so konzipiert sind, dass man die unterschiedlichen Bedürfnisse der Menschen einbezieht und die Toilettenschlangen gleich sind. Außerdem ist es bereits in Ländern wie Schweden weit verbreitet, im öffentlichen Raum Unisex-Toiletten zu haben. Auch das wäre eine Möglichkeit für mehr Gleichberechtigung beim Toilettengang.

Wenn wir der Frage nachgehen, wie das Tabu der Menstruation entstanden ist, müssen wir in der Geschichte sehr weit zurück gehen. Marion Schröter hat in ihrem Buch

»Das diskrete Tabu« eine Erklärung für das Schweigen. Sie schreibt, dass die frühen Urvölker natürliche Phänomene teilweise noch nicht verstehen konnten und keine Erklärung dafür hatten, dass es zum Beispiel im Sommer plötzlich zu einem Unwetter kommt. Deshalb gingen sie davon aus, dass es höhere Mächte gibt. Götter und Göttinnen, die sie entweder mit Gutem segneten oder, sollte man sie verärgern, Schlechtes brachten. Das Wissen um frühe Gesellschaftsformen ist sehr umstritten, aber es deutet vieles darauf hin, dass es Matriarchate gab. Also dass Frauen diejenigen waren, die gesellschaftlich das Sagen hatten. Auch in China gibt es heute noch den matriarchalen Stamm der Mosuo, wo Frauen das gesellschaftliche Leben dominieren.[43] Bei den Urvölkern wurden Frauen ganz besonders verehrt, weil sie die Schöpferinnen des Lebens waren und auch ihre sexuelle Kraft galt als besonders machtvoll. Deshalb war die Gottheit, die in matriarchalen Gesellschaften verehrt wurde, die weibliche Göttin der Fruchtbarkeit und der Wiedergeburt. Man hatte großen Respekt vor Frauen und sah sie als sehr machtvoll an, weil sie die Herrscherinnen über das Leben waren. Ich finde diese Ansicht extrem spannend, weil Frauen heutzutage teilweise fast als »Gebärmaschinen« gesehen werden. Alles, was irgendwie weiblich ist, wird extrem abgewertet, zelebriert wird meist der männliche Penis und die körperliche Überlegenheit des Mannes.

Die Stämme waren zuerst auf Wanderschaft und jagten und sammelten ihre Nahrung. Erst später entdeckten sie, dass man Tiere auch als nützliche Haustiere halten konnte und selbst Pflanzen züchten konnte. Infolgedessen kam es zu einer grundlegenden Veränderung der Gesellschaft, da persönlicher Besitz an Bedeutung gewann. Aufgrund der sesshaften Lebensweise wurden Frauen häufiger schwanger und verbrachten daher weniger Zeit auf dem Feld, sondern mehr bei ihren Kindern. Der Mann als Handwerker und Bauer wurde so für den Lebensunterhalt und den Wohlstand der

Familien immer wichtiger. Weil die »weibliche Arbeit« nicht unmittelbar zum Lebensunterhalt beitrug, rutschte ihre Wertigkeit immer weiter nach hinten.[44] Frauen wurden dadurch mit der Zeit immer abhängiger von den Männern. Aus dieser Lebensform heraus bildeten sich langsam Städte, wo ebenfalls die Männer vorwiegend bestimmten, da hatten, da es auch ihre Aufgabe war, das erlangte Eigentum gegen Konkurrenz und Raub zu verteidigen. Das war der Beginn der Bruder- und Verwandtenbündnisse. Männer knüpften Kontakte und hielten zusammen, während Frauen zunehmend separiert und in den Haushalt verbannt wurden.

Die Frau verlor an gesellschaftlichem Wert und der Mann stand nun über ihr. So wurden automatisch auch die weiblichen Fähigkeiten entwertet. Gerade das Menstrualblut war etwas, das sich die Menschen damals nicht erklären konnten, denn der direkte Zusammenhang mit der Fruchtbarkeit war noch lange nicht nachgewiesen. Angeblich besaßen menstruierende Frauen in sehr frühen Gesellschaftsformen eine starke sexuelle Anziehungskraft, da von ihnen ein besonderer Geruch ausging. Heute schämen wir uns für diesen Geruch und haben Angst, dass jemand anderes den Geruch von Blut durch die Hose riechen könnte, während das früher erotisierend war. Viele Frauen (inklusive mir) haben während ihrer Menstruation ein erhöhtes sexuelles Verlangen. Zu dieser Zeit wurde das auch vermehrt ausgelebt. Allerdings nicht lange, denn Männer fühlten sich schnell durch diese starke Verführungskraft der Frauen bedroht. Gerade, weil die Frau im Patriarchat auch als eine Art männlicher Besitz verstanden wurde, das ungerne mit anderen geteilt wurde. Man musste sich also etwas überlegen, wie man diese gefährliche weibliche Kraft sowie die eigene Frau im Zaum halten konnte. So entstand langsam die Angst und das Tabu der Menstruation. Weil Frauen bluten, ohne ersichtliche Verletzung, war die Menstruation für die Menschen damals etwas spooky. Deshalb gingen sie davon aus, dass Menstruierende über magische Kräfte verfügten oder von Geistern besessen waren. Es war eine Mischung aus Bewunderung und Angst, die vor allem Männer empfanden. Weil Angst ein besonders starkes Gefühl ist, überwog dieses schnell und schreckliche Dinge begannen ihren Lauf zu nehmen.

Legendäres Blut

Weil es keine logische Erklärung für die Menstruation gab, sah man sie als etwas Übernatürliches, vor dem man sich besser hüten sollte. Die Männer bekamen Angst und die Frauen zunehmend Schuldgefühle. Es mussten dringend Vorschriften und Regeln für den Umgang mit menstruierenden Frauen her, die den Stamm vor den angeblichen Gefahren beschützen sollten. Die Blutung war so gefährlich, dass nicht nur Männer, sondern sogar Frauen davor beschützt werden mussten. Die Menschen wussten sich nicht anders zu helfen, als menstruierende Frauen von der Gesellschaft abzusondern, indem sie sie für diesen Zeitraum in Hütten außerhalb der Community unterbrachten. Es gab viele Regeln, wie zum Beispiel, dass Frauen in dieser Zeit kein Essen zubereiten durften und sich auch sonst vom gesellschaftlichen Leben fernhalten mussten. Außerdem durften sie weder Männer noch Waffen ansehen, weil ihr Blick Unglück für die Jagd bringen sollte. Teilweise mussten menstruierende Frauen getragen werden, da sie nicht einmal den Boden berühren durften, weil sonst die Gefahr bestand, dass die Ernten ausfallen würden. Plötzlich war es also so weit gekommen, dass menstruierende Frauen Schuld an Naturkatastrophen hatten und generell an allem, was man sich nicht erklären konnte. Leider waren das noch die verhältnismäßig leichteren Regeln, denn zum Teil wurden Mädchen, die zum ersten Mal bluteten, sogar mehrere Jahre lang (!) weggesperrt oder brutal gequält, in der Hoffnung, dass man ihnen so das »Böse« austreiben konnte und der Stamm endlich davor sicher war.

Die biologische Erklärung für das Phänomen Menstruation ist noch gar nicht so lange bekannt und bis heute gibt es Menschen, die unterbewusst oder bewusst Angst davor haben. Jutta Voss schreibt in ihrem Buch »Das Schwarzmond-Tabu«, dass Aristoteles, einer der einflussreichsten Philosophen und Naturforscher der Geschichte (4. Jh. vor unserer Zeitrechnung), erklärte, dass die Frau »ein Fall gehemmter Wirkung« sei und ein »Mangelwesen« ohne »natürliche Lebenswärme«. Der Grund dafür sei, dass sie nicht über das Stadium des Menstruationsblut hinausgekommen war und nicht in der Lage ist, den Samen zu produzieren.[45] So hatte man also einen handfesten Grund für die Unterordnung der Frau. Aristoteles bezeichnete die Frau auch ganz direkt als eine Art »zeugungsunfähigen Mann«. Auch der Philosoph und Mathematiker Pythagoras (6. Jh. v. u. Z.) den viele nur aus dem Mathematikunterricht kennen, gab zum Thema Menstruation seinen Senf dazu ab. Laut ihm menstruieren wir, weil wir aufgrund eines inneren Überflusses, ein Bedürfnis nach »Entleerung« haben. Alles klar! Der griechische Arzt und ebenfalls Philosoph Galen (2. Jh. v. u. Z.) war derselben Meinung und begründeten diesen »Überfluss« sogar damit, dass Frauen einfach nicht an schwere Arbeit gewöhnt seien. WTF?! Noch schlimmer wurde es, als Plinius der Ältere (23–79 Jh. n. u. Z.) in seinem Werk »Naturalis historia« das Menstruationsblut konkret als »Gift« bezeichnete und viele Beispiele dafür fand, dass dieses Blut eine negative Wirkung habe. Gartenpflanzen, die von Menstruierenden angegriffen wurden, verdorrten angeblich. Der Glanz des Spiegels soll schon nach dem Hinsehen matt geworden sein und auch Eisen soll seine Schärfe verloren haben.[46] Der Grund dafür sei der sogenannte »böse Blick«, den Menstruierende in dieser Zeit des Monats besitzen. Der Mensch von damals ging davon aus, dass die Blutung eine Absonderung von schlechten und verdorbenen Körpersäften war. Diese sorgten im Körper der Frau für eine Art Blutdunst, der ihnen in den Kopf steigt und dann die Augen in Form von imaginären Giftpfeilen verlässt und alles tötet oder vergiftet, was sie treffen. Was sich jetzt wie ein schlechter Scherz anhört, ist eine Angst, die tatsächlich so real war, sodass sich Männer nicht mehr trauten, neben Menstruierenden etwas zu essen oder zu trinken. Sie fürchteten sich so sehr davor, dass ein böser Dämon in ihren Körper eindringen könnte.[47]

Dem Menstruationsblut wurden im Mittelalter böse Kräfte zugeschrieben, aber die Menschen lebten gleichzeitig nach dem Grundsatz, dass das Böse auch in der Lage ist, etwas anderes Böses zu vertreiben. So wurde das Menstruationsblut (vor allem von Jungfrauen, ganz klar) zu einem wichtigen Gut. Besonders die Menstruationshemden waren Gold wert, da sie so magisch waren, dass sie sogar kranke Menschen heilen konnten. Diese speziellen Hemden wurden dann fiebernden Menschen angezogen und auf Heilung gehofft. Es wurde außerdem gegen Gicht, Epilepsie und sogar die Pest eingesetzt, also gegen die schlimmsten Krankheiten, die man damals kannte. Manche schmierten es sogar an den Türpfosten, denn dort sollte es Dämonen vertreiben.[48] Das impliziert nach alter Sichtweise auch, wie schlimm die Menschen das Blut fanden, da sie es mit Dämonen sowie auch den schlimmsten Krankheiten gleichsetzten. Aber auch wenn dem Blut nun zumindest eine positive Eigenschaften zugeschrieben wurde, sah man Menstruierende nach wie vor als Problem. Und in Zeiten der Hexenverfolgungen konnte es schon mal passieren, dass der »böse Blick« von Menstruierenden mit dem »bösen Blick« einer Hexe verwechselt wurde und die Frau allein deshalb gefoltert oder verbrannt wurde.

Auch noch Anfang bis Mitte des 20.Jahrhunderts kann man in Schriften und Diskussionen hochangesehener Ärzte den Begriff »Menstruationsgift« oder »Menotoxin« finden.

Dass dieses Blut heutzutage noch immer mehrheitlich

negativ konnotiert ist, kommt also nicht von ungefähr. Wir haben diese Einstellungen über Generationen hinweg vererbt bekommen, weil sich vor allem Männer davon eingeschüchtert fühlten. Marion Schröter nennt dafür sogar als Grund, dass die Männer von damals einen gewissen Neid gegenüber Frauen verspürten, weil nur sie diejenigen waren, die Kinder gebären und Leben schaffen konnten.[49] Da diese Gabe früher als etwas sehr Magisches und Besonderes angesehen wurde, halte ich Schröters Erklärung für einen plausiblen Grund. Es ging sogar so weit, dass Naturvölker die Initiationsriten, die ursprünglich für Frauen geplant waren, die ihre erste Menstruation hatten, auch auf Männer ummünzten. Zum Beispiel wurde den Jungen die Vorhaut des Penis abgeschnitten und das gesammelte abgeflossene Blut dann den Göttern und Frauen geschenkt.[50] Dass Männer versuchten, die Menstruation nachzuahmen, wird besonders deutlich, wenn man sich ein weiteres Ritual ansieht. Denn teilweise wurde bei Jungen sogar die Unterseite des Penis vollständig aufgeschnitten und das Blut davon aufgefangen und in ein Feuer geleert. Das hört sich verdammt schmerzhaft an, so wie es vor allem auch die Initiationsriten für Mädchen waren, allerdings basieren die für Männer auf Freiwilligkeit, während Frauen keine Wahl hatten.[51] Man glaubte also schon damals, dass das weibliche Blut eine gewisse Kraft hatte, weil es in Zusammenhang mit der Fruchtbarkeit stand.

Die monatliche Blutung galt also sehr lange als Belastung und sogar Krankheit, die in der Lage war, Menstruierende verrückt zu machen.

Heute belächeln wir die damaligen Theorien, aber trotzdem schwingen sie noch immer mit. Betroffene bezeichnen die monatliche Blutung teilweise sogar als »Ausgeburt der Hölle« oder »Niagarafälle des Satans«. Es ist also kein leichter Weg dahin, die Periode als positiv zu konnotieren. »Wieso auch?«, denkst du dir vielleicht, weil du sie selbst leider auch eher als Belastung siehst. Deshalb möchte ich dir im folgenden Kapitel auch die positive, magische Seite des Menstruationsbluts zeigen.

Die Geschichte der Periode ist eine, die durch sehr viel Gewalt und Unterdrückung geprägt ist. Heute ist das zum Glück nicht mehr so. Zumindest nicht in Zentraleuropa. Niemand möchte uns wegsperren oder quälen, nur weil wir bluten. Die Menstruation ist kein großes Thema mehr. Im Gegenteil. Wir ignorieren sie und verstecken sie. Wir tun so, als gäbe es sie gar nicht und verschweigen sie. Ob das wirklich besser ist, weiß ich nicht. Vielleicht fühlen wir gerade in diesen Tagen, dass wir vermehrt Rückzug brauchen und bekommen Schuldgefühle. Immerhin suggerieren uns Tampon-Werbungen, dass Menstruierende bis über beide Ohren strahlen und in der Lage sind, ALLES zu tun! Surfen, Fahrrad fahren oder Yoga. Alles ist möglich. Und ja, das ist auch super, dass wir heutzutage die Möglichkeit haben, auch während der Menstruation all das tun. Das war leider nicht immer so. Trotzdem ist das meiner Meinung nach auch nicht der richtige Ansatz. Das Ziel im Umgang der Blutung sollte nicht sein, sie zu verschweigen und so zu tun, als gäbe es sie nicht. Wir leben in einer kapitalistischen Leistungsgesellschaft, in der wir jede Sekunde hören, wie toll und produktiv wir doch sein sollten. Und ja, natürlich auch während der Periode! Denn da passiert sonst nichts, außer, das da ein bisschen Blut rauskommt, oder?

Naaaaaja. Ich weiß nicht, wie es dir geht, aber an den Tagen, an denen ich blute, bin ich oft nicht fähig, produktiv zu sein. Am liebsten möchte ich mich zurückziehen, allein sein und mir Zeit für Bastelarbeiten und Netflix nehmen. Das ist es, was mein Herz dann begehrt und das ist auch völlig okay so. Nur leider erlaubt es mein Arbeitsalltag oft nicht, denn obwohl ich selbstständig bin und mir die meisten Termine selbst einteilen kann, habe auch ich Deadlines, die ich einhalten muss. Mittlerweile schaffe ich es trotzdem ganz gut, auf mich und meinen Körper Rücksicht zu nehmen. Früher versuchte ich mich auch in dieser Zeit zur Leistung zu zwingen und meine Periode zu verdrängen. Das Resultat davon war, dass ich oft ausgelaugt war und meine Blutung einfach nur als Belastung gesehen habe. Zum Glück hat sich das jetzt geändert und dieses Wissen möchte ich jetzt mit dir teilen.

FRÜHLING
Follikelphase
7-10 Tage
SOMMER
Eisprung
3-4 Tage
HERBST
Lutealphase
10-14 Tage
WINTER
Menstruation
3-7 Tage
Dauer
28 Tage +/-

Lebe deinen Zyklus

Ich hatte lange das Gefühl, dass mit mir etwas nicht stimmt. Wer mich kennt, weiß, dass ich eine große Vorliebe für Persönlichkeitstests habe, weil ich es liebe, mich selbst besser kennenzulernen. Trotzdem fällt es mir manchmal schwer, auf bestimmte Fragen, eine eindeutige Antwort zu finden. Beispielsweise auf die Frage »Triffst du dich gerne mit anderen Menschen?« ist es super schwer für mich, eine pauschale Antwort zu finden. Es gibt Tage, da treffe ich gerne Menschen, kann kaum aufhören zu sprechen und möchte am liebsten auf drei Hochzeiten gleichzeitig tanzen. Doch dann gibt es auch Tage, an denen ich mich einfach nur in eine dicke Decke einkuscheln will und mein Haus für den Rest meines Lebens nicht mehr verlassen möchte. Was bin ich jetzt also? Introvertiert oder doch eher extrovertiert? Diese Fragen machen mich fertig und es nervt mich, dass ich meine Persönlichkeit irgendwie in keine der Kategorien einteilen kann. Wahrscheinlich bin ich ambivertiert, wie die meisten Menschen. Erst im Herbst 2019 fand ich endlich Antworten auf all die offenen Fragen über meine Persönlichkeit. Ich saß am Esstisch meiner WG in Wien und stieß auf ein You-Tube-Video zum Thema Zyklusphasen und wie man diese für sich nutzen kann. Und was soll ich sagen: Es hat einfach Klick gemacht und plötzlich ergab *alles* Sinn. *Ich* ergab endlich Sinn und verstand zum ersten Mal, warum ich solche Schwankungen habe. »Warum haben wir darüber nie etwas in der Schule gelernt?«, schoss es mir durch den Kopf und ich konnte nicht fassen, dass dieses Wissen so lange vor mir geheim gehalten wurde. Ich tauchte mit der Zeit immer intensiver in das Thema Zyklus ein, las Bücher, besuchte Workshops und tauschte mich mit anderen zyklischen Menschen aus. Einen Teil meines gesammelten Wissens möchte ich jetzt mit dir teilen und ich hoffe, dass du es weiteren Menschen erzählst, damit wir die Blutung endlich nicht mehr als Belastung sehen, sondern erkennen, dass sie in Wahrheit das größte Geschenk ist, das wir je bekommen haben.

Zyklus

Wenn ich von »Zyklus« sprechen, meine ich nicht die Menstruation, sondern den Zeitraum vom ersten Tag deiner Blutung bis zum nächsten ersten Tag deiner darauffolgenden Blutung.

Wie lange dauert dein Zyklus durchschnittlich?

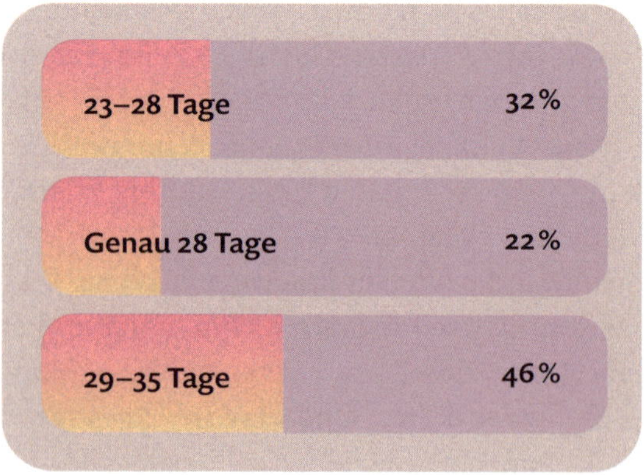

Wie viele Tage blutest du?

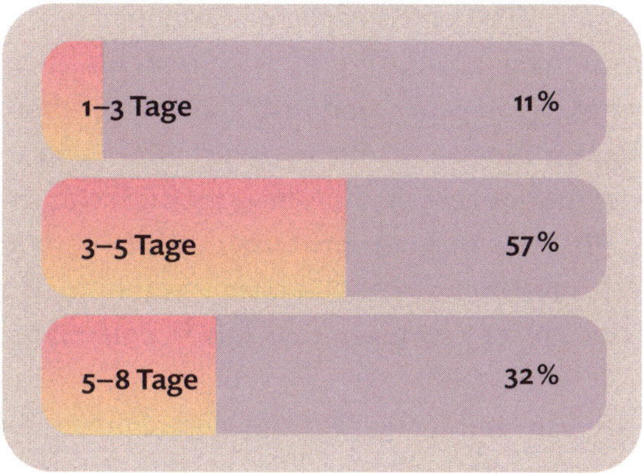

Obwohl in Büchern oft von einer Zyklusdauer von 28 Tagen gesprochen wird, trifft das nur auf die wenigsten Menschen zu. Generell schwankt er zwischen 21 und 36 Tagen und alles dazwischen ist absolut normal. Sollte dein Zyklus noch kürzer oder länger sein, würde ich dir raten, das mit deiner Gynäkologin oder deinem Gynäkologen deines Vertrauens zu besprechen. Das empfehle ich generell, wenn du irgendwelche Probleme oder Unregelmäßigkeiten damit hast.

Um die Darstellung zu vereinfachen, verwende ich auch ein Modell von 28 Tagen.

Diese vier Wochen lassen sich in vier Phasen einteilen:

1. Menstruationsphase (Tag 1–7)
2. Follikelphase (Tag 8–13)
3. Ovulationsphase (Tag 14–21)
4. Lutealphase (Tag 22–28)

Auch hier kann die Anzahl der Tage je nach Körper variieren. Beobachte deinen Körper genau, denn du bist die Expertin deines Körpers. Weil ich diese Begriffe allerdings zu medizinisch für den Alltag finde und die Jahreszeiten den Zyklus samt Stärken auch besser beschreiben, werde ich in der Folge von Frühling, Sommer, Herbst und Winter sprechen.

Aufgrund der verschiedenen Hormone und biochemischen Zusammensetzungen gibt es Phasen, in denen wir tendenziell energiegeladener sind und voller Tatendrang. In anderen Wochen hingegen sind wir eher müde und erschöpft. Wenn wir die einzelnen Phasen entschlüsseln, wird klar, dass jede Phase in uns eigene »Superkräfte« zum Vorschein bringt. Wir müssen nur endlich damit aufhören, den weiblichen Zyklus zu verschweigen und uns in eine männlich zentrierte Welt zu pressen.

Ja, das ist leichter gesagt als getan, aber der Begriff »Cycle Syncing« also »Zyklus – Synchronisierung« ist schon lange kein Geheimnis mehr, sondern sogar schon relativ verbreitet. Dabei geht es nämlich genau darum: das eigene Leben so gut es geht nach dem Zyklus auszurichten und dadurch nicht nur ausgeglichener zu sein, sondern auch negativen Symptomen wie PMS vorzubeugen.

Natürlich ist mir klar, dass wir leider nicht alle unser Leben komplett nach dem Zyklus ausrichten können, denn das würde bedeuten, dass wir während der Blutung unserer Arbeit nicht nachgehen müssten, sondern unseren Blick nach innen richten dürften und uns vollständig auf uns selbst konzentrieren könnten. Leider ist das mit den Vorgesetzten in unserem aktuellen Wirtschaftssystem nur schwer zu vereinbaren.

Trotzdem können wir so gut es geht versuchen zurückzutreten, langsamer zu werden und einen liebevolleren Umgang mit uns selbst zu praktizieren. Wenn das im Job schwierig ist, dann vielleicht danach zu Hause. Nicht für jeden wird alles, was ich im Folgenden schreibe, umsetzbar sein. Leider. Aber lass es gern mal auf dich wirken und überlege dir anschließend, wie du es bestmöglich auf dein eigenes Leben ummünzen kannst. Denn glaube mir, mit einem zyklischen Leben wird alles leichter!

Stell dir mal die folgenden Reflexionsfragen:

Wie empfindest du deine Menstruation?

....

....

Ekelst du dich vor dem Blut, und wenn ja, warum?

....

....

Freust du dich auf deine Periode?

....

....

Wie war deine erste Blutung? Wurde sie gefeiert oder verschwiegen?

....

....

Welche Reaktion hättest du dir von deinem Umfeld in Bezug auf deine erste Menstruation gewünscht?

....

....

Wie ist oder war die Einstellung deiner Mutter zur Menstruation?

....

....

Kannst du offen über die Periode und den Zyklus sprechen?

....

....

Welchen Umgang würdest du dir gesellschaftlich mit dem Thema Periode wünschen?

....

....

Winter

Disclaimer: Aus Gründen der Lesbarkeit schreibe ich in manchen Absätzen nur über die blutende »Partnerin«. Damit meine ich allerdings alle menstruierenden Personen.

Der Winter bezeichnet die Phase der Blutung. Ich möchte mit dieser Jahreszeit starten, weil auch unser Zyklus am ersten Tag der Blutung neu beginnt.

Deine Blutung ist wahrscheinlich die einzige Phase, die du schon intensiv wahrgenommen hast, oder? Wäre auch blöd, wenn nicht. Die Blutung ist leider oft die Zeit im Monat, in der wir unsere Weiblichkeit regelrecht verfluchen. Wir fragen uns, wieso wir Frauen mit dieser Last leben müssen und die meisten Männer keinen Zyklus haben. Auch merken einige, dass sie irgendwie müder sind, nicht so leistungsfähig und haben deshalb nicht selten sogar Schuldgefühle. In einer perfekten Welt sollte sich niemand für seinen Körper schuldig fühlen, allerdings sind wir da aktuell noch sehr weit entfernt. Oft rühren die Schuldgefühle daher, dass unsere Vorgesetzten trotzdem die volle Power von uns verlangen, weil unsere Gesellschaft den weiblichen Zyklus leider noch immer nicht anerkennt.

Biologie

Was passiert eigentlich biologisch gesehen im Körper? Über den gesamten Zyklus über bereitet sich die Schleimhaut der Gebärmutter auf eine mögliche Schwangerschaft vor. Sie wächst immer weiter, in der Hoffnung, dass sich eine befruchtete Eizelle irgendwann mal einnistet. Sollte das nicht passieren, wird die aufgebaute Nährschicht gemeinsam mit dem Blut ausgeschieden. Dafür zieht sich die Gebärmutter in unregelmäßigen Rhythmen zusammen und entspannt sich anschließend wieder.[52] Das, was jetzt aus der Vagina herausfließt, ist dann die »Periode«. Wenn du das Blut genau ansiehst, erkennst du manchmal auch weiche, kleine Klümpchen. Diese abgestoßenen Teile der Nährschicht sind keineswegs eklig, sondern stecken voller Power. Die Nährschicht ist reich an Spurenelementen, Vitaminen und Nährstoffen und wäre sogar in der Lage gewesen, ein befruchtetes Ei aufzunehmen.[53] Das ist schon ziemlich magisch, oder?

Die Phase des inneren Winters ist auch die Zeit, in der die Hormonkonzentration am niedrigsten ist. Progesteron und Östrogen haben ihren Tiefstand erreicht und das Energielevel des Körpers ist als Resultat davon dementsprechend gering. Gleichzeitig bereitet er sich schon auf den nächsten Zyklus vor und ab Tag 1 der Blutung verabschiedet sich der Körper nicht nur von der alten Nährschicht, sondern beginnt auch fleißig, die neue Eizelle vorzubereiten. In dieser Phase verabschiedet sich also potenzielles Leben und gleichzeitig wird auch Neues geschaffen. Das ist doch unglaublich faszinierend, wozu unser Körper imstande ist!

Gefühlslage

Emotional gesehen, ähnelt diese Phase etwa dem wirklichen Winter. Draußen ist es kalt und es wird Zeit, nach Hause zu gehen, um zu reflektieren und den Blick nach innen auf die eigene Gefühlswelt zu richten. In der Winter-Phase ist die eigene Intuition sehr ausgeprägt und wir sind auch offener für spirituelle Dinge. Vielleicht hast du auch manchmal das Gefühl, dass du dich in dieser Woche besonders verbunden zu allem fühlst. Ich merke das während der Blutung recht stark, dass ich mich kollektiv allen Frauen sehr verbunden fühle. Manchmal kommt sogar eine große Trauer über mich und ich muss plötzlich bitterlich weinen. Ich fühle genauer hinein in diese Traurigkeit und erkenne, dass sie gar nicht nur mir gehört, sondern den Schwestern vor meiner Zeit, die für ihr Frau-Sein verbrannt wurden, sowie auch den Schwestern, die immer noch weltweit leiden müssen, weil sie biologisch weiblich sind. Es macht mich unfassbar traurig, was Frauen über Jahrhunderte hinweg angetan wurde und immer noch angetan wird.

Die Periode ist eine Zeit nur für dich. Jetzt ist es wichtig, dir und deinem Körper mit einer besonders großen Portion Liebe und Empathie entgegenzutreten. Dein Körper leistet gerade Unglaubliches, deshalb hat dein persönliches Befinden oberste Priorität! Also nimm dir die Zeit für dich und tritt kürzer, wo es dir möglich ist. Du darfst Grenzen setzen, auch wenn es anderen vielleicht nicht gefällt. Vielleicht kannst du dir beruflich nicht nach Lust und Laune frei nehmen, aber vielleicht schaffst du es im privaten Bereich, kürzer zu treten und dir Zeit für dich zu nehmen. Vielleicht nimmst du ein heißes Bad, lässt dich bekochen oder sagst ein Treffen mit Freundinnen ab, weil du merkst, dass du diese Kraft gerade für dich brauchst. Nimm dir die Zeit, um deinen Fokus nach innen zu legen. Das kann auch mithilfe von Meditation sein. Es muss auch nicht lange sein. Was zählt, ist, dass es für deine Verhältnisse ruhiger ist als sonst und du das Gefühl hast, dass du dir selbst etwas Gutes tust.

Superkraft

Gerade in dieser Zeit kannst du besonders gut reflektieren und es ergibt auch Sinn, diese Gabe zu nutzen. Denn jetzt ist nicht nur die Phase, um den vergangenen Zyklus Revue passieren zu lassen, sondern auch die Zeit, in der du die Kraft für den kommenden Zyklus sammelst. Vielleicht hilft es dir, ein Journal zu führen und den letzten Zyklus zu reflektieren. Was lief gut und wo hattest du Schwierigkeiten? Wie hast du die Zeit gestaltet? Gibt es etwas, das du loslassen möchtest und nicht mit in den neuen Zyklus nehmen willst? Schreibe alles auf und lass deinen Gedanken freien Lauf. Jetzt hast du besonders guten Zugang zu deiner Intuition und deinem Bauchgefühl, und wenn du den Blick nach innen richtest, merkst du selbst, was dir guttut und was du gerade brauchst.

Da die rechte und linke Gehirnhälfte in dieser Zeit besonders gut miteinander kommunizieren, kann es auch hilfreich sein, schwere Entscheidungen für die Phase der Blutung aufzuheben. Denn da hast du einen besonders weiten Blick und kannst das Thema aus mehreren Blickwinkeln betrachten.

Nahrung & Workout

Weil wir durch vier verschiedene Phasen gehen, gibt es auch beim Thema Nahrung und Sport gewisse Dinge, die unserem Körper in manchen Wochen guttun und in anderen eher stressen. In dieser Zyklusphase tun dir besonders Suppen und Eintöpfe gut, weil deine Körpertemperatur geringer ist. Aber auch gesunde Fette wie Nüsse oder Avocados sind besonders gut für deinen Körper.

Erlaube dir, das zu essen, worauf du gerade Lust hast, auch wenn dir das vielleicht schwerfällt. Auch das ist ein Akt der Selbstliebe und Selbstfürsorge. Workouts solltest du, wie alles in dieser Phase, eher ruhiger angehen und nichts tun, was dich zu sehr anstrengt, denn das stresst deinen Körper. Du darfst dich auch einfach mal in eine Decke einkuscheln und zur Ruhe kommen. Solltest du dich trotzdem unbedingt bewegen wollen, ist es empfehlenswerter, ruhige Sportarten wie Yin Yoga zu machen oder einen ausgedehnten Spaziergang in der Natur.

Intimität & Liebe

Vielleicht hast du selbst schon bemerkt, dass du dich auch sexuell in den verschiedenen Zyklusphasen veränderst und manchmal wilderen Sex willst, während du an einem anderen Zeitpunkt liebevollen Sex bevorzugst.

Auch in der Phase der Menstruation darf alles sein, was sich für dich gut anfühlt. Vielleicht fühlst du dich besonders lustvoll und sinnlich. Vielleicht möchtest du dich aber auch nur zurückziehen und hast keine Lust, körperlich intim zu werden. Beides ist okay und absolut normal. Jetzt ist die

Zeit, wo es vielen besonders guttut, liebevoll verwöhnt zu werden und zu empfangen. Beispielsweise eine angenehme Massage oder einfach nur miteinander zu kuscheln kann sehr wohltuend sein. Vielleicht brauchst du auch etwas Abstand von deiner Beziehung und möchtest mehr Zeit mit dir alleine verbringen. Auch das ist völlig okay.

Pass auf!

Gerade in der Phase des Winters ist es wichtig, dir genug Pausen und Zeit für dich einzuräumen. Wenn das im Job nicht möglich ist, versuche nach der Arbeit kurz zu meditieren oder zu journalen und private Termine auf eine andere Phase zu verschieben. Wenn du dir keine Ruhe nimmst und dich weiterhin auspowerst, kann das Folgen für deine Leistung und Motivation im restlichen Zyklus haben. Wenn du jetzt keine Kraft schöpfst, ist es möglich, dass du die restlichen Phasen nicht voll ausnutzen kannst. Versuche lieber, nicht sofort wieder die volle Power zu geben, auch wenn du gerade keine Schmerzen hast, sondern steigere dich lieber langsam, damit du dich nicht übernimmst.

Tipps für Partner*innen

Vor allem während der Menstruation ist es wichtig, deine Partnerin zu unterstützen, wo du kannst und ihr Zeit und Raum für sich zu geben. Falls du jetzt Kritik ansprechen möchtest, hebe sie dir lieber für eine andere Phase des Zyklus auf, denn deine Partnerin ist jetzt besonders sensibel. Übernimm den Haushalt und koche beispielsweise ihr Lieblingsessen. Sie wird es dir bestimmt auch danken, wenn du ihr ihre Lieblingssnacks besorgst. Drücke deine bedingungslose Liebe und deinen Respekt aus. Auch gegenüber dem Blut. Akzeptiere es als Teil von ihr, ohne zu urteilen. Gib Berührungen, ohne welche zurückzuwollen. Glaub mir, in einer anderen Phase wirst du das doppelt und dreifach zurückbekommen.

Frühling

Der Frühling ist die Phase nach der Menstruation und wird auch Follikelphase genannt. Genau wie im echten Frühling ist nun die Zeit des Erwachens und Erblühens, in der wir langsam wieder zu mehr Energie kommen.

Biologisch

Jetzt wachsen langsam die Follikel heran. Die kann man sich wie Bläschen vorstellen, die im inneren der Eierstöcke heranwachsen. Und daraus bildet sich im Laufe der Zeit dann die Eizelle. Das Follikelstimulierende Hormon FSH regt in dieser Zeit um die 20 Follikel zum Wachsen an, allerdings gibt es nur einen auserwählten, der die volle Größe von 20mm erreichen darf.

Die heranwachsenden Eibläschen produzieren außerdem noch Östrogen, welches dafür sorgt, dass die Gebärmutterschleimhaut aufgebaut wird und sich anschließend ein potenziell befruchtetes Ei dort einnisten kann. Weil gerade zu Anfang der Follikelphase das Östrogenlevel noch relativ gering ist, kann es auch sein, dass du in dieser Zeit vermehrt Kopfschmerzen hast.

Gefühlslage

Aber genug von der biologischen Komponente. Viel wichtiger ist doch, wie wir uns in dieser Phase fühlen und wie wir diese Stärken für unseren Alltag nutzen können, oder?

Wie schon gesagt, ist der Frühling die Phase, in der du langsam erblühst und sich auch deine Energie wieder steigert. Du fühlst dich vielleicht nach wie vor etwas nach innen gekehrt, aber spürst schon langsam die wachsende Lebensfreude und Motivation in dir aufsteigen. Jetzt hast du besonders viele Ideen, bist voller Tatendrang und fühlst dich leicht und energetisch.

Superkraft

Jetzt ist die Zeit, in der du kreative Ideen hast und am besten neue Projekte startest, weil du voller Tatendrang und Energie bist. Vielleicht spürst du auch eine Art kindliche Neugier, die dir Leichtigkeit und Lust aufs Leben macht. So geht es mir immer. Gerade nach der Phase der Menstruation fühle ich mich plötzlich viel leichter und erholter. Außerdem ist während dieser Phase zusätzlich der Verstand geschärft und vielleicht fällt es dir leichter, logisch zu denken und dir Dinge zu merken. Jetzt kannst du dir ein System oder eine Struktur für deine Projekte oder deinen Alltag überlegen. Außerdem ist das die perfekt Phase für neue Angewohnheiten. Du willst mit dem Rauchen aufhören, dich gesünder ernähren oder Sport machen? Jetzt ist die richtige Zeit dafür! Zusätzlich bist du dir deiner Stärken bewusst und bist selbstbewusster als in der Herbst- und Winterphase. Gerade jetzt kannst du mit positiven Affirmationen beginnen und es wird dir wesentlich leichter fallen, die Selbstliebe-Übung des vorherigen Kapitels umzusetzen.

Nahrung & Workout

In dieser Phase tut dir nahrungstechnisch besonders frisches Gemüse und Obst gut. Am besten, du brätst es nur kurz an oder dämpfst es und zerkochst es nicht. Ich bin zwar echt kein Diät-Fan, aber falls du Kalorien reduzieren möchtest, dann am besten in dieser Phase. Während der Menstruation ist das hingegen nicht empfehlenswert. Auch beim Sport kannst du nun anspruchsvolle Workouts machen.

Intimität & Liebe

Da der Östrogenspiegel in dieser Phase ansteigt, könnte deine Vagina zu Beginn möglicherweise etwas trocken sein, wird jedoch immer feuchter, je näher du der Sommerphase kommst. In dieser Zeit tut es besonders gut, Händchen zu halten und zu kuscheln. Vielleicht dauert es anfangs etwas, bis du in Stimmung kommst, aber wenn du es erst einmal bist, kommst du schneller und leichter zum Orgasmus und dieser fühlt sich oft auch besonders intensiv an. Natürlich musst du auch hier auf dich und deinen Körper hören, aber generell fühlt es sich für viele zyklische Menschen gerade in dieser Phase gut an, langsamen, achtsamen Sex zu haben anstatt wilden.

Pass auf!

Auch wenn du gerade sehr viel Energie hast, ist es wichtig, dass du dich nicht gleich verausgabst, sondern langsam beginnst. Sonst ist die Gefahr groß, dass nichts mehr für spätere Zyklusphasen übrigbleibt. Weil du so viele Ideen hast, tendierst du eventuell auch dazu, ungeduldig zu werden und alles auf einmal zu wollen. Da kann es hilfreich sein, dir einen fixen Tages- oder Wochenplan zu erstellen, damit du weißt, welche Schritte zuerst erfolgen. Weil du gerade so voller Energie bist und viele Dinge gleichzeitig erledigen kannst, kann es auch mal passieren, dass du zu anderen Menschen nicht ganz so nett bist, weil es dich ärgert, dass sie mit deinem Tempo nicht mithalten können. Außerdem fällt dir Teamwork in dieser Zeit eher schwerer, weil du der Meinung bist, dass du selbst alles am besten kannst. Jetzt ist die Phase, um allein zu arbeiten und in deinem schnellen Tempo voranzukommen.

Tipps für Partner*innen

In dieser Phase hat deine Partnerin viele Ideen und sie wird sich sehr über deine Unterstützung freuen! Erinnere dich an die Anfangsphase eurer Beziehung und versuche, sie ein bisschen zurückzuholen. Mach ihr Liebeserklärungen, halte ihre Hand und organisiere entspannte Dates mit tiefgründigen Gesprächen. Am Ende des Frühlings können die Dates auch spaßiger und mit mehr Action sein. In der Phase des Frühlings baut sich ihre sexuelle Lust auf, die dann vor allem im

Sommer ausgelebt werden will. Jetzt ist eher Zeit für ruhigeren, einfühlsameren Sex, doch am besten, ihr sprecht gemeinsam über eure Wünsche und Bedürfnisse. Wie das geht, zeige ich dir in einem späteren Kapitel.

Sommer

Die Phase des Sommers ist die Phase, die gesellschaftlich am meisten akzeptiert wird. Jetzt sind wir voller Power, können leisten und sind extrovertiert. Hier wird unterteilt zwischen den Tagen vor dem Eisprung und den Tagen nach dem Eisprung. Während wir uns vor dem Eisprung sehr energiegeladen fühlen, kann das in den Tagen danach stark abebben.

Biologisch

Biologisch gesehen sind jetzt alle Hormone auf dem Höhepunkt. Das Östrogen und auch das Testosteron sorgen für mehr Ausfluss und eine erhöhte Libido. Das herangereifte Follikel platzt nun auf und die Eizelle wird in den Eileiter entlassen. Dort wartet sie circa 24 Stunden geduldig darauf, befruchtet zu werden. Der restliche Teil des Follikels bleibt im Eierstock und verwandelt sich später in den Gelbkörper.

Gefühlslage

In dieser Zeit strahlst du nur so vor Selbstbewusstsein und Energie! Du hast das Gefühl, dass du unaufhaltbar bist und alles schaffen kannst. Jetzt kannst du Gedanken und Gefühle klar und selbstbewusst ausdrücken und bist wahnsinnig produktiv.

Superkraft

In dieser Phase gibst du überall 110 % und gleichst definitiv auch die Leistung aus, die du im Winter nicht erbringen konntest. Jetzt hast du große Lust auf soziale Aktivitäten, Partys und bist die perfekte Gastgeberin, weil du sehr empathisch reagierst, Menschen besonders gut lesen kannst und äußerst kommunikativ bist. Auch beruflich kannst du Projekte jetzt besonders gut präsentieren oder gehst selbstbewusst in eine Gehaltsverhandlung, weil du dich jetzt gut artikulieren kannst, aber auch besonders kompromissbereit und geduldig bist.

Nahrung & Workout

In dieser Phase hast du nicht nur vermehrt Lust auf soziale Aktivitäten, sondern verträgst auch Alkohol am besten. Wie es im »echten« Sommer auch der Fall ist, hast du nun vermehrt Lust auf rohe Gerichte. Salate, Säfte oder Smoothies wirken besonders wohltuend auf deinen Körper. Jetzt ist die Zeit, wo du intensive Workouts machen kannst, weil dein Körper die Kraft hat und auch die Hormone mehr Power geben, um Fett zu verbrennen. Es kann hilfreich sein, die Sporteinheiten am Morgen einzuplanen, da es abends oft zu sehr aufputscht.

Intimität & Liebe

Jetzt ist die Phase des Ausprobierens und des wilden Sex. Es fällt dir leichter, deine Bedürfnisse zu kommunizieren und für dich einzustehen. Du bist selbstbewusst, möchtest neue Dinge ausprobieren und bist besonders leidenschaftlich. Du übernimmst gerne die aktive Rolle und dominierst auch gern mal. In dieser Zeit kannst du deine Fantasien am besten zur Realität werden lassen. Auch deine Vagina ist besonders feucht und der Orgasmus geht leichter und fühlt sich intensiver an.

Außerdem ist jetzt auch die Zeit des Zyklus, in der du schwierige Gespräche führen kannst, da du besonders einfühlsam und kompromissbereit bist.

Pass auf!

Weil du dich jetzt so kraftvoll und energiegeladen fühlst, kann es schnell passieren, dass du zu viele Dingen auf einmal anpackst und dich danach ausgelaugt fühlst. Außerdem kann es passieren, dass deine Großzügigkeit in dieser Phase ausgenutzt wird. Du tendierst dazu, dich stark für andere aufzuopfern und vergisst dabei womöglich dich selbst. Es ist wichtig, vor allem auch in dieser Phase eine Balance zu finden und dich selbst nicht zu vergessen. Sieh zu, dass du bei dir bleibst und auf deine Grenzen achtest. Es kann auch sein, dass du aufgrund des Östrogens vermehrt unkonzentriert und unruhig wirst und auch schlechter schläfst.

Tipps für Partner*innen

Jetzt ist deine Partnerin besonders leidenschaftlich und die Zeit gilt es zu nutzen. Lass sie jetzt den aktiveren Part übernehmen, du darfst genießen und annehmen. Es kann sein, dass sie ganz spontan und zwischendurch Lust hat und wenn es sich für dich auch gut anfühlt, lass alles stehen und liegen und nimm dir Zeit, eure Lust zu zelebrieren. In der Sommerphase könnt ihr auch aktivere Dates einplanen. Jetzt kannst du Probleme auch am besten ansprechen, weil sie Dinge nicht so persönlich nimmt und ohnehin viel Selbstbewusstsein hat. Auch über das Sexleben und eure Wünsche und Vorlieben könnt ihr nun besonders gut sprechen. Sei dir aber bewusst, dass ihre introvertierte, ruhige Phase bald wieder beginnt und sie vermehrt den Rückzug suchen wird.

Herbst

In der Herbst- oder Lutealphase kommt langsam die »wilde Frau« in dir hoch. Tage, an denen du sehr kritisch und ehrlich bist. Allerdings ist es auch die Phase der Kreativität und des Ausdrucks.

Biologisch

Der Follikel bildet sich nach dem Eisprung zurück und verwandelt sich in den Gelbkörper. Dieser produziert viel Progesteron, was dafür sorgt, dass die Schleimhaut noch stärker aufgebaut wird, damit sich ein potenzieller Follikel dort schön wohlfühlt.

Gefühlslage

Nach dem powervollen Sommer wirst du langsam ruhiger und möchtest dich vermehrt zurückziehen und dich auf dich fokussieren. Jetzt bist du besonders kritisch und hinterfragst alles. Du bist sehr sensibel für Kritik und vermeintliche Kleinigkeiten können dich schnell aus deiner Mitte bringen. Außerdem können zunehmend Stimmungsschwankungen auftreten, gerade deshalb ist es wichtig, dir zu Hause eine kleine Wohlfühloase zu schaffen und vermehrt Achtsamkeitsübungen in deinen Alltag zu integrieren. Außerdem können dir diverse Hobbies oder Sport als Ausgleich helfen.

Superkraft

Jetzt fällt es dir leichter, bei dir zu bleiben und deine Grenzen zu wahren. Du widersprichst und sagst oft »nein«, weil du jetzt sehr ehrlich bist.

Du kannst in dieser Phase gut nachdenken und bist besonders fokussiert. Der Herbst ist die Zeit, in der du Projekte abschließen möchtest, aber auch besonders kreativ bist. Vielleicht hast du vermehrt den Drang, etwas zu basteln oder zu malen. Geh dem nach und nimm dir bewusst Zeit für deine kreativen Hobbys. Außerdem bist du jetzt besonders gut in Detailarbeit, kannst sehr genau arbeiten und holst all das auf, was du im Sommer auf später verschoben hast. Vielleicht verspürst du in dieser Phase auch vermehrt den Drang, dein zu Hause zu putzen und schön zu gestalten. Auch das darfst du für dich nutzen.

Nahrung & Workout

Jetzt tun dir besonders Gebratenes sowie komplexe Kohlenhydrate gut. Magnesium kann PMS und Periodenschmerzen lindern. Am Anfang der Phase ist Krafttraining und Muskelaufbau empfehlenswert, gegen Ende des Herbstes eher Pilates oder sanftes Yoga.

Intimität & Liebe

Diese Phase kann sehr kritisch für Beziehungen sein, weil wir vermehrt meckern und Kleinigkeiten schnell in Streit eskalieren können. Durch dieses Gefühl des Loslassens ist es auch möglich, dass das Gefühl des Verliebtseins kurzfristig weg ist. Dabei ist es wichtig, sich gegenseitig Raum zu geben und Zeit auch getrennt voneinander zu verbringen. Nun hast du weniger Lust auf Neues und möchtest womöglich lieber Wohlfühlsex. Auch deine Vagina wird nicht mehr so schnell feucht und der Orgasmus braucht länger und kann weniger stark sein.

Pass auf!

Gerade in dieser Phase ist deine »innere Kritikerin« sehr aktiv und kann ziemlich destruktiv sein. Nicht nur gegen dich selbst, sondern auch gegen andere. Versuche davon ein bisschen Abstand zu gewinnen und lass dich nicht »fertigmachen«. Überlege auch lieber zwei mal, bevor du etwas Verletzendes zu jemandem sagst. In dieser Zeit können deine Worte nämlich messerscharf sein. Außerdem kann es sein, dass du plötzlich ein Gefühl des Loslassens bekommst und dich von allem trennen willst. Bist du sonst sehr glücklich mit deinem Freund, möchtest du plötzlich wegen einer Kleinigkeit Schluss machen. Gehe dem Gefühl des Abschließens nicht zu schnell nach, sondern warte lieber noch auf eine andere Zyklusphase und frage dich, ob du wirklich loslassen möchtest. Es kann auch sein, dass du dich im Herbst überfordert fühlst, weil du im Sommer zu zu vielen Dingen Ja gesagt hast und jetzt im Herbst Termine hast, die dich mehr stressen, als dass sie dir guttun.

Tipps für Partner*innen

Auch wenn es dir vielleicht manchmal schwerfällt, gerade jetzt braucht deine Partnerin Sicherheit und Verständnis. Auch wenn sie meckert und teilweise provokant sein kann, ist es wichtig, dass du darauf nicht eingehst, da die Situation sonst schnell eskalieren kann. Versuche, nichts persönlich zu nehmen, denn in Wahrheit meint sie es auch nicht böse und wird in der nächsten Zyklusphase schon wieder ganz anders darüber denken. Lade sie lieber ein, genau zu sagen, was sie braucht und will und was nicht. Sag ihr aktiv, dass sie ihre Bedürfnisse äußern soll, weil sie jetzt eher dazu tendiert, von dir zu erwarten, dass du es selbst weißt. Körperliche Nähe überfordert sie vielleicht, deshalb ist es jetzt umso wichtiger, sie vor einer Umarmung zu fragen, ob sie das gerade will. Akzeptiere auch, dass sie sich vermehrt zurückziehen möchte, plane deshalb auch Zeit für deine Hobbys und Freunde ein. Während ihr in dieser Phase gefühlsmäßig vielleicht eher getrennt seid, werdet ihr im Winter wieder zueinanderfinden.

Zyklus tracken

Anfangs können die einzelnen Zyklusphasen vielleicht etwas überfordernd sein, weil du selbst noch gar nicht so genau weißt, in welcher zu gerade bist. Falls du es nicht weißt, empfehle ich dir die App *Clue* oder deinen Zyklus händisch mithilfe eines Kalender zu tracken. Halte kurz inne und überlege, wie du deine jetzige Zyklusphase wahrnimmst. Kannst du dich in dem wiederfinden, was ich geschrieben habe? Natürlich muss das nicht für alle stimmen, sondern ist sehr individuell und auch monatsabhängig. Manchmal habe ich während der Menstruation vermehrt Lust auf Sex und manchmal eben nicht. Trotzdem hilft mir diese Anleitung, meinen Zyklus zu planen und mich manchmal besser zu verstehen.

Wenn du Lust hast, dich und deinen Zyklus besser kennenzulernen, kannst du dir ein Notizbuch schnappen oder direkt in deinen Kalender deine Gefühle des jeweiligen Tages eintragen. Am besten, du schreibst über deine körperlichen Befindlichkeiten, deine Gefühle und alles, was du für wichtig erachtest. Mögliche Punkte können sein: Zyklustag, Schmerzen, Liebe, Schlafstörungen, Libido, Stimmung, Wassereinlagerungen, Appetit, PMS oder Superkraft. Nachdem du das über zwei bis drei Zyklen hinweg gemacht hast, kannst du es analysieren und erkennst vielleicht dein eigenes, ganz persönliches zyklisches Muster, nach dem du dein Leben besser ausrichten und im Alltag auf dich Rücksicht nehmen kannst.

Auch wenn du deine Arbeit nicht nach deinem Zyklus ausrichten kannst, kannst du es vielleicht in deine Workouts und Freizeitaktivitäten integrieren. Auch das macht oft schon einen großen Unterschied. Probiere es doch einfach mal aus und schreib mir deine Erfahrungen gerne auf Instagram auf meinem Kanal @hannahmaylou.

NOTIZEN

Perioden-Tracker

	J	F	M	A	M	J	J	A	S	O	N	D
1												
2												
3												
4												
5												
6												
7												
8												
9												
10												
11												
12												
13												
14												
15												
16												
17												
18												
19												
20	X											
21	X											
22												
23												
24												
25												
26												
27												
28												
29												
30												
31												

- Leicht
- Mittel
- Stark
- Schmerzen
- PMS
- Schlaflosigkeit

Die größten Sex-Mythen

Was verstehen wir eigentlich unter »Sex«? In unserer heteronormativ geprägten Gesellschaft wird schnell klar: Sex bedeutet Penis in Vagina. Doch was bedeutet das dann bei homosexuellen Frauen? Sind sie auf ewig Jungfrau, obwohl sie schon zig Male intim waren mit anderen? Nein, definitiv nicht! Außerdem ist das Konzept der Jungfräulichkeit genauso blödsinnig wie die Annahme, dass Sex immer auch Penetration beinhaltet. Wenn wir Sex automatisch mit Penetration gleichsetzen, ist es so gesehen der Penis, der Sex erst zu Sex macht. Versteh mich nicht falsch: Penisse sind toll. Genauso wie Vulven toll sind. Die Frage ist aber: Braucht Sex unbedingt einen Penis, um als Sex zu gelten? Ich denke nicht, denn diese Annahme ist auf mehreren Ebenen falsch und diskriminierend. Zum einen wertet sie den Sex von gleichgeschlechtlichen Paaren ab und zum anderen stellen wir so indirekt den Wert des Penis über den Wert einer Vulva.

Meiner Meinung nach ist der Begriff »Sex« extrem weit auslegbar und schlussendlich muss jeder Mensch für sich selbst entscheiden, was es für einen bedeutet. »Den Sex« an sich gibt es nicht, weil es für jeden etwas anderes bedeutet.

Während für manche Menschen Sex ganz selbstverständlich bedeutet, Oralsex zu haben, meinen andere damit die Penetration. Es macht also mehr Sinn, direkt von »penetrativem Sex« oder »Oralsex« zu sprechen, um sicher zu gehen, dass wir auch über den gleichen Akt sprechen.

In nächsten Abschnitt möchte ich also über Sex-Mythen sprechen. Leider gibt es gerade um die weibliche Sexualität einiges, worüber wir dringend sprechen müssen.

Bodycount – wie viele sind zu viel?

Die weibliche Lust hat es nicht leicht. Seit Jahrtausenden wird sie verteufelt und sexuelle Frauen als Bedrohung gesehen. Frauen, die einen offenen Umgang mit ihrer Lust praktizieren und sich sexuell ausleben wollen, werden in unserer Gesellschaft schnell als »Schlampen« abgestempelt. Zu viele Sexpartner*innen mindern scheinbar den Wert einer Frau. Ganz so, als wäre sie ein Objekt, wie ein Auto, das jedes Jahr an Marktwert verliert und irgendwann auf dem Schrottplatz landet, weil es keine Verwendung mehr dafür gibt. Manchmal kommt es mir traurigerweise wirklich so vor und auch in Reddit-Foren oder Instagram-Kommentaren lese ich immer wieder frauenfeindliche Aussagen. Vor allem, weil ich online über das Thema Sexualität spreche, erfahre ich teilweise starken Gegenwind. Scheinbar darf man als Frau sich nicht nur nicht sexuell ausleben, sondern erst recht nicht darüber sprechen.

Gerade das Schweigen ist mal wieder eines unserer größten Probleme in Hinblick auf die Sexualität. Durch die Stille wird viel Interpretationsspielraum geschaffen und viele fühlen sich mit ihren Problemen sowie auch Vorlieben alleingelassen. Man fragt sich: »Geht es anderen auch so oder bin ich irgendwie komisch?«, allerdings kommt durch die fehlende Offenheit selten eine Antwort. Wie denn auch, wenn die Frage nur im eigenen Kopf herumspukt?

Meiner Meinung nach würden wir alle viel mehr durch einen offenen Umgang mit dem Thema Sexualität profitieren und voneinander lernen. Mal ehrlich: Es ist schon irgendwie seltsam, dass Sex eine Sache ist, die fast jeder Mensch praktiziert, aber trotzdem tun wir alle so, als wär das etwas total Verpöntes.

Seltsam ist auch, dass der Wert von Frauen durch die steigende Anzahl der Sexualpartner*innen sinkt, während er bei Männern zu steigen scheint. Denn ein Mann, der viel Sex hat, ist »ein geiler Hengst« und seine Freunde klopfen ihm lobend auf die Schulter. »Yeah – die hab ich so richtig gefickt«, sagt Lorenz, nachdem er von seinem One-Night-Stand zurück in seine WG kommt und mit seinem Freund David seinen vermeintlichen Sieg bei einer Flasche Bier bespricht. »Der Sex war richtig geil! Ihr hab ich es ordentlich gegeben«, sind Sprüche, die auch zu dem Standard-Vokabular von Typen wie Lorenz zählen.

Leider sind solche Männer oft welche, die vor allem bei One-Night-Stands nur auf ihre eigenen Bedürfnisse achten und egoistisch ihr Schema F durchziehen. Ohne Rücksicht auf Verluste und ob die Frau dabei gekommen ist, ist doch egal, oder?

Nein, beim Sex geht es nicht ausschließlich um einen Orgasmus, aber ich denke, die Mehrheit wird mir zustimmen, wenn ich sage, dass er schon auch irgendwie dazu gehört. Oder zu mindestens nice to have ist. Lorenz ist es aber nicht wichtig, ob seine Bettpartnerin gekommen ist, denn es geht ihm ausschließlich um seine eigene Befriedigung. Mal abgesehen davon, dass ich es sehr verwerflich finde, wenn Männer so abwertend und sexualisierend über Frauen sprechen, ist es doch irgendwie witzig, dass Typen wie Lorenz dann oft meinen, sie hätten die Frau »gefickt«, obwohl es eigentlich umgekehrt ist. Die Frau hat den Mann »so richtig gefickt«, denn er ist es ja, der den Orgasmus hat, nicht sie. Also hat sie es ihm »ordentlich besorgt«, während er einfach auch dabei war. Trotzdem wird Lorenz von seinen Freunden als Held gefeiert, obwohl er die Frau eigentlich nur für die eigene Masturbation zweckentfremdet hat. Sex ist so viel mehr als einfaches Rein-Raus, doch dazu möchte ich etwas später kommen.

Wenn wir uns ansehen, wie der Umgang mit der Lust in unserer Gesellschaft aussieht, wird schnell klar, dass wir kollektiv sehr stark zwischen der männlichen und der weiblichen Lust unterscheiden. Männliche Lust scheint ihre Berechtigung zu haben, während die weibliche unter den Teppich gekehrt wird. Wenn Frau hingegen einen offenen Umgang damit pflegt, ist sie nämlich ein Flittchen, viel zu leicht zu haben und deshalb für potenzielle Männer uninteressant. Und wir alle wissen, es gibt im Leben einer Frau nichts Schlimmeres, als wenn Männer das Interesse an ihr verlieren. Zwinkersmiley.

Ich habe schon einige Männer erlebt, die mit der Anzahl der Sexualpartnerinnen prahlten. Frauen sind nach meiner persönlichen Erfahrung eher verhaltener.

Wie viele Sexualpartner*innen hatten die meisten Menschen im Durchschnitt und ist diese Zahl überhaupt wichtig?

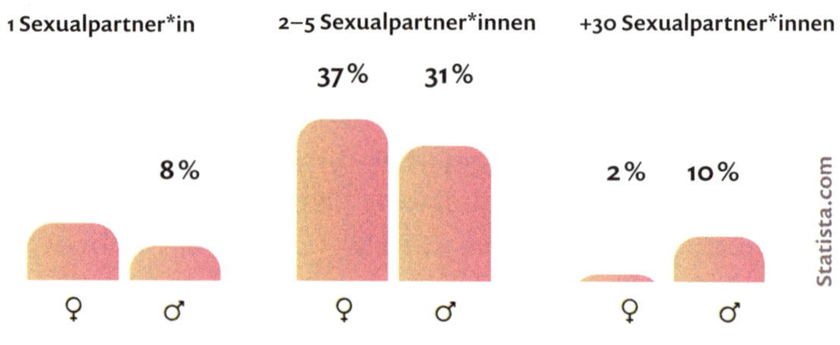

Laut einer Studie von 2016, die in Deutschland mit 908 Befragten durchgeführt wurde, lässt sich ein großer Unterschied zwischen Männern und Frauen erkennen. 12 % der befragten Frauen gaben an, dass sie bis jetzt nur mit einer Person Sex hatten, während es bei den Männern nur 8 % der Befragten waren. Insgesamt hatten die meisten Menschen der Studie zwischen zwei und fünf Sexualpartner*innen. Bei den Frauen sind es 37 %, während es bei den Männern 31 % der Befragten sind. Danach nimmt die prozentuelle Anzahl beider Geschlechter ab und es lässt sich erkennen, dass die Diskrepanz zwischen Männern und Frauen mit der steigenden Anzahl der Sexualpartner*innen immer größer wird. Gerade wenn es darum geht, wer mehr als 30 Sexualpartner*innen hatte, ist die Anzahl der Frauen mit nur 2 % verschwindend gering. »30 ist aber auch richtig viel«, denkst du vielleicht. Jedoch gaben immerhin rund 10 % der Männer an, dass das auf sie zutrifft.[54] Aber das ist nicht alles. Auch in der repräsentativen britischen Studie »Natsal 3« in der 15.162 Briten und Britinnen in persönlichen Interviews zu ihrem Sexualverhalten befragt wurden, war das Ergebnis, dass Männer im Durchschnitt doppelt so viele Sexualpartnerinnen wie Frauen hatten.[55] Zufall? Ich glaube nicht.

Für mich ist einer der Gründe für diesen Unterschied, dass für Frauen und Männer unterschiedliche geschlechtsspezifische Normen gelten. Weil ein hoher Bodycount bei Männern eher ihr Selbstbewusstsein steigert und von anderen Männern zelebriert wird, geben sie eher eine höhere Anzahl an. Bei Frauen hingegen sind viele Sexualpartner*innen meist nichts, worauf man öffentlich stolz ist, deshalb schummeln Frauen hier gern mal Partner*innen weg. Auch die Sexualforscherin Kirstin Mitchell und ihr Team kommen zu demselben Entschluss.[56] Ebenso fand man heraus, dass sich die Angaben der Personen änderten, wenn sie das Gefühl hatten, dass sie beobachtet wurden. Sogar das Geschlecht der Forschenden, die die Umfrage durchführten, beeinflusste das Ergebnis. Ziemlich arg, oder? Es ist also unglaublich schwierig, die tatsächliche Anzahl der Sexualpartner*innen herauszufinden, da sich die meisten Menschen bewusst oder unbewusst an geschlechtsspezifische Normen anpassen. Außerdem ließ sich feststellen, dass Männer Sexualpartner*innen eher schätzten und somit aufrundeten, während Frauen ihre Partner*innen abzählten und dadurch tendenziell eher jemanden vergaßen.

Eigentlich ist die Anzahl der Sexualpartner*innen total unwichtig, denn sie sagt weder etwas über deinen Körper aus noch über deinen Wert als Person! Trotzdem finde ich die Studie spannend, weil sie den gesellschaftlichen Umgang mit der Sexualität ziemlich gut widerspiegelt.

Jungfräulichkeit

Rund um die weiblichen Sexualität gibt es leider zahlreiche Mythen – und eine besonders hartnäckige und präsente ist der Mythos der Jungfräulichkeit. Ja, auch Männer können Jungfrauen sein, aber bei ihnen sagt der vermeintliche Zustand ihres Penis nicht so viel über ihren Wert als Person aus wie bei Menschen mit Vulva.

Wenn wir über Jungfrauen sprechen, müssen wir auch über »das erste Mal« sprechen und den Wert, dem wir diesem Ereignis zugestehen. Das magische erste Mal. Obwohl wir wöchentlich etwas Neues zum ersten Mal tun, scheint kein erstes Mal so wichtig zu sein wie dieses. Natürlich geht es bei diesem Begriff in unserer heteronormativ geprägten Gesellschaft immer um penetrativen Penis-in-Vagina-Sex. Deshalb meine ich in diesem Kapitel auch Sex mit Penetration, wenn ich von »Sex« spreche.

Ich erinnere mich noch gut an einen Klassenausflug, bei dem zwei Mädchen aus meinem Zimmer mit vorgehaltener Hand über Sex sprachen. Wir waren ungefähr vierzehn Jahre alt und obwohl ich gerade im Bad mit meinem Makeup beschäftigt war, saugte ich jedes Wort auf, das die beiden von sich gaben. Immerhin war das Gesprächsthema das berühmt berüchtigte *erste Mal.* Und ganz ehrlich: Ich hatte furchtbar großen Respekt davor, denn ich hatte bereits gelernt, dass es unfassbar wichtig ist. Meine Freundin Marie erzählte, dass sie es am Wochenende mit ihrem achtzehnjährigen Freund getan hatte.

Damals beneidete ich sie darum, dass sich ein älterer Junge für sie interessierte, aber heute sehe ich das etwas anders. Ich sehe es kritisch, wenn sich über Achtzehnjährige an Vierzehnjährige ranmachen, weil junge Mädchen in dem Alter leicht zu manipulieren sind und sich ihren eigenen körperlichen Grenzen leider oft noch nicht bewusst sind. Natürlich will man gefallen, keine Frage. Vor allem, wenn der Typ älter ist, pusht das das eigene Selbstbewusstsein enorm. Also tut man vielleicht etwas, das man gar nicht zu 100 % will, nur um vermeintliche Wertschätzung zu bekommen. Mit vierzehn Jahren war mir das nicht klar, aber spätestens als ich achtzehn wurde, realisierte ich, wie krass dieser Altersunterschied in so jungen Jahren ist. Ich hätte mir niemals vorstellen können, etwas mit einem Vierzehnjährigen anzufangen.

Ich hatte früh mitbekommen, dass es einiges gibt, das es beim ersten Mal Sex zu beachten gab. Regel Nummer eins: Es muss mit jemandem passieren, den man liebt. Regel Nummer zwei: Es muss wahnsinnig schön werden! Regel Nummer 3: Es wird bluten und weh tun.

Also Respekt und Angst hatte ich schon mal. Einen gleichaltrigen Freund auch, der offensichtliches Interesse daran hatte, Sex mit mir auszuprobieren. Das Problem war nur: Ich fühlte mich ganz und gar nicht bereit und versuchte immer, mich mithilfe eines Vorwands davor zu drücken. Irgendwann war es dann so weit. Ich fühlte mich halbwegs bereit, hatte aber auch irgendwie das Gefühl, ihn nicht weiter warten lassen zu können, weil sich mein damaliger Freund sonst womöglich eine andere suchen würde. Andere Mädchen in meiner Klasse hatten es ja auch schon »hinter sich«, also wozu noch warten? Ja, so dachte ich damals wirklich und ich finde es rückblickend betrachtet, verdammt traurig. Aber was soll ich sagen? Leider haben wir damals in der einen Stunde Sexualunterricht nur gelernt, wie ein erigierter Penis aussieht und wie man ein Kondom überzieht. Nicht, wie man Konsens äußert oder was gerade als Mädchen wichtig ist, um für die Penetration bereit zu sein. Stichwort: Vorspiel, vaginale Feuchtigkeit & Co. Ich lag also auf der Couch dieses vierzehnjährigen Jungens und wartete darauf, dass es endlich passierte. Er war sehr gefühlvoll, wir küssten uns, er zog meine Hose aus, mein Herz pulsierte und: er bekam keinen hoch. Marlin wurde rot im Gesicht und es war ihm verdammt unangenehm. »Macht doch nichts! Das ist überhaupt nicht schlimm«, sagte ich und Erleichterung machte sich in meinem Körper breit. Allein dadurch wurde mir bewusst, dass ich überhaupt nicht bereit war für diesen Akt. Circa einen Monat später machte Marlin mit mir Schluss und ich war am Boden zerstört. Erste Liebe und erster großer Liebeskummer: check. Monate vergingen und immer mehr Mädchen aus meiner Klasse berichteten von ihrem ersten Mal. Mit fünfzehn Jahren hatte ich bereits großen Druck, »es« endlich hinter mich zu bringen, denn ich wusste, dass es wahrscheinlich sehr unangenehm werden würde. Außerdem hatte ich Angst, nochmal verlassen zu werden, wenn ich meinem Partner keinen Sex gebe. Aber wie um Himmels willen sollte ich jetzt jemanden wie in der unausgesprochenen Regel Nummer zwei definiert finden, den ich liebe?

Zu diesem Zeitpunkt meines Lebens hatte ich nämlich absolut die Nase voll vom Thema Liebe und mir aus diversen Gründen geschworen, mich nie wieder auf so etwas Dummes einzulassen. Am Ende wird man ja doch nur wieder verarscht und verletzt.

Aber Sex ohne Liebe? Darf man das als Frau?

Es war mir eigentlich ziemlich egal, denn der Druck war größer als die Angst vor der gesellschaftlichen Verurteilung. Um meinen sechzehnten Geburtstag herum datete ich einen

Jungen aus der Nebenklasse. Xaver. Mit ihm war es lustig und ich lernte durch ihn eine neue Seite von mir kennen. Zwar keine wirklich gute, da er rückblickend betrachtet die materialisierte Form des Wortes *toxisch* war, aber trotzdem möchte ich diese Zeit in meinem Leben nicht missen. Das Praktische an der Sache war, dass ich 0,0 % Gefühle für ihn hatte und die Angst, verletzt zu werden, somit für mich in dieser zwischenmenschlichen Beziehung nicht existierte. Freundschaft plus sozusagen, wie man es aus irgendwelchen Hollywood-Filmen kennt.

Zumindest war das der Plan. Das alles ging nicht recht so recht auf, aber dazu später.

Kommen wir aber zu dem Abend meines ersten Mals. Wir waren gemeinsam auf einem Konzert mit seinen Freund*innen, tranken, flirteten, küssten uns und hatten viel Spaß. Irgendwann beschlossen wir, zu ihm nach Hause zu fahren. Es war mitten in der Nacht und vom Bahnhof hätten wir eigentlich noch mit dem Bus fahren müssen, der aber zu dieser späten Stunde nicht mehr fuhr. »Warte kurz«, grinste er, drehte sich um und nahm ein Fahrrad, das jemand dort ohne es anzuketten abgestellt hatte. Ich dachte keine Sekunde darüber nach, stieg auf und wir fuhren gemeinsam im Mondscheinlicht zu ihm nach Hause. In seinem Zimmer angekommen, wusste ich: Jetzt ist es so weit. Ich war nicht verliebt, aber fühlte mich dennoch bereit. So stiegen wir in sein Hochbett und ich hatte zum ersten Mal in meinem Leben Sex. Ja, es tat weh. Aber nicht so sehr, wie ich es erwartet hatte. Nur war es leider auch nicht so schön, wie ich erwartet hatte. Es war ganz okay. So wie eben das erste Mal so ist: beide total unbeholfen und nach wenigen Sekunden ist der ganze Spaß auch schon wieder vorbei.

Endlich hatte ich es hinter mir und das sogar, ohne das Bett voll zu bluten: Jackpot!

Ich kletterte die hellbraunen Stufen des Hochbetts hinunter, ging ans Fenster und zündete mir erleichtert eine Zigarette an. Xaver kam zu mir, zündete sich ebenfalls eine an und grinste mich an: »Ich liebe dich.«

»Fuck«, dachte ich mir, schluckte, und zündete mir eine weitere Zigarette an.

Auch wenn danach alles verdammt kompliziert wurde, bereue ich mein erstes Mal nicht. Nein, ich habe es nicht mit der Person gemacht, die ich über alles liebe, und nein, es war auch nicht der schönste und besonderste Moment meines Lebens. Es war absolut okay und schon wenige Wochen darauf fragte ich mich, warum wir diesem Moment eigentlich so einen hohen Stellenwert zuschreiben. Jetzt war ich also keine Jungfrau mehr und es fühlte sich an, als wäre ich nun offiziell eine Frau und kein Kind mehr.

Was mich dennoch verunsicherte: Warum blutete ich nicht? Hatte ich mich davor schon versehentlich mit einem Tampon entjungfert?

Das sagenumwobene Jungfernhäutchen hat in nahezu allen Kulturen einen sehr hohen Stellenwert und auch ich stellte es mir lange so vor wie diese Goldfolie auf dem Nutellaglas. Kennst du dieses »Ploppen«, wenn man mit einem Messer durch die Folie sticht? So ungefähr, dachte ich, läuft das beim ersten Mal auch ab, in Kombination mit Blut. Viel Blut. Aber wenn das Jungfernhäutchen den Vaginaleingang wie Goldfolie verschließt, wie kann dann Menstruationsblut abrinnen?

Allein schon beim Begriff »Jungfernhäutchen« sind mindestens 100 Mythen vorprogrammiert. Deshalb werde ich ab jetzt auch das Wort »Hymen« verwenden, denn es ist nämlich gar keine Haut, die ein Loch verschließt, sondern eine ringförmige Schleimhautfalte, die sich rund um die Vaginalwand legt, ungefähr so wie ein Scrunchie. Dieser Kranz ist dehnbar und kann in den verschiedensten Formen auftreten. Deshalb ist es überhaupt nicht möglich, dass es beim Einführen eines Tampons oder beim Sport rein zufällig reißen könnte.[57] Ob das Hymen einen biologischen Zweck erfüllt, ist auch heute noch nicht ganz klar. Manche Wissenschaftler*innen vermuten, dass es vor Krankheitserregern schützen soll, allerdings gibt es dafür keine eindeutigen Beweise.[58] Fakt ist, dass es sich mit der Zeit verändern kann, aber trotzdem bei den meisten das ganze Leben lang bestehen bleibt.

Außerdem kann man anhand der Form des Hymens nicht eindeutig feststellen, ob eine Frau noch Jungfrau ist oder nicht. Trotzdem ist nach wie vor das Blut der Jungfrau extrem wichtig und in einigen Kulturen wartet sogar die gesamte Familie nach der Hochzeitsnacht gespannt auf das blutige Laken. In Armenien heißt diese Tradition »Karmir Khndzor«, also »roter Apfel« und wird von besonders konservativen Familien durchgeführt. Nach der Hochzeit checkt die Mutter des Bräutigams das Leintuch auf Blutflecken.[59] Wenn sie welche findet, kann sie erleichtert aufatmen, denn alles ging eindeutig mit rechten Dingen zu. Sollte das Blut auf dem Laken allerdings fehlen, wars das mit der Ehre der Frau. Die Familie hat nun das Recht, sie öffentlich zu beschämen, und es kann sogar eine Scheidung zur Folge haben. Und das sind leider noch die sanfteren Strafen.

Auch in Indien sind solche »Jungfräulichkeitstests« leider keine Seltenheit. Wenn das Bettlaken nicht blutig ist, kann das für die Frauen sehr gefährlich werden. Das gibt den Schwiegereltern das vermeintliche Recht, die Betroffene brutal zu misshandeln und die Ehe umgehend zu annullieren.[60] In diesem Zusammenhang gibt es teilweise sogar »Ehrenmorde«. Ich finde den Begriff sehr irreführend, denn Mord und Ehre haben in meinen Augen absolut nichts gemeinsam. Aus diesen Gründen verwundert es mich allerdings nicht, dass es mittlerweile sogar Internetseiten wie »Virginia-Care« gibt, die künstliche Hymen verkaufen. Diese bestehen aus Zellulose, werden vor dem Sex unbemerkt eingeführt und sorgen dafür, dass es danach so aussieht, als hätte man ordentlich geblutet. Mit dem Familiensegen steht dem Liebesglück also nichts mehr im Weg. Überraschenderweise ist Jungfräulichkeit nicht nur in der Ehe wichtig, sondern auch in einigen Berufen. Das ist richtig absurd!

In Indonesien war es bis zum Jahr 2022 noch üblich, beim Rekrutierungsprozesses für Frauen beim Militär den sogenannten »Zwei-Finger-Test« durchzuführen.[61] Diese Praktik ist genau so unangenehm und übergriffig, wie sie klingt, denn im Zuge der »medizinischen Untersuchung« werden den Frauen zwei Finger in die Vagina eingeführt, um zu ertasten, ob die Frauen schon Sex hatte. WTF?! Sexuelle Übergriffe als Standardabwicklung beim Militär. Wer kommt auf so eine absurde und frauenfeindliche Idee? Und was hat das Sexualleben mit dem Beruf zu tun?

Solche Dinge machen mich unfassbar wütend und ich kann gar nicht glauben, dass teilweise sogar das Leben und die Zukunft von Frauen davon abhängt, ob sie in einer Nacht ihres Lebens bluten oder nicht. Zumal nur die Hälfte der Frauen überhaupt bluten. Wenn man nun weiß, dass es in Wahrheit auch gar kein Häutchen gibt, das reißt, fragt man sich, woher dieses Blut kommt.

Auch wenn wir lernen, dass die erste Penetration Mädchen wehtut und viele von ihnen dabei bluten, heißt das noch lange nicht, dass das auch gut und gesund ist. Also wenn ich jetzt plötzlich beim Sex bluten würde, würde ich mir große Sorgen machen. Warum nehmen wir das dann gerade beim ersten Mal einfach so als gegeben hin?

Die Hauptgründe für Schmerzen beim Sex sind, dass die Vagina noch zu trocken ist, Frau sich noch nicht für die Penetration bereit fühlt oder der Mann zu unsensibel ist. Wenn Frau vorher schon in Stimmung ist, die Vagina genug Feuchtigkeit hat und man es gefühlvoll macht, sollten im Normalfall nämlich keine Schmerzen auftreten. Auch nicht beim ersten Mal. Durch diesen Mythos des schmerzhaften ersten Mals lernen Frauen schon sehr früh, dass es scheinbar normal ist, dass penetrativer Sex wehtut. Viel besser wäre es, wenn Jugendliche lernen würden, was der eigene Körper davor alles braucht, um wirklich bereit und entspannt dafür zu sein, oder?

Wir brauchen weltweit mehr Aufklärung rund um das Thema weibliche Sexualität. Damit Mädchen und Frauen nicht mehr länger leiden müssen, nur wegen ein paar Tröpfchen Blut.

Der ausgedehnte Penis

Während die Jungfräulichkeit bei Mädchen einen immens hohen Stellenwert hat und es durch das Hymen sogar einen vermeintlichen Beweis für die Unversehrtheit gibt, scheint der Zustand des Penis bei Jungs weniger wichtig zu sein. Der Penis kann sich scheinbar auch generell schneller vom Akt generieren und ist danach nicht beschädigt. Im Gegensatz zu einer Vagina, die durch zu viel Sex ausleiern kann, wird ein Penis nicht ausgedehnter oder dünner durch zu viel Sex. Ganz klar: Der Mann ist ja immerhin auch das stärkere Geschlecht. Aber irgendwie ist es doch seltsam, denn obwohl die Vagina dazu imstande ist, ein Kind zu gebären, scheint sie gleichzeitig auch so fragil zu sein, dass sie durch zu viel Sex abgenutzt wird und so irgendwann nicht mehr zu »gebrauchen« ist.

Der Mythos der ausgeleierten Vagina hält sich schon viel zu lange und ist eine gute und effektive Möglichkeit, die weibliche Sexualität zu kontrollieren und im Zaum zu halten. So überlegt sich manch eine Frau lieber zweimal, ob sie Sex haben möchte oder nicht. Aber auch unterbewusst beeinflusst Frauen dieser Glaubenssatz und wir lernen, dass Sex für uns nicht gut ist. Zumindest zu viel Sex. Vor allem mit verschiedenen Sexualpartner*innen. Außerdem lernen wir dadurch unterbewusst, dass die Vulvina weniger stark ist als der Penis. Der bleibt nämlich auch nach 1.000-fachem Geschlechtsverkehr so frisch und knackig wie beim ersten Mal.

Kurzer Faktencheck: Wird die Vagina durch zu viel Sex wirklich ausgeleiert?

Nope, das ist sexistischer Bullshit und zeigt, wie wenig wir als Gesellschaft noch immer über die weibliche Anatomie wissen. Die Vagina ist kein Gummiband, das irgendwann porös wird oder ausleiert, wenn es zu oft verwendet wurde. Sie besteht aus hochelastischem Gewebe und wird von einer Reihe meist horizontaler Muskeln im Beckenboden gestützt.[62] Deine Vagina kann sich also ausdehnen, aber eben danach auch wieder zusammenziehen. Ihr Zustand ist abhängig von diversen Faktoren wie An- und Entspannung, dem Zyklus aber auch der Beckenbodenmuskulatur. Während du dich erregt fühlst, weitet sich deine Vagina und macht Platz, um etwas in sich aufnehmen zu können. Nach einem Orgasmus zieht sie sich wieder zusammen und wird enger. Das sorgt dafür, dass penetrativer Sex für dich angenehmer ist. Wenn deine Vagina hingegen nur starr und eng wäre, hättest du gar keinen Platz für einen Penis und ziemlich große Schmerzen. Wenn das der Fall ist, spricht man eigentlich von Vaginismus, denn der Beckenboden und die Vagina sind so verkrampft, dass sie nichts in sich aufnehmen kann.

Im nicht erregten Zustand ist die Vagina nur circa acht bis zwölf Zentimeter lang, während sie sich bei Erregung auf bis zu 18 Zentimeter ausdehnen kann.[63] Die Enge kannst du auch teilweise selbst steuern, indem du den Muskel anspannst, wenn du deinen Urin zurückhältst. Probiere mal, deinen Urin zurückzuhalten, dann wirst du diese Anspannung spüren. Wenn du jetzt einen Finger einführst oder auf die Haut zwischen Vaginaleingang und Anus greifst, kannst du die Muskelkontraktionen fühlen.

Die Muskeln können natürlich auch geschwächt werden. Zum Beispiel durch eine vaginale Geburt, die Wechseljahre oder körperliche Traumata, aber auf keinen Fall durch zu viel Penetration.[64] Sogar im Gegenteil. Da gerade beim penetrativen Sex die vielen Muskeln der Vagina und des Beckenbodens involviert sind, werden sie dadurch trainiert, was eher zu einer engeren Vagina führt. Außerdem kann es hilfreich sein, den Beckenboden zu stärken, um die Organe wie die Vagina zu unterstützen. Das funktioniert mithilfe von Kegelübungen, sportlichen Betätigungen, die die Körpermitte stärken, oder sogenannten »Liebeskugeln«. Diese haben mit Liebe eigentlich gar nicht so viel am Hut, da es sich eigentlich um Vaginalgewichte handelt, die du in deine Vagina einführst. Jeden Tag einige Minuten und die Gewichte werden wie im Fitnessstudio immer schwerer und die Muskeln infolge stärker. Hierbei gilt aber: Tu es für dich und nicht, weil irgendjemand behauptet, deine Vagina wäre ein Problem. Wenn dem so ist, solltest du die Person direkt in den Wind schießen, denn Bodyshaming ist etwas, das wir längst hinter uns gelassen haben!

Trotzdem sagen nach wie vor manche Männer und Frauen, dass sie beim Sex in ihrem Penis oder ihrer Vagina nicht viel spüren. Die Schuld wird oft der Frau gegeben, denn ihre Vagina sei angeblich zu weit, obwohl es ganz andere Ursachen haben kann. Bei Männern kann die Ursache für das fehlende Gefühl bei der Penetration sein, dass sie ihren Penis während dem Solo-Sex zu stark mit der Hand stimulieren und deshalb mit der Zeit nicht mehr so empfänglich für feinere Berührungen sind. Natürlich kann das auch bei Frauen der Fall sein, dass sie das feine Gespür in der Vagina verloren haben oder nie wirklich gelernt haben. Manche Frauen berichten beispielsweise, dass sie nach dem übermäßigen Gebrauch von Auflegevibratoren weniger empfänglich für sanftere Berührungen mit der Hand sind, weil sich ihre Vulva an die Überreizung des Vibrators gewöhnt hat. Keine Sorge, in diesem Fall ist nichts bei dir kaputt. Wenn dich das stört, ist es ratsam, eine Pause einzulegen und wieder die Hand anstelle des Toys zu verwenden. Auf diese Weise wird sich deine Vulva schnell wieder an sanftere Berührungen gewöhnen. Doch unabhängig davon, ob du gerne Vibratoren verwendest oder nicht, glaube ich, dass wir uns alle wieder ein bisschen mehr schulen sollten, was die eigenen Gefühle und Empfindungen angeht.

Aber mehr dazu im Kapitel »Slow Sex«.

Feucht = geil?

Wenn eine Frau so richtig geil ist, ist sie untenrum ein richtiger Wasserfall, oder? Und wenn eine Frau sehr feucht ist, ist sie ziemlich erregt, stimmt's?

Nö, leider nicht ganz.

Vielleicht hast du das selbst schon mal erlebt. Im Kopf hast du richtig Lust auf Sex, aber die Vulva geht lieber ihren eigenen Weg. Sie ist staubtrocken wie die Sahara und produziert nicht die gewünschte Feuchtigkeit. Nur weil die Vagina feucht ist, heißt das noch lange nicht, dass sie auch erregt ist. Wie du weißt, produzieren Vaginen ja so gut wie immer Ausfluss, je nach Zyklusphase. Wie das genau ist, kannst du nochmal im Kapitel »Vulva« nachlesen. In jedem Fall sprechen unser Gehirn und unsere Geschlechtsorgane leider nicht immer dieselbe Sprache. So kann es sein, dass sich ein Mann erregt fühlt, aber der Penis gar nicht steif wird. Das liegt daran, dass es einen Unterschied zwischen Erregung und Lust gibt. Lust passiert im Gehirn und ist von der emotionalen Verfassung abhängig, während Erregung im Körper stattfindet. Nicht zwangsläufig hängen die beiden zusammen, weil es sich bei der Erregung um einen Reflex handelt, der den Körper auf mögliche sexuelle Handlungen vorbereitet.[65] Diesen Reflex besitzen Menschen bereits im Mutterleib. Es ist wichtig, diesen Unterschied zu kennen, damit wir keine falschen Rückschlüsse ziehen. Wenn die Vagina feucht ist, ist das leider *kein* klares Anzeichen für Lust und Begehren und es kann *nicht* automatisch davon ausgegangen werden, dass die Person Lust auf Intimität hat. Gerade deshalb ist Konsens, also die ausdrückliche Einwilligung zu etwas, extrem wichtig.

TRIGGERWARNUNG

Gerade auch, wenn es um das Thema sexuelle Übergriffe geht, ist es wichtig, den Unterschied zwischen Lust und Erregung zu kennen. Wenn das Gespräch ausbleibt und Lust aufgrund der körperlichen Reaktionen angenommen wird, ist die Gefahr groß, dass Intimitäten passieren, zu der nicht alle Beteiligten ausdrücklich zugestimmt haben.

Eine weitere, fatale Folge der fehlenden Aufklärung um das Thema Lust und Erregung ist, dass sich Betroffene einer Vergewaltigung dadurch häufig schämen. Es ist nämlich durchaus möglich, dass Betroffene bei ungewolltem Sex einen Orgasmus verspüren.[66] Natürlich nicht, weil sie jetzt plötzlich doch Lust darauf haben, sondern weil das eine einfache, körperliche Reaktion ist. Ein Reflex. Das verändert aber auf keinen Fall den Tatbestand und ändert auch nichts an der Tatsache, dass es ein sexueller Übergriff war, der unter keinen Umständen jemals gerechtfertigt ist. Außerdem bist du niemals schuld an sexueller Belästigung oder einem sexuellen Übergriff! Ganz egal, was du gesagt oder getan hast. Sobald jemand etwas mit dir macht, das du nicht möchtest, ist es ein Übergriff. Ende der Diskussion.

ENDE

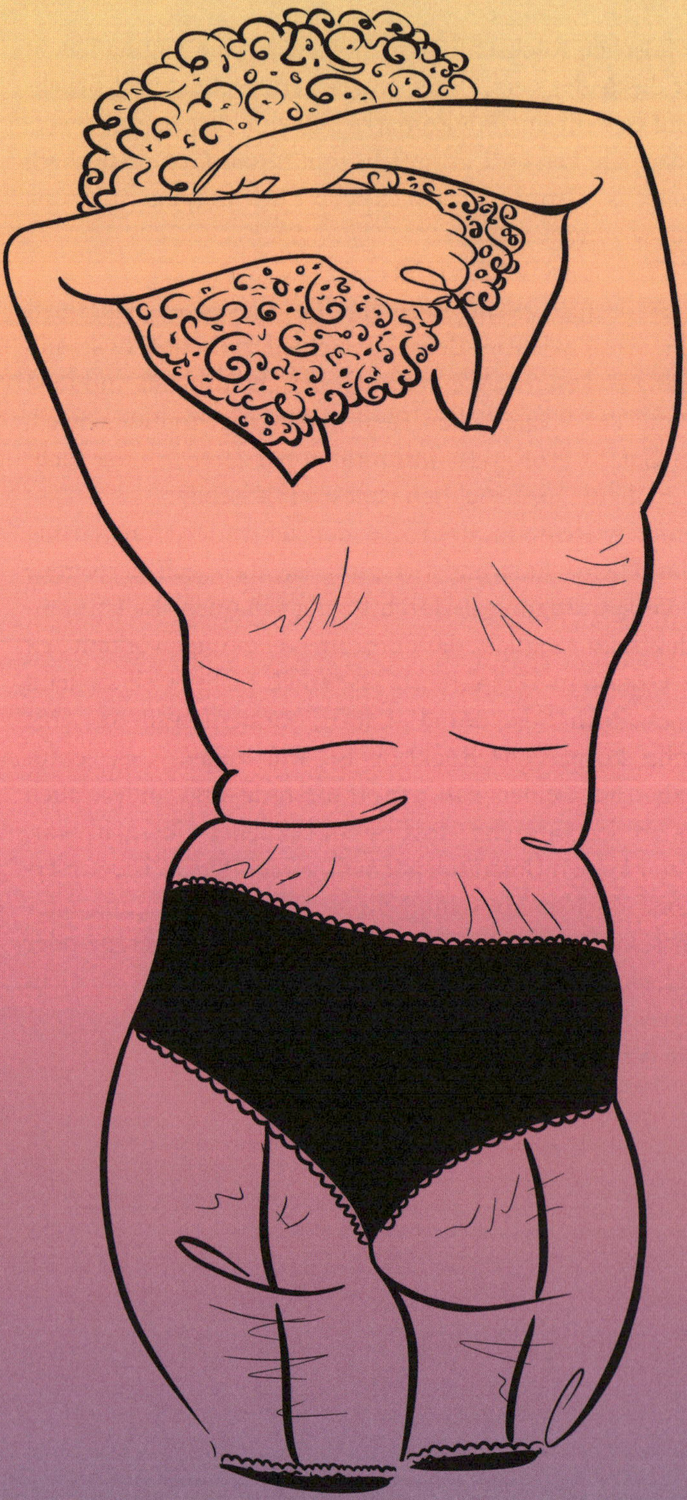

Überraschung – auch Frauen haben Bock!

Wir merken also schnell, dass durch das Tabu rund um das Thema Sexualität vielen Menschen auch der Zugang zu wichtigem Wissen fehlt. Gerade Lust und Erregung werden oft verwechselt, was schlimme Folgen haben kann und sogar zu Übergriffen führen kann. Vor allem die weibliche Lust wird gesellschaftlich unterdrückt und kontrolliert. Durch Mythen wie der ausgeleierten Vagina oder Beschimpfungen bei zu viel Sex, lernt Frau, dass die eigene Sexualität und Lust mit vielen Gefahren verbunden ist und sie ja nicht zu sehr ausgelebt werden darf. Es wird also versucht, die Lust zu unterdrücken. Im Alltag oder gegenüber fremden Männern darf Frau keine Lust empfinden. Wenn es aber um den eigenen Mann geht, wäre es natürlich schon super, wenn sie allzeit bereit ist und die Beine breit macht. Schließlich ist das doch eine eheliche Pflicht, oder? Zum Glück seit 1975 nicht mehr.

Egal, wie ausgeprägt die sexuelle Lust einer Frau also ist, sie ist selten richtig. Wenn sie ständig Lust auf Sex hat und sich ausleben möchte, ist sie ein »Flittchen« und alles andere als »wifey material«. Empfindet sie hingegen kaum oder selten Lust, ist das auch problematisch und gilt möglichst schnell zu therapieren. Apropos, wer bestimmt denn, was »zu viel« oder »zu wenig« ist? Das sollte grundsätzlich Sache der Frau sein und dann erst zum Problem werden, wenn es für sie persönlich eines ist. Trotzdem wird das sexuelle Verlangen von Frauen gerne breit diskutiert und bewertet. Es gilt noch immer die Annahme, dass Männer permanent Lust haben, während Frauen lieber Kopfschmerzen vortäuschen. Dieser Mythos wird durch Hollywoodfilme und Zeitschriften laufend reproduziert und birgt einige Risiken. Die Behauptung, dass Männer dauergeil sind, setzt Männer verständlicherweise unter Druck. Der eigene Sexualtrieb gilt teilweise als Bestätigung der eigenen Männlichkeit, obwohl das natürlich völliger Quatsch ist. Auch Männer haben nicht immer Lust, da diese von diversen Faktoren abhängt. Zum Beispiel kann Stress für viele Menschen ein großer Lustkiller sein.

Dass von Männern erwartet wird, dass sie dauergeile Hengste sind, betrifft leider auch mich. Am Anfang unserer Beziehung hatte mein Freund sexuell mehr Lust als ich, was sich nach zwei bis drei Jahren allerdings änderte. Plötzlich kam eine Phase, in der ich mehr Lust hatte und es vermehrt passierte, dass er keinen Sex wollte. Oh ja, das schlug sich ordentlich auf mein Selbstbewusstsein nieder und ich war der festen Überzeugung, mein Freund fände mich nicht mehr attraktiv. Schließlich ging auch ich mit meinen achtzehn Jahren davon aus, dass mein Freund immer Lust haben muss. Sonst stimmt mit ihm irgendetwas nicht. Eines Tages hatte ich genug von diesen Selbstzweifeln. Ich fasste meinen ganzen Mut zusammen und fragte ihn, ob er mich sexuell nicht mehr attraktiv fände oder was sonst eigentlich sein sexuelles Problem war. Durch ein offenes, ehrliches Gespräch wurde schnell klar, dass er in dieser Zeit viel Stress hatte, weil er mitten in der Gründung der eigenen Firma steckte und damit sehr viele Probleme und Sorgen verbunden waren. All seine Gedanken drehten sich nur noch darum und auch das Einschlafen fiel ihm schwer. Logisch, dass es dann nahezu unmöglich ist, beim Sex den Kopf abzuschalten, vollständig zu entspannen und Lust überhaupt zuzulassen. Denn Lust geht nun mal oft mit Gelassenheit und Entspannung einher und wenn diese gerade fehlt, ist's auch mit der Lust nicht so einfach. Aber auch das ist völlig okay und normal. Kein Mensch hat immer Lust auf Sex. Schon deshalb, weil das Leben nicht immer linear verläuft und es noch viele andere Dinge gibt, die unsere Psyche beschäftigen. Beim Thema Lust ist eine offene Kommunikation das Wichtigste. Gerade in einer festen Beziehung, denn nur so weißt du, woran du bist. Dann musst du nicht im Dunklen tappen und dir Sorgen um dein Selbstwertgefühl machen.

Wenn dein*e Partner*in keine Lust auf Sex hat, beziehst du das auf dich & dein Selbstwertgefühl?

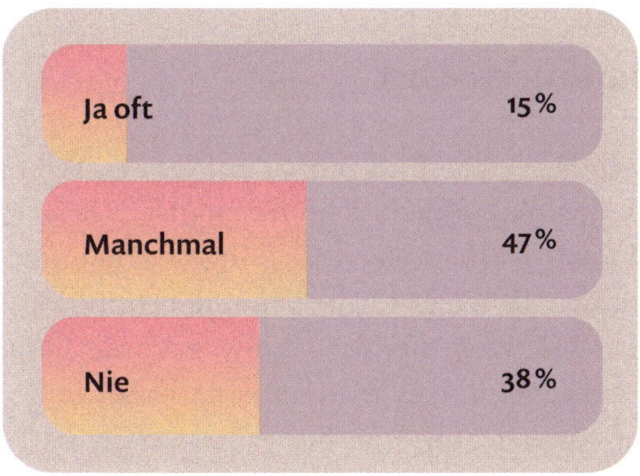

Obwohl es leider vielen Menschen so geht, dass sie fehlende Lust des Gegenübers auf sich beziehen, sind sie meistens gar nicht der Grund dafür. Also: Talk about it!

TRIGGERWARNUNG

Auch wenn es um das Thema sexuelle Übergriffe bei Männern geht, ist die Annahme der Dauergeilheit ein riesiges Problem. Indem man nämlich davon ausgeht, dass Männer permanent Lust auf Sex haben, impliziert diese Annahme, dass es Vergewaltigung bei Männern gar nicht gibt. Nicht zuletzt deshalb schämen sich viele Männer dafür und trauen sich nicht, über den erlebten Übergriff zu sprechen. Vergewaltigungen bei Frauen sind spätestens seit der Me-too-Debatte auch sprachlich allgegenwärtig und endlich wird Betroffenen vermehrt geglaubt. Bei Männern ist dieses Thema hingegen weiterhin ein noch viel größeres Tabu. Gerade deshalb ist es mir besonders wichtig, diesen Mythos der männlichen Dauergeilheit endlich mal aus dem Weg zu räumen, damit sich Betroffene endlich trauen, über diese schrecklichen Übergriffe zu sprechen.

**ENDE **

Die unterdrückte Lust

Obwohl die weibliche Lust immer ein großes Tabu war, hat sie Menschen gedanklich sehr beschäftigt. Besonders alte weiße Männer wollten Herr der Dinge werden und endlich verstehen, wie die menschliche Sexualität funktioniert.

Über mehrere Jahrhunderte hinweg wurde diesbezüglich im Dunklen getappt, weil man unter anderem vom »Ein-Geschlechter-Modell« ausging. Bis 1700 war die Meinung der Wissenschaftler*innen nämlich, dass es nur ein Geschlecht gibt: den Mann.

Nicht alle Menschen waren automatisch *Männer*, denn es war ziemlich offensichtlich, dass auch äußerlich nicht alle gleich aussahen. So primitiv waren die damaligen Menschen nicht, auch wenn wir das gerne denken.

Es wurde bereits in zwei Arten von Männern unterschieden. Den *richtigen* Mann und den *minderwertigen* Mann.[67] Wer welche Bezeichnung bekam, muss ich glaube ich nicht extra erklären, oder? Denn natürlich war die Frau das schwächere Geschlecht. Ganz klar.

Beim minderwertigen Mann ist es nämlich so, dass die Geschlechtsorgane, also Penis und Hoden, nach innen gestülpt sind. Das wurde damit begründet, dass die Frau leider zu wenig Hitze hätte und es deshalb einfach nicht schaffen würde, die Organe nach außen zu tragen. Die fehlende Hitze ist generell so eine Sache, die sich durch die Wissenschaft zieht und oft benutzt wird, um absurde Dinge vermeintlich zu begründen. Dieses Heiß-kalt-Ding kommt grundsätzlich von der Säftelehre, die noch bis 1779 Stand der Dinge war.[68] Die mehrheitlich männlichen Mediziner*innen des Mittelalters gingen nämlich davon aus, dass die Gesundheit der Menschen davon abhängt, wie ausgewogen die eigenen vier Körpersäfte sind.[69] Zu den Säften zählten Blut, Schleim, gelbe Galle und schwarze Galle. Und weil damals besonders Nonnen und Mönche zu den Mediziner*innen zählten, war die Brille, durch die sie die Welt und auch die Wissenschaft sahen, etwas christlich eingefärbt. Deshalb war es damals auch umso schwieriger, objektive medizinische Tatsachen aufzustellen. Nicht zuletzt zum Nachteil der Frauen. Sie galten nämlich, laut Säftelehre, immer als »kühler« und auch das Vaginalsekret wurde über Jahrtausende hinweg als »dünnere, kühlere und weniger vollkommenere Version des männlichen Ejakulats« gesehen.[70] Wie genau das Zusammenspiel zwischen Samen und Eizelle ist, war bis 1876 nicht ganz klar und man ging von der »Zwei-Samen-Theorie« und der »Ein-Samen-Theorie« aus. Weil das Ein-Geschlechter-Modell Usus war, ging man bei der Zwei-Samen-Theorie auch davon aus, dass jeder Mensch einen Samen besitzen würde. Hier gibt es ebenfalls einen stärkeren und einen schwächeren Samen. Na klar. Allerdings waren beide Arten des Mannes dazu imstande, mal den stärkeren und mal den schwächeren Samen zu produzieren. Dennoch bedeutete ein schwächerer Samen, dass das Kind ein Mädchen wird.

Das Positive an dieser Theorie ist, dass die sexuelle Lust von Frauen somit verhältnismäßig einen ziemlich hohen Stellenwert hatte. Weil es der Frau generell schon an Hitze mangelt und sie somit schwächer ist, ist es beim Sex essenziell, dass die Frau einen Orgasmus hat, denn nur durch diese entwickelte Hitze kann ein neues Leben entstehen.[71] Der riesige Nachteil für Frauen an dieser Theorie war aber, dass sexuelle Übergriffe dadurch relativiert wurden, weil die Voraussetzung für eine Schwangerschaft die sexuelle Lust war – und der Orgasmus der Frau.

Bei der Ein-Samen-Theorie war es etwas anders, denn man war der Überzeugung, dass nur der richtige Mann einen Samen hat. Die Frau besitzt hingegen nur minderes »Vaginalsekret«, aus dem der männliche Samen dann das neue Leben formen kann.[72]

Die Frau ist also passiv, während der Mann den aktiven, schöpferischen Teil übernimmt. Ein vermeintlich weiterer Grund, um die Frau dem Mann ohne schlechtem Gewissen unterzuordnen.

Im 19. Jahrhundert entdeckte man zum ersten Mal den weiblichen Eisprung. Spät, aber doch. Nur leider dachte man zuerst, dass dieser während der Menstruation stattfindet. Erst in den 1930er Jahren wurde klar, dass das zwei unterschiedliche Zyklusphasen sind.[73] Unglaublich, dass dieses Wissen erst seit knapp 100 Jahren bekannt ist, oder? Diese Erkenntnis ist wissenschaftlich gesehen sehr bedeutsam, allerdings wurde dadurch die weibliche Lust beim Sex zunehmend unwichtiger. Außerdem ging man davon aus, dass sich bei Männern der Sex nur auf die Geschlechtsorgane beschränkte, während Sex bei der Frau den ganzen Körper betrifft und diese völlig vereinnahmt. Das war eine weitere Begründung dafür, dass der weibliche Körper offensichtlich nur auf das Kinderkriegen ausgelegt war. So hatte man nun einen Grund, Frauen aus Politik und Wissenschaft fernzuhalten und sie lieber in den Haushalt zu verfrachten.[74]

Jackpot für die Männer, die nun einen enormen gesellschaftlichen Vorteil hatten, weil fünfzig Prozent der Konkurrenz nun eben mal so wegfiel.

Die weibliche Sexualität hatte nun etwas Krankhaftes und Absurdes an sich. Obwohl es nach wie vor ein großes Tabuthema war, interessierten sich immer mehr Menschen für die menschliche Sexualität. Eheratgeber tauchten auf und versetzten die damaligen Frauen in eine Zwickmühle. Einerseits erklärte man ihnen, dass Sex auch Spaß machen kann, essenziell für eine gute Ehe ist und auch die eigene Schönheit und Gesundheit dadurch erhalten bleibt. Man begann also damit, das Aussehen der Frauen an die sexuelle Aktivität zu koppeln. Dadurch war es möglich, dass man äußerlich »glückliche Ehefrauen« von »alten frustrierten Jungfrauen« unterscheiden konnte.[75] Diese Unterteilung hat sich bis heute gehalten und ist nach wie vor eine effektive Möglichkeit, Frauen abzuwerten. Gerade Feministinnen wird von frauenfeindlichen Menschen vorgeworfen, sie seien »frustriert« und »untervögelt« und das sei der Grund für ihre unfassbare Wut.

Bei Männern scheint die sexuelle Aktivität hingegen nichts über ihr Aussehen auszusagen. Seltsam.

Aber nur weil penetrativer Sex schön macht, heißt das noch lange nicht, dass Frau auch ungezähmt Sex haben darf. Nein, so leicht ist das nicht. Auch im 20. Jahrhundert gab es einige »Benimmliteratur«, die es zu lesen galt. Darin stand zum Beispiel, dass Frauen sich vor der Hochzeitsnacht sexuell nicht ausleben durften und sich nicht einmal über dieses Thema mit anderen austauschen durften. Allein das Sprechen über das Thema Sex war also schon Tabu genug. Auch erotische Romane und Selbstbefriedigung waren nichts für anständige Frauen, denn »eine tugendhafte Frau hielt ihre Begierden unter Kontrolle«.[76]

Leider ist Selbstbefriedigung auch heute noch ein großes Tabu, unabhängig vom Geschlecht. Aber zumindestens etwas freier sind wir geworden. Das Krasse ist ja auch, dass Sex für Frauen nur mit ihrem Ehemann bestimmt war, während es den Ehemännern erlaubt war, sich auch außerhalb der sonst so monogamen Ehe auszuleben. Mann durfte sich wild ausleben und Frau sollte brav zu Hause bleiben, den Haushalt schmeißen, das Essen kochen, die Kinder versorgen und auf den heißgeliebten Ehemann warten.Sexuelle Lust wurde also seit Langem nur Männern zugestanden und Frau sollte sich gefälligst »zivilisiert« verhalten und sich selbst beherrschen. Der Mann hingegen »habe sich der Gattin gegenüber zivilisiert zu verhalten« und bei »Prostituierten und Frauen aus der Unterschicht durfte er seinen Phantasien und Sehnsüchten freien Lauf lassen«, steht in einer dieser Benimmliteraturen.[77] Komplett absurd! Das fördert das Narrativ der »reinen« Ehefrau und der »minderwertigen Hure«. Die weibliche Lust wird somit verdrängt und nur vermeintlich »unzivilisiertere« Bevölkerungsgruppen zugestanden. Entfesselte weibliche Lust war also etwas, das hauptsächlich Prostituierten zugestanden wurde und die man für Geld kaufen konnte.

Aber ist es wirklich die weibliche Lust, die man kaufen kann? Oder nicht viel eher eine vorgegaukelte Lust? Schlussendlich geht es ja beim bezahlten Geschlechtsverkehr auch nur um eine Dienstleistung und weniger um Gefühle.

Weibliche Lust wird dadurch an Geld und Macht geknüpft und wird etwas, dass es zu besitzen gilt. Oder zumindest für bestimmte Stunden. Außerdem wurde so gesellschaftlich die Lust von der Frau differenziert. Anständige Frauen, die wilde, sexuelle Lust empfinden, gibt es somit nicht. Dieser Glaube ist kollektiv so tief verankert, dass wir sexuelle Frauen auch heutzutage noch als Schlampen abstempeln, während ein Mann, der viele Sexpartnerinnen hat, als Held gefeiert wird.

Bis heute habe ich das Gefühl, dass es keine »richtige« weibliche Lust gibt. Wer sich zu viel auslebt, ist verbraucht, und wer keine Lust auf Sex hat, ist frigide und eine »frustrierte Jungfrau«.

Wenn ich auf Instagram mit meiner Community in den Austausch gehe und über sexuelle Lust spreche, wird anhand der Antworten schnell klar, dass es primär zwei Arten von Frauen zu geben scheint: Die einen haben das Problem, dass sie in ihrer Beziehung viel mehr Lust haben als ihre Partner*innen und deshalb glauben, dass mit ihnen etwas falsch läuft. Während die anderen sich eher Sorgen machen, weil sie so gut wie nie Lust auf Sex haben. Dann wird das zum Problem.

Wie empfindest du deine sexuelle Lust?

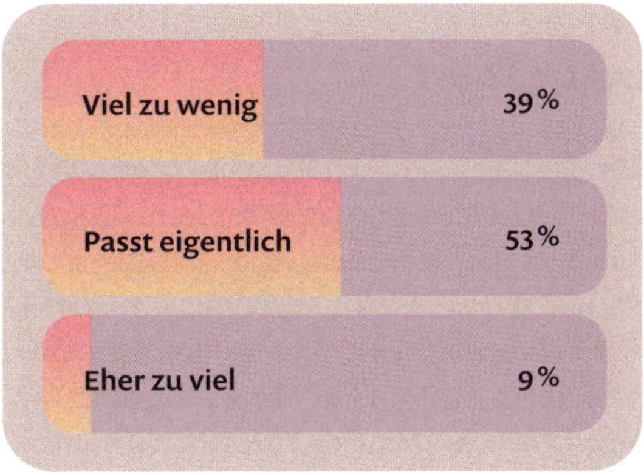

Auch Artikel in Zeitschriften mit Überschriften wie »So viel Sex ist in Beziehungen normal«, nehmen diesen Druck natürlich nicht, sondern verstärken ihn zusätzlich. Überall wird uns suggeriert, dass die sexuelle Lust eine Art Objekt ist. Ein Gegenstand, den man besitzt oder eben nicht. Und wenn nicht, dann kann man sich die Lust ja immer noch kaufen, in Form von Präparaten oder Tabletten. Doch so einfach ist das nicht. Die Lust ist kein Gegenstand, sondern ein fluides Gefühl, das von mehreren Faktoren beeinflusst wird. Es gibt kein »normal« und kein »unnormal«, welches kollektiv bestimmt wird, denn das ist immer vom eigenen Empfinden abhängig. Man ist nicht gesund, wenn man jeden Tag Lust auf Sex hat. Genauso wie man nicht krank ist, wenn man nur einmal im Monat sexuelle Lust verspürt. Erst wenn es zu einer persönlichen Belastung wird, können wir langsam beginnen, von einem Problem zu sprechen. Lust variiert und hängt von diversen Faktoren ab. Manchmal gibt es Phasen, in denen man mehr Lust verspürt, und andere, in denen man die eigene Lust völlig aus dem Blick verliert. Das ist normal. Das ist menschlich. Und ja, das betrifft alle Geschlechter gleichermaßen.

Mehr Lust statt Frust

Wenn es um das Thema Lust geht, taucht schnell die Frage auf, wie man die eigene Lust steigern kann. Dazu müssen wir aber erst einmal verstehen, wie sexuelle Lust eigentlich entsteht und wie sie funktioniert. Im vorherigen Kapitel habe ich bereits thematisiert, dass es einen großen Unterschied zwischen der Lust und der Erregung gibt. Das eigene Lustempfinden entsteht nämlich hauptsächlich im Kopf und kann hervorgerufen werden durch ein erotisches Buch, sexuelle Gedanken oder sinnliche Musik. Die Lust ist sozusagen, die psychische Komponente von Sex, also primär die Gedanken, Gefühle und Empfindungen, wo hingegen die Erregung eine körperliche Reaktion beschreibt. Also zum Beispiel das Anschwellen der Klitoris oder das Aufstellen der Brustwarzen. Wie wir schon wissen, müssen Lust und Erregung nicht immer übereinstimmen. Beobachte mal deinen Körper, ob und wann die beiden voneinander abweichen.

Jeder Mensch bekommt durch etwas anderes Lust. Was den einen in Fahrt bringt, wirkt für den anderen vielleicht sogar abstoßend. Deshalb ist es gerade beim Sex mit einer anderen Person wichtig, sich darüber im Klaren zu sein und sich über seine eigenen sexuellen Bedürfnisse auszutauschen. Wie also entsteht die Lust und wovon ist sie eigentlich abhängig?

Grundsätzlich kann sie zum Beispiel durch äußerliche Reize, gedankliche Vorstellungen oder innere Gefühle ausgelöst werden und ist vor allem abhängig von deinem Körpergefühl und deiner Stimmung. Wenn du dich in deinem Körper unwohl fühlst, wirkt sich das ziemlich wahrscheinlich negativ auf deine Libido aus. Einer der Gründe für verschiedene Vorlieben ist, dass auch unser sexuelles Empfinden darauf beruht, was wir in unserem bisherigen Leben darüber gelernt haben. Unsere Sichtweise auf die Welt ist ein Resultat der Erfahrungen, die wir in unserem Leben bereits machen durften. Genauso ist das auch mit der gelebten Sexualität. Sie setzt sich aus den Erfahrungen und dem Wissen zusammen, das wir bis heute in unserem Leben über das Thema gesammelt haben.

Die Sexualtherapeutin Julia Henchen erklärt das in ihrem Buch »Lustfaktor« so, dass die Lust auch immer responsiv und kontextabhängig ist. Das bedeutet, dass sie sich nur so anfühlt, als würde sie spontan entstehen und der Organismus einer Person eigentlich viel eher unbewusst auf Eindrücke und Gefühle reagiert, die ihm schon bekannt vorkommen. Das kann einerseits eine positive Auswirkung sein, wenn wir in der Vergangenheit gute Erfahrungen mit etwas Bestimmten gemacht haben, andererseits kann die sexuelle Lust aber auch gelähmt und im Keim ersticken werden. Zum Beispiel, wenn Betroffene Traumata in einem gewissen Bereich erlebt haben. Die sexuelle Lust ist also nicht spontan und zufällig, sondern wie vieles andere auch, erlernt und basiert auf persönliche Erfahrungen.

Dennoch ist die Libido kein starrer Gegenstand, sondern etwas, womit wir uns beschäftigen können und das sich aktiv von uns verändern lässt. Gerade auch beim Thema sexuelles Trauma kann eine Psychotherapie hilfreich sein, um Erlebnisse aufzuarbeiten und die negative Verbindung wieder zu lösen, um einen entspannteren Zugang zur Lust zu finden.

Neben der eigenen Vergangenheit spielt auch die Kultur, in der wir leben, eine Rolle, genauso wie unsere eigenen Glaubenssätze. Wenn du aufgewachsen bist mit dem Gedanken, dass Sex etwas Schmutziges und Ekliges ist, wird es dir vermutlich schwerer fallen, einen entspannten Zugang zu deiner Lust zu finden. Menschen, die von ihren Eltern und ihrem Umfeld gelernt haben, dass Sex etwas Tolles und Bereicherndes ist, haben höchstwahrscheinlich auch als Erwachsene eine liberalere Einstellung dazu. Leider wurde die eigene Lust und der Zugang zur Sexualität sehr stark von unserer Gesellschaft und Umgebung beeinflusst, und wir leben oft nach dem, was wir unterbewusst als »normal« zu bezeichnen gelernt haben. Wenn wir einen freieren und entspannteren Umgang mit der (vor allem weiblichen) sexuellen Lust wollen, müssen wir uns alle selbst fragen, was eigentlich unsere Einstellung zum Thema Sex ist. Oft liegen unter der Oberfläche nämlich negative Glaubenssätze wie »Eine Frau, die sich sexuell auslebt, ist eine Schlampe!« oder »Wenn ich beim ersten Date Sex haben möchte, bin ich viel zu leicht zu haben«. Wenn das unterbewusst dein Glaube ist, ist es natürlich kein Wunder, dass du Schwierigkeiten hast, deine eigene Lust zu spüren. Zum Glück ist das ein sehr fluides Thema und du kannst deine Einstellung dazu jederzeit ändern und selbst bestimmen, was du möchtest und was nicht.

Neben deiner Vergangenheit und deinen Glaubenssätzen, spielt aber auch die Gegenwart und die Beziehung, die wir zu einer Person haben, eine große Rolle. Auch dieses Empfinden ist sehr individuell. Manche Menschen wollen

Sex nur mit Personen haben, zu denen sie eine innige Verbindung haben, während andere auch bei One-Night-Stands stets auf ihre Kosten kommen. Auch in einer festen Beziehung kann die Lust aufgrund der nichtlinearen Beziehung zueinander variieren. Wenn ihr zum Beispiel gerade viel mit streitet und diskutiert, fühlt sich das für dich vielleicht so an, als wärt ihr gerade weit entfernt voneinander. Dementsprechend lässt die sexuelle Lust in solchen Phasen womöglich nach. Doch es kann auch anders sein. Wenn du in einer Familie aufgewachsen bist, in der immer viel gestritten wurde, fühlst du dich vielleicht gerade im Streit wohl in deiner Beziehung. Bei den meisten Menschen hat allerdings Leichtigkeit und Liebe in der Beziehung einen positiven Effekt auf die sexuelle Lust. Neben der Komponente der Vergangenheit spielt also auch der aktuelle Beziehungsstand eine große Rolle. (Auf das Thema Sex in Beziehungen möchte ich in einem späteren Kapitel noch genauer eingehen.)

Nicht nur die Beziehungen zu anderen spielen eine große Rolle hinsichtlich der Libido, sondern auch die Beziehung zu uns selbst. Vielleicht hast du schon mal gemerkt, dass du dich viel lustvoller fühlst, wenn du dich selbst schön und sexy fühlst und zufrieden bist mit dir selbst. Oder vielleicht kennst du auch das Gegenteil davon.

Wenn ich mich in meinem Körper unwohl fühle und einen Tag habe, an dem mir viele negative Dinge an mir selbst oder meinem Körper auffallen, verabschiedet sich meine sexuelle Lust direkt. Ich fühle dann richtig, wie sich mein Körper davor verschließt und sich meine Gedanken nur um meine eigenen Fehler drehen. Da macht es schon Sinn, dass es vor allem an solchen Tagen schwer fällt, zu glauben, dass einen das Gegenüber anziehend findet und tatsächlich Sex mit einem will. Auch wenn wir rational wissen, dass wir gut sind, so wie wir sind, ist es leider ganz normal, ab und zu in negatives Denken zu kippen. Wichtig ist nur, dass du für dich einen Weg findest, wie du da wieder schnellstmöglich rauskommst. Denn negative Selbstgespräche bringen dir rein gar nichts. Was mir hilft, ist, auch an solchen Tagen zu versuchen, dieses Gefühl zu akzeptieren und etwas zu tun, was mir persönlich Freude bereitet. Bevor Platz für sexuelle Lust ist, müssen wir erst einmal Platz für Selbstakzeptanz schaffen. Wenn wir uns selbst akzeptieren und vielleicht sogar lieben, hat auch die Libido einen viel leichteren Weg.

Neben der psychischen Ebene passiert auch hormonell einiges in unserem Körper, damit Lust überhaupt erst entstehen kann. Hormone wie Östrogen und Testosteron haben nämlich auch ihre Finger im Spiel und helfen, Erregung und Lust hervorzurufen.[78] Jeder Mensch, unabhängig vom Geschlecht, hat sowohl Östrogen als auch Testosteron in sich. Nur meist in unterschiedlichen Anteilen. Menschen mit vielen weiblichen Geschlechtsmerkmalen haben tendenziell mehr Östrogen, während Menschen mit vermehrt männlichen Geschlechtsmerkmalen eher mehr Testosteron in sich haben. Es kann natürlich auch anders sein. Generell sind beides aber Sexualhormone, die unsere Lust fördern.

Wichtig ist auch hier zu verstehen, dass die Hormone nur einen Teil der sexuellen Lust ausmachen. Auch wenn die Hormonkurve des weiblichen Zyklus grundsätzlich gleich ist, ist die weibliche Lust trotzdem sehr individuell und verschieden. Ein niedriger Östrogenspiegel kann eine Ursache für fehlende sexuelle Lust sein, muss es aber nicht. Hier kann es hilfreich sein, den eigenen Zyklus zu beobachten und im Zyklustagebuch auch die eigene Lust zu tracken. Wie das genau geht, kannst du nochmal im Kapitel »Menstruation« nachlesen.

Jetzt bist du dran!

Hast du dir schon mal Gedanken über deine eigene Lust gemacht, und überlegt, was dich eigentlich in Stimmung bringt? Nutze folgende Zeilen, um dich selbst nochmals ein Stück besser kennenzulernen. Durch deine Antworten erkennst du, was du brauchst, wenn du gerade eine Phase mit niedriger Libido hast. Außerdem hast du mit deinem Ergebnis auch gleichzeitig eine Art Handlungsanweisung für dein Gegenüber. Vielleicht hilft es euch, wenn ihr beide die Fragen getrennt voneinander beantwortet und euch anschließend über euer Ergebnis austauscht. So schaffst du es, ein intimes Gespräch zu führen und mehr über den anderen zu lernen.

Was bedeutet sexuelle Lust für dich?

....

....

Wann fühlst du dich lustvoll?

....

....

Welche Situationen lösen sexuelle Lust in dir aus?

....

....

Welche Hilfsmittel helfen dir, um Lust zu bekommen?

....

....

Was sind sexuelle Fantasien, die dich in Stimmung bringen?

....

....

Was hemmt deine Lust sofort?

....

....

....

Wie wirkt sich Stress auf deine Lust aus?

....

....

In welchen Phasen hast du mehr Lust?

....

....

In welchen Phasen hast du weniger Lust?

....

....

Welche Sätze hast du von anderen schon in Bezug auf deine Lust gehört?

....

....

Hast du Glaubenssätze, die deine Lust betreffen?

....

....

Was haben deine Eltern in Bezug auf Sex gesagt? Gab es da bestimmte Sätze?

....

....

Wie sind deine Eltern mit dem Thema Sex umgegangen? Gab es eine offene Kommunikation oder wurde es eher als etwas »Schmutziges« gesehen?

....

....

....

....

....

5 Tipps zur Luststeigerung

Bevor wir uns den Tipps zur Luststeigerung widmen, möchte ich an dieser Stelle noch einmal betonen, dass die sexuelle Lust sehr individuell ist und dass alle Formen davon normal sind. Es wird erst zum Problem, wenn es für dich ein Problem ist, denn: *du musst gar nichts!* Sei bitte auch hier nicht so hart zu dir selbst, denn es ist völlig normal, dass sich das eigene Lustgefühl mit der Zeit verändert und es Phasen gibt, wo der Zugang zu diesem Gefühl vielleicht etwas verschüttet ist. Wenn du eine schwere Phase durchmachst und jetzt weniger Lust auf Sex hast, musst du nicht gleich nach Tipps suchen, sondern darfst diesen Zustand auch einfach mal akzeptieren.

Ich weiß, dass das leichter gesagt ist als getan, weil wir von Medien, Filmen und Werbeplakaten vorgegaukelt bekommen, dass wir allzeit bereit sein müssen, und wenn wir es mal nicht sind, ist irgendetwas nicht in Ordnung mit uns. Aber das sind definitiv Fake News! Lust ist komplex und setzt sich aus vielen verschiedenen Faktoren zusammen. Wenn du in einer Beziehung bist und aufgrund deiner fehlenden Lust vielleicht ein schlechtes Gewissen entwickeln solltest, schau dir meine Tipps für ein Gespräch im Kapitel *Beziehungen* an. Ich bin mir sicher, ihr findet einen Weg, um gemeinsam mit diesem Thema umzugehen.

Generell gibt es viele Wege, die Libido zu steigern, aber nicht alle bringen auch etwas. Leider gibt es kein Universalrezept, das für alle Menschen passt, es ist ziemlich individuell. Bei manchen liegt es vielleicht am niedrigen Östrogenspiegel, während bei anderen der Stress ein ultimativer Lusttöter ist. Vielleicht hast du durch die Journaling-Fragen schon eine Ahnung bekommen, was bei dir der Grund sein könnte und in welchen Situation es dir schwerfällt, Lust zu spüren.

Weil die eigene Lust sehr stark mit dem eigenen Körpergefühl zusammenhängt, empfehle ich dir vor allem an der eigenen Selbstakzeptanz zu arbeiten. Im Kapitel *Selbstzweifel* teile ich eine Übung und meine Gedanken zu diesem Thema. Überlege mal für dich: Was hilft dir, dich in deinem Körper wohler zu fühlen? Vielen Menschen hilft Sport, weil sie danach ein Gefühl der Leichtigkeit haben und sich ihrem Körper verbundener fühlen. Ganz ehrlich, ich wollte das auch ganz lange nicht wahrhaben, weil ich ein ziemlicher Sportmuffel bin, aber mittlerweile realisiere ich: es stimmt wirklich. Bewegung hebt die Stimmung und ich fühle mich danach direkt agiler und wohler in meinem Körper. Gerade Pilates oder Yoga fördert die Dehnbarkeit und hilft dir sexuell auf mehreren Ebenen. Aber auch das (sinnliche) Tanzen zu deiner Lieblingsmusik kann sowohl deine Stimmung heben als auch die Connection zwischen deiner Seele und deinem Körper fördern.

1. **Nimm dir Zeit für dich**: Setze dich selbst und auch deine Lust als Priorität. Kennst du solche Phasen, in denen du so viel arbeitest oder unterwegs bist, dass du eigentlich gar keine Zeit dafür hast, Lust zu entwickeln und intim zu werden? Wir wachsen alle in einer Leistungsgesellschaft auf und wollen permanent irgendetwas Produktives machen. Wenn wir von dieser Produktivität sprechen, meinen wir meist Lohnarbeit. Aber nicht nur das ist produktiv, sondern wir Menschen brauchen vor allem auch Ruhephasen, damit wir wieder regenerieren können. Phasen, in denen wir Dinge tun, die Spaß machen oder auf der Couch sitzen und Netflix schauen. Erst wenn der Stress von uns abfällt und die Gedanken ruhiger werden, kann sich auch die sexuelle Lust wieder entwickeln. Nimm dir bewusst Pausen, in denen du ruhig wirst und auf dich und deine Bedürfnisse hörst.

2. **Lust ist Übung:** Ich bin mittlerweile seit neun Jahren in einer Beziehung und wir hatten schon öfter Phasen, in denen wir keinen Sex hatten und in denen die Lust einfach nicht da war. Vielleicht kennst du das ja auch: wenn man irgendwie schon so »aus der Übung« gekommen ist, scheint Sex so weit weg, dass man im Alltag irgendwie gar nicht auf die Idee kommt, ihn zu haben. Dann haben wir auch wieder Phasen, in denen wir fünf Tage hintereinander Sex haben und automatisch auch mehr Lust entwickeln. Auch wenn es sich unromantisch anhört, denke ich, dass Sex eine gewisse Routine braucht und durch vermehrten Sex auch vermehrte Lust auftritt, weil unser Gehirn bei Intimitäten auch Dopamin ausschüttet und es diese Gefühle dann immer wieder möchte. Mir geht es allerdings nicht darum, Sex zu haben, obwohl man es eigentlich gar nicht will, sondern es soll viel eher eine Anregung dafür sein, dir öfter Zeit dafür einzuplanen. Damit meine ich nicht nur partnerschaftlichen Sex, sondern auch Solo-Sex, also den Sex mit dir selbst. Vielleicht schaffst du es eine Routine zu finden, die sich für dich gut anfühlt. Zum Beispiel jeden Sonntag um 18:00 Uhr eine Stunde für dich und deine Lust. Da machst du dann einfach Dinge, die dir Lust bereiten und verwöhnst dich selbst. Das kann Selbstbefriedigung sein, ein heißes Bad mit schöner Musik aber auch ein erotisches Buch oder etwas anderes, das deine Lust entfacht. So schulst du diese wieder mehr und hilfst deinem Körper etwas auf die Sprünge.
3. **Achte auf deine 5 Sinne:** Was ist der Sinn, über den du sexuell am leichtesten erreichbar bist? Bei manchen Menschen ist das ein bestimmter Duft, den sie mit etwas Sinnlichem oder Sexuellem verbinden. Wenn das bei dir der Fall ist, kannst du zwischendurch eine Kerze mit diesem Duft anzünden oder dein Gegenüber bitten, ein spezielles Parfum aufzutragen, damit du leich-

ter in Fahrt kommst. Überlege dir, welcher Sinn deine Lust am schnellsten entfacht und versuche, ihn so oft wie möglich in deinem Leben zu integrieren. In einer Beziehung kann das auch viel mit den 5 Sprachen der Liebe zu tun haben. Genaueres beschreibe ich im Kapitel »Beziehungen«.

4. **Lass deine Gefühle zu:** Bist du ein Mensch, der Gefühle gerne mal hinunterschluckt? Trauer oft lieber verdrängt, anstatt sie zu fühlen und sich lieber mit Arbeit zuschüttet, als die eigenen Gefühle zu fühlen? Dann kann das auch ein Grund für fehlende Lust sein. Denn wenn dir hier der Zugang fehlt, ist es nicht unwahrscheinlich, dass du auch Probleme damit hast, das Gefühl der Lust voll und ganz zu spüren. Hey, niemand sagt, dass das leicht ist! Damit habe ich leider auch noch meine Probleme und ganz viele andere Menschen auch. Immerhin haben viele von uns schon als Kind gesagt bekommen, dass wir aufhören sollen zu weinen oder unsere Wut keinen Platz hat. Es ist ein Schutzmechanismus gerade diese negativ konnotierten Gefühle wie Trauer und Wut zu unterdrücken. Wir haben Angst, andere könnten uns dafür verurteilen oder als schwach bezeichnen oder wollen ganz einfach diese starken, vereinnahmenden Gefühle gar nicht fühlen, weil es zu belastend ist. Oder zu schmerzvoll. Beobachte dich einfach mal selbst und versuche, dieses Muster zu durchbrechen und deine Gefühle zuzulassen, denn deine Gefühle sind immer valide und haben ihre Berechtigung. Gefühle machen uns menschlich und zeigen uns konkret, was unsere Bedürfnisse in der jeweiligen Situation sind. Wir müssen nur endlich hinhören und sie ernst nehmen. Außerdem habe ich mit dem vermehrten Zulassen meiner eigenen Gefühle auch gemerkt, dass sie sich dadurch viel schneller auflösen. Wenn ich traurig bin und weine, ist das nach außen hin natürlich erst mal ein kleiner »Zusammen-

bruch«, doch oft fühlt es sich hinterher sehr befreiend an und direkt weniger schlimm, als wenn ich das Gefühl immer weiter wegschiebe und es irgendwann ganz plötzlich auf mich einbricht und in der zehnmal schlimmeren Ausführung zurückkommt. Also: Fühle deine Gefühle und du wirst auch das Gefühl der Lust wieder vermehrter und intensiver spüren.

Die menschliche Lust ist also eine komplex Angelegenheit und hängt von vielen verschiedenen Faktoren ab. Von der eigenen Vergangenheit und dem, was wir über zwischenmenschliche Beziehungen und sexuelle Lust in unserem Leben gelernt und erfahren haben. Aber auch von verschiedenen Beziehungen. Die zu der Person, mit der wir Sex haben wollen, sowie vor allem auch die Beziehung zu uns selbst und unserem Körper. Der Menstruationszyklus und die körpereigenen Hormone spielen dabei selbstverständlich auch eine Rolle. Sexuelle Lust ist fluide, wahnsinnig individuell und sagt rein gar nichts über deinen Wert oder den Wert deiner Beziehung aus! Beobachte deine Lust weiter, erforsche dich und deinen Körper und werde Expertin für deine eigene Lust.

The Big O

Selbst ist die Frau

Wenn ich an Orgasmen denke, tauchen sofort drei Dinge in meinem Kopf auf: dieses kribbelige, wellenartige Gefühl, Frauen, die Schwierigkeiten haben, ihn zu bekommen, und der Wiener Psychologe Sigmund Freud. Vielleicht hört sich das erst mal seltsam an, aber ich erkläre dir gleich, wie ich zu diesen drei Dingen komme. Den Namen Sigmund Freud hast du bestimmt schon mal gehört, immerhin war er der Begründer der Psychoanalyse und hat die moderne Psychologie durch seine Theorien und Modelle geprägt. Heutzutage werden seine Theorien nach wie vor gelehrt, aber dennoch teilweise sehr kritisch betrachtet, da sie sich oft auf seine subjektiven Erfahrungen stützen und somit teilweise nicht wirklich fundiert sind. Naja, auf jeden Fall drehte es sich in seiner Forschung ziemlich viel um das Thema Sex. Sigmund Freud ging unter anderem auch davon aus, dass der Ursprung des Übels der menschlichen Psyche die Unterdrückung der sexuellen Fantasien wäre. Auch zum Thema Orgasmus hatte er eine sehr interessante Meinung. Er ging davon aus, dass es bei Menschen mit Vulva zwei verschiedene Arten von Orgasmen gibt. Den klitoralen Orgasmus und den vaginalen Orgasmus. Beide unterteilte er dann nochmal in »reif« und »unreif« ein.

Und jetzt rate mal, wer welcher ist!

Na, hast du's?

Natürlich ist der vaginale der einzig wahre, reife Orgasmus. Denn hier ist ja der Penis im Spiel und der ist so herausragend und einflussreich, dass er nicht nur den Wert einer Frau bestimmen kann, indem er ihr die Jungfräulichkeit und Reinheit *nimmt*, sondern ist auch *essenziell* für den Orgasmus einer Frau. Unglaublich, oder?

Somit wurde also der klitorale Orgasmus, der vor allem durch die eigene Selbstbefriedigung ausgelöst werden kann, als unreif und unwichtig deklariert und die sexuelle Lust der Frau in die Verantwortung des Mannes gegeben. Natürlich ist das auf vielen Ebenen äußerst problematisch, weil die Frau in ihrer sexuellen Ganzheit gemindert wird und sie verinnerlicht, dass sie für ihr volles Potenzial unbedingt einen Mann an ihrer Seite braucht.

Außerdem: Was ist eigentlich mit lesbischen Paaren? Sind die auf ewig unreif und bemitleidenswert, weil sie nicht in den Genuss eines reifen Orgasmus kommen dürfen? Oder kann in der Not auch ein Dildo den metaphorischen Wert des Penis ersetzen? Drückt Freud dann ein Auge zu oder ist Homosexualität sowieso etwas unter dem Radar?

Mal abgesehen davon, dass diese Theorie extrem heteronormativ ist und alle Menschen ausgrenzt, bei deren Sex kein Penis im Spiel ist, gibt es noch andere Kritikpunkte.

Ein weiteres Problem ist, dass dadurch nur dem Mann ein Recht auf Selbstbefriedigung zugestanden wird und davon ausgegangen wird, dass eine Frau nur dann zum Orgasmus kommen kann, wenn ein Penis im Spiel ist. Und zusätzlich wird erwartet, dass Frau dann auch wirklich kommt, denn wenn nicht, hat sie starke psychische Probleme. Die Befriedigung und Lust, die eine Frau mit sich alleine verspürt, wird dadurch abgewertet und der Frau somit ein Stück ihrer Selbstbestimmung genommen.

Selbstbefriedigung? Ganz klar eine Sache nur für Männer.

Siegmund Freud hatte also ein Problem mit der Klitoris. Verständlich, wie wir noch sehen werden.

Doch nicht nur weiblich gelesene Menschen verlieren bei dieser Theorie, sondern auch für Menschen mit Penis wird die Welt dadurch nicht leichter. Okay, ja – Macht haben sie dadurch definitiv bekommen, denn sie sind es jetzt, die die Macht über den weiblichen Orgasmus haben.

Aber ist das wirklich ein Gewinn? Macht ist vielleicht auf den ersten Blick erstrebenswert, bis man realisiert, dass damit auch Verantwortung und Druck einhergehen. Jetzt ist Mann also verantwortlich für den weiblichen Orgasmus. Es ist seine Aufgabe, sie bei heterosexuellem Geschlechtsverkehr zum Orgasmus zu bringen und wenn er das nicht schafft, ist er ein ziemlicher Totalausfall. Schon krass, oder? Vielleicht ist das auch einer der Gründe dafür, dass Männer oft damit prahlen, wie sehr sie es einer Frau besorgen konnten. Quasi als Beweis ihrer eigenen Männlichkeit. Mit diesem Hintergrund ergibt es durchaus Sinn, weil Männer durch Medien, Bücher und Co. lernen, dass ihr sexuelles Können ihre Männlichkeit definiert, und somit auch ihren Wert als Person.

Der Performancedruck, dem Männer oft ausgesetzt sind, ist also gegeben. Der herrscht allerdings nicht nur in seinem Kopf, sondern wird auch von außen auf sie übertragen. »Bist du schon gekommen?«, »Warum kommst du nicht?«, »Was ist los mit dir?« sind Fragen, mit denen Frauen oft konfrontiert werden, weil Mann seinen Selbstwert stärken möchte. »Tja, was ist eigentlich los mit mir? Ist was los mit mir? Bin ich falsch, weil ich keinen Höhepunkt habe?«, sind Gedanken, die dann in Frauenköpfen herumgeistern und schon kommen die Selbstzweifel ihrerseits ins Rollen.

Ein weiteres Problem ist, dass auch Frauen gelernt haben, den Mann für ihren Orgasmus verantwortlich zu machen. Wenn er sie also nicht zum Kommen bringt, ist er einfach scheiße im Bett. Ganz klar.

Moment.

Anderes Thema: Wer ist denn eigentlich für dein Hungergefühl verantwortlich? Du oder dein Partner?

Wer ist für deinen ausreichenden Schlaf verantwortlich? Du oder dein Partner?

Wer ist für dein Leben verantwortlich? Du oder dein Partner?

Du.

Und du bist es auch, die für deine Orgasmen verantwortlich ist. *Nicht. Dein. Partner.*

Ich weiß, so einfach ist das natürlich nicht, denn gesellschaftliche Prägungen, Glaubenssätze und Selbstzweifel sind so tief in uns verankert, dass sie sich schon wie ein Teil von uns anfühlen und einfach nur zu sagen: »Du bist selbst schuld, wenn du beim Sex nicht kommen kannst« ist definitiv nicht meine Intention. Mir geht es vor allem darum, dass wir Frauen unsere Lust und unseren Orgasmus endlich selbst in die Hand nehmen und einfordern dürfen. Wir dürfen einen Orgasmus haben und wir dürfen auch selbst Hand anlegen, anstatt darauf zu warten, dass unser Partner irgendwann mal rein zufällig den richtigen Rhythmus findet. Denn darauf kannst du lange warten! Wie soll ein Mensch ohne Vulva wissen, was sich bei der Berührung einer Vulva gut anfühlt, wenn er es selbst gar nicht spüren kann? Außerdem sind auch hier die Vorlieben sehr individuell. Was der einen Frau gefällt, muss nicht zwangsläufig auch der anderen gefallen.

Deshalb ist es an der Zeit, dass wir unsere Partner einweihen und ihnen auf eine liebevolle Art zeigen, was wir wirklich wollen. Dazu gehört selbstverständlich auch ein Partner, der respektvoll ist und sich für deine Bedürfnisse interessiert und deinen Vorschlag nicht gleich als Minderung seines Selbstwerts und seiner sexuellen Fähigkeit sieht.

Vorgetäuscht ist nicht gekommen

Das Ziel beim Sex ist für viele Menschen der Orgasmus. Wenn dieses Ziel nicht erreicht wird, ist das Ende auch nicht erreicht. Aber muss Sex zwingend zum Orgasmus führen? Kann nicht allein die Verbindung zweier oder mehrerer Menschen einfach schön genug sein? Muss immer dieser Druck sein, zu kommen?

Leider ist dieser Druck allzeit präsent und gerade, wenn ich Sexszenen in Filmen sehe, bin ich oft fassungslos. Mal abgesehen davon, dass der Sex angefangen mit dem Rummachen bis zum Kuscheln nach dem Höhepunkt gerade einmal drei Minuten dauert, ist es natürlich ganz selbstverständlich, dass beide direkt zusammen den Höhepunkt erreichen. So ganz ohne Kommunikation oder Übung. Sie scheinen ganz intuitiv zu wissen, was der oder die andere braucht und sind wahre Naturtalente im Fach sexueller Befriedigung.

Ganz ehrlich: Das ist absoluter Bullshit! Und genau solche Filmszenen die scheinbar ganz alltägliche Beziehungen darstellen sollen, sorgen dafür, dass viele Menschen immer noch diese Erwartung an das Gegenüber haben, dass es wissen muss, was man selbst möchte. So ganz ohne Kommunikation oder Übung. Und dieses »Zusammen-Kommen« ist auch so etwas, das in den seltensten Fällen bei einem neuen Sexpartner*in sofort funktioniert. Denn die Körper müssen sich erst einmal aufeinander einstellen und lernen, was die individuellen Vorlieben sind. Es ist unvermeidbar, dass sich so ein Bild von Hetero-Sex in unseren Köpfen einprägt, weil es in absolut *jedem* Film so dargestellt wird, dass alles gleich beim ersten Versuch reibungslos klappt. Von Pornofilmen mal ganz abgesehen.

Natürlich ist es nicht verwunderlich, dass wir uns selbst schon manchmal die Frage stellen: »Bin ich eigentlich normal?«, wenn unser Sex von dieser inszenierten Version abweicht. Kein Wunder also, dass viele Menschen einen Orgasmus vortäuschen.

Hast du schon einmal einen Orgasmus gefaket?

Nicht nur Frauen täuschen einen Orgasmus vor, sondern auch Männer. Ja, das geht. Eines vorab: Nicht alle Männer ejakulieren automatisch, wenn sie einen Orgasmus haben. Bei manchen kommt dabei nichts raus und man spricht hier von einem »trockenen Orgasmus«. Aber auch, wenn man normalerweise Ejakulat als »Beweis« vorweisen kann, gibt es einige Tricks, das zu vertuschen.

Beispielsweise wird das Kondom schnell abgezogen und weggeschmissen oder Mann verschwindet schnell ins Bad, um sich zu reinigen. Die Einfälle sind kreativ, doch haben alle etwas gemeinsam: die Angst zu enttäuschen und nicht gut genug zu sein. Man möchte das Gegenüber nicht verletzen. Weitere Gründe können auch Schmerzen beim Sex sein oder die fehlende Lust. Manche wollen auch einfach, dass es aufhört. Gerade der letzte Punkt schockiert mich immer wieder, denn Sex sollte etwas sein, das mit gegenseitigem Vertrauen einhergeht. Etwas, was man macht, weil man es selbst möchte und das niemals ein Gefallen sein sollte.

Wie wäre es also, wenn wir endlich beginnen, offen über die eigenen Bedürfnisse zu sprechen und unser persönliches Empfinden vom Orgasmus des anderen lösen würden? So könnten wir ihn letztendlich neutral betrachten. Wir müssen aufhören, unseren Selbstwert daran zu messen, ob und wie oft wir andere zum Höhepunkt bringen. Klar ist ein Orgasmus ein wunderschönes Gefühl – gar keine Frage. Aber es gibt viele Gründe für einen fehlenden Orgasmus und ganz oft hat es mit der Persönlichkeit des Gegenübers rein gar nichts zu tun, sondern liegt an fehlendem Wissen über den eigenen Körper, zu wenig Kommunikation, Stress oder anderen Faktoren. Vielleicht denkst du, dass du mit dem Vortäuschen deinem Gegenüber einen Gefallen tust. Das ist falsch. Du gaukelst nicht nur etwas vor, sondern übergehst auch dich selbst und deine Bedürfnisse. In dem Moment, in dem du einen Orgasmus vortäuscht, zeigst du, dass dir dein Gegenüber wichtiger ist als du selbst. Dass es dir wichtiger ist, dem anderen ein gutes Gefühl zu geben, als zu dir selbst zu stehen und herauszufinden, was dir eigentlich Spaß macht. Bei vorgetäuschten Orgasmen verlieren beide und euch wird zusätzlich die Chance auf ein intimes Gespräch genommen. Einen kleinen Leitfaden für ein derartiges Gespräch findest du im Kapitel »Beziehungen«.

Deine BFF die Klitoris

Die Klitoris finde ich so faszinierend, dass ich nicht nur ein eigenes Klitoris T-Shirt für mein Label MAYLOU entworfen habe, sondern ihr auch ein ganz eigenes Kapitel widmen möchte. »Hä, wieso? Das ist doch bloß diese kleine Perle!«, denkst du vielleicht. Aber damit liegen du und leider auch sehr viele andere Menschen ziemlich falsch. Das Problem ist, dass die meisten Menschen nicht wirklich über die Anatomie der Klitoris Bescheid wissen. Das ist nicht nur unglaublich schade, sondern mindert auch die eigenen Orgasmuschancen. In Wahrheit ist diese Perle nämlich nur die Spitze des Eisbergs. Die Klitoris hat eher die Form eines Bumerangs und ist zwischen sieben und zwölf Zentimeter groß. Außerdem schwillt sie genauso wie der Penis bei der Erektion an und ist auch anatomisch eher das Pendant des Penis als die Vagina. Die Klitoris hat keine biologische Funktion, sondern dient der reinen Lust. Wir haben also ein Organ, welches einfach nur für die Lust da ist. Wenn das mal kein Zeichen für mehr weibliche Selbstbefriedigung und Sexualität ist, dann weiß ich es auch nicht!

Warum hatte Siegmund Freud dann so ein Problem mit ihr? War er neidisch darauf, dass Frauen laut Körperbau doch die lustvolleren Wesen sind? Hm, das ist schon etwas weit hergeholt, oder? Wo er doch genau der umgekehrten Meinung war, nämlich dass Frauen unterbewusst das männliche Geschlecht um den Penis beneiden. Wobei ich finde, dass der Klitorisneid irgendwie mehr Sinn macht.

Außerdem ist die Klitoris extrem sensibel und hat sogar doppelt so viele Nervenenden wie ein Penis. Also um die 8.000 Stück.[79] Neben der ständigen Abwertung der Klitoris ist das Schockierende, dass wir die vollständige Anatomie der Klitoris erst seit dem Jahre 1998 kennen. Das sind gerade mal 25 Jahre! Ist es Zufall, dass das genau mein Geburtsjahr ist? Ich glaube nicht! Aber ich möchte Helen O'Connell hier jetzt nicht die Show stehlen. Die australische Urologin und Professorin für Chirurgie an der University of Melbourne fand beim Sezieren von Frauenleichen heraus, dass die Klitoris in Wahrheit ganz anders aussieht als in ihren Anatomiebüchern. Scheinbar wurde sie auf den Illustrationen viel zu klein dargestellt und auch die Proportionen passten überhaupt nicht zusammen mit den Organen, die sie vor sich sah. Dass die Klitoris in Anatomiebüchern teilweise sogar heute noch falsch oder unvollständig dargestellt wird, bedeutet nicht, dass sich noch niemand davor ausführlich mit dem Organ beschäftigt hat, sondern hat eine ganz andere Ursache.

Bereits im 16. Jahrhundert setzten sich Menschen aus medizinischer Sicht mit der Klitoris auseinander und nach dem genauen Sezieren von Leichen gab es bereits vor O'Connell die ersten anatomischen Zeichnungen. Eine sehr präzise Darstellung war bereits im 19. Jahrhundert bekannt und man erkannte sogar schon die hohe Nervendichte. Trotzdem stieß die Entdeckung auf großen Widerstand, weil Sexualität, vor allem die weibliche, ein großes Tabuthema war.[80] Damals hatte auch die Kirche noch großen Einfluss und Sex sollte natürlich nur zur reinen Fortpflanzung dienen. Ganz klar. Und weil der weibliche Orgasmus dafür nicht relevant ist, ist er sowieso unwichtig. Da ist ein Organ, das ausschließlich für den weiblichen Orgasmus da ist, völlig absurd, das schreit förmlich nach Sünde!

Traurigerweise wirkte sich diese Ansicht sogar auf die anatomischen Lehrbücher aus und die Klitoris wurde ab dem 20. Jahrhundert langsam, aber sicher, gestrichen. Zuerst wurde sie nur noch als kleine Wölbung dargestellt und war später in manchen Büchern überhaupt nicht mehr vorhanden. Das war's also mit der weiblichen Lust. Mal wieder. Jetzt wussten also nicht einmal mehr ausgebildete Ärzt*innen von diesem Organ und es geriet völlig in Vergessenheit.

Es brauchte also erst eine Gruppe Feministinnen, die in den 1950er Jahren mit Spiegeln und Fingern ihren Körper untersuchten und zu dem Entschluss kamen, dass die Klitoris doch größer sein muss als dieser kleine Knubel. Helen O'Connel belegte diese Theorie dann schlussendlich im Jahre 1998 und gilt teilweise heute noch als »Entdeckerin der Klitoris«, obwohl das so eigentlich nicht ganz stimmt.[81] Sie wiederentdeckte die Klitoris, nachdem das Wissen feinsäuberlich vertuscht und ausradiert wurde. Dafür können wir ihr alle verdammt dankbar sein und es wird Zeit, dass wir uns endlich mit unser Klitoris und unserer Lust beschäftigen und diese feiern. Immerhin haben wir ein eigenes *Organ* nur für unsere Lust! Wer hat das schon?

Außerdem fand man heraus, dass die Unterteilung von Siegmund Freud in den vaginalen und klitoralen Orgasmus ziemlicher Bullshit ist. Die Orgasmen werden durch verschiedene Punkte ausgelöst, aber durch die enorme Größe der Klitoris ist sie immer irgendwie am Höhepunkt beteiligt.[82]

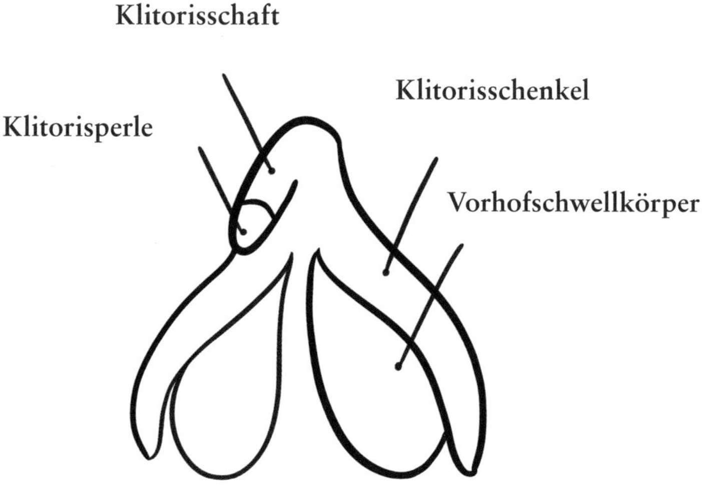

Solo-Sex

Ich kann mich noch gut an den Schikurs in der sechsten Klasse erinnern. Wir waren zwölf und es war gerade dieses Alter, wo alle Jungs nur noch darüber sprachen, wie sie sich einen runterholten, wie oft sie es taten und wie schnell. Gefühlt handelte jedes zweite Gespräch davon und sie schienen verdammt stolz auf dieses Privileg zu sein, einen Penis zu haben, mit dem man herumspielen kann. Wir Mädchen fanden es auch spannend und redeten darüber, wie Jungs es wohl »tun«. Für uns war es eine Art Naturgesetz, dass die Burschen es nun mal taten. Fast so, als würden sie es tun *müssen*, weil sie sonst explodierten oder so. Das macht jetzt vielleicht den Eindruck, dass wir ziemlich offen waren, aber diese Offenheit hörte bei der weiblichen Masturbation schlagartig auf. Über diese wurde nämlich nie gesprochen und ich fragte mich jahrelang, ob es andere Mädchen taten oder nicht. Ich muss zugeben, ich war diesbezüglich eine ziemliche Spätzünderin. Mit zwölf interessierte mich das Thema recht wenig und auch mit vierzehn wurde dieses Interesse kaum größer. Um ehrlich zu sein, wusste ich nicht einmal, wie ich an das Thema Selbstbefriedigung herangehen sollte. Vier- oder fünfmal probierte ich es, aber immer mit diesem Gefühl, etwas Verbotenes zu tun. Schließlich machen so etwas doch nur Jungs, nie aber Mädchen. Dachte ich zu mindestens – bis ich mit siebzehn ein Gespräch hatte, das mir ein Stück weit die Augen öffnete.

Ein paar Jahre später verbrachte ich die Freistunden in der Oberstufe meistens mit meinen zwei Freundinnen Marie und Anna. Wir saßen unter einer Treppe bei einem Wohngebäude in der Nähe unserer Schule. Hört sich vielleicht dramatisch an, aber wir wählten diesen versteckten Ort, um ungestört reden und rauchen zu können. Es war unser Geheimort und die Konversationen, die wir dort führten, blieben auch immer an diesem Ort. Anna war zwei Jahre älter als Marie und ich und auch ihr Repertoire an Erfahrungen war um einiges größer als unseres. Sexuell hatte sie schon vieles erlebt und bei ihren Erzählungen nahm sie kein Blatt vor den Mund. Anna war das erste Mädchen in meiner Umgebung, das offen über die eigene Selbstbefriedigung sprach. So tauschten auch Marie und ich uns aus, nur um anschließend festzustellen, dass wir uns beide immer gefragt hatten, ob sich andere Mädchen auch selbst berührten. Dieses Gespräch war so schön und befreiend, weil ich zum ersten Mal erkannte, dass ich damit nicht allein bin und dass weibliche Selbstbefriedigung eigentlich gar nicht so verboten und schlimm ist, sondern ziemlich normal. Es ist keine reine Männersache, sondern für alle Menschen da. Die Konversationen mit Anna und Marie unter diesem Treppenaufgang prägten mich definitiv und sorgten dafür, dass ich Stück für Stück die Scham bezüglich meiner Sexualität ablegte. Ich lernte, dass es nichts zu schämen gab und begann mich auch mit anderen Frauen auszutauschen. Klar, anfangs war es ungewohnt und unangenehm, aber es lohnte sich immer, diese Gefühle in Kauf zu nehmen. Nach jedem einzelnen Gespräch fühlte ich mich gestärkter und »normaler«. Weil ich erkannte, dass es uns allen ähnlich geht.

Auf erotischer Entdeckungsreise

Durch den Austausch mit anderen Frauen realisierte ich, dass ganz viele Mädchen die ersten sexuellen Erfahrungen mit Jungs machten und gar nicht mit sich selbst. Während die zwölfjährigen Jungs permanent über Selbstbefriedigung sprachen, war bei uns Mädchen vielmehr das erste Mal ein Thema und so war es auch in der Umsetzung. Das halte ich für sehr bedenklich. Wenn man zum ersten Mal Fahrrad fährt, nimmt man ja auch nicht gleich die Stützräder ab. Masturbation ist wichtig für den eigenen Umgang mit der Sexualität. Durch die Erkundung des eigenen Körpers können wir in Ruhe spüren, was uns gefällt und was nicht. Unter dieser Voraussetzung können wir unsere Vorlieben später auch viel besser unseren Sex-Partner*innen kommunizieren. Außerdem lernen wir dadurch, dass wir uns selbst das geben können, was wir brauchen und wollen.

Immer wieder höre ich von Menschen, dass der Sex mit einer gewissen Person schlecht ist oder es ihnen generell nur begrenzt Spaß macht, und auch ich kenne dieses Gefühl sehr gut. Als ich mit meinem Freund zusammenkam, war das auch so, dass Sex für mich keine große Sache war und ich gar nicht verstand, warum das alle soooo toll fanden. Ja, es war ganz nett, aber mehr eben auch nicht. Damals war ich sechzehn und obwohl ich davor schon ein paar sexuelle Erfahrungen sammeln durfte, wusste ich eigentlich gar nicht so wirklich, was ich wollte und was mir gefiel, denn ich versuchte mehr das zu tun, was den Jungs gefiel. Dementsprechend konnte ich meinem Freund meine Vorlieben gar nicht kommunizieren, weil ich sie selbst noch nicht kannte. Wie soll dein Gegenüber auch wissen, was dir gefällt, wenn du es selbst nicht sagst oder vielleicht auch gar nicht selber weißt? Menschen können leider keine Gedanken lesen (I wish!) und deshalb ist es vor allem auch beim Sex unglaublich wichtig, miteinander zu sprechen. Auf das Thema Kommunikation gehe ich im Kapitel »Beziehungen« noch genauer ein. Damit du aber überhaupt erst kommunizieren kannst, musst du herausfinden, was du willst. Nur dann kannst du und auch dein Gegenüber dir geben, was du wirklich brauchst. Und wenn das nicht Grund genug ist, deinen Körper zu erforschen, hier noch drei weitere Gründe:[83]

1. Selbstbefriedigung entspannt dich und hilft dir, Stress abzubauen.
2. Dein Immunsystem wird dadurch gestärkt und es hilft dir, gesund zu bleiben.
3. Weil Orgasmen das Oxytocin-Level erhöhen, machen sie uns leidenschaftlicher, intuitiver, sozialer und erhellen sogar unsere Stimmung.

Und falls du es noch deutlicher hören musst: Befriedige dich selbst! Nimm dir Zeit für dich! Da geht's auch gar nicht darum, unbedingt zum Orgasmus kommen zu müssen, sondern, dass du dir einfach bewusst Zeit für dich und deine Bedürfnisse nimmst. Es ist für mich auch ein Akt von Selbstliebe, mir Zeit nur für mich zu nehmen. Gerade wenn dein Alltag hektisch ist und du oft auf dich selbst vergisst, kann es hilfreich sein, dir diese Me-Time in deinen Kalender einzuplanen. Nimm dir eine Stunde Zeit, in der du dich verwöhnst. Vielleicht möchtest du eine Kerze anmachen und sinnliche Musik einschalten. Beginne einfach mal, dich zu streicheln und zu fühlen, wie sich deine Haut anfühlt. Versuche nicht, es nur »schnellstmöglich« hinter dich zu bringen und zum Orgasmus zu kommen, sondern behandle dich so wie eine Person, mit der du Sex haben würdest. Berühr dich, massiere dich und mach das, was sich in dem Moment für dich gut anfühlt. Lerne auch deine Fantasien kennen. Was sind deine Gedanken? Was erregt dich? Vielleicht hilft dir auch die Übung im Kapitel »5 Tipps zur Luststeigerung«. Nimm dir diese Zeit, um dich und deine Sexualität besser kennenzulernen. Denn gerade in diesen Minuten, in denen wir mit uns selbst alleine sind, können wir uns nur auf uns fokussieren. Ich möchte an dieser Stelle niemanden dazu überreden und es kann auch gut sein, dass du Selbstbefriedigung nicht magst. Auch das ist natürlich voll okay! Alles kann, nichts muss. Aber frag dich vielleicht einmal, warum das so ist. Glaubst du vielleicht unterbewusst, dass du es gar nicht wert bist, dass du dir Zeit extra für dich nimmst und dich liebevoll verwöhnst? Hast du noch nicht herausgefunden, was sich gut anfühlt? Oder findest du deine Vulva oder deinen Penis vielleicht abstoßend und hast den Glaubenssatz, dass Selbstbefriedigung schmutzig ist? Es kann ganz viele Gründe dafür geben, deshalb: Richte deinen Blick nach innen und fühle, wie es dir geht und was du in solchen Momenten brauchst. Ich glaube, es ist immer sinnvoll, sich qualitative Zeit für sich selbst einzuplanen. Du musst dich auch gar nicht intim berühren. Vielleicht brauchst du viel eher eine Umarmung von dir selbst, eine Meditation oder das sinnliche Tanzen zu deiner Lieblingsmusik. Das weißt nur du allein. Hauptsache, du tust etwas, was dir gerade guttut.

Slow-Solo-Sex

Selbstbefriedigung kann etwas Wunderschönes sein, weil du und deine Bedürfnisse im Vordergrund stehen. Es ist niemand da, der dich ablenkt und du hast den Raum, einfach mal frei zu testen, ohne dass dich jemand beobachtet oder bewertet. Jetzt kannst du in Ruhe ausprobieren, was du dich vielleicht mit anderen noch nicht getraut hast. Mach es dir gemütlich. Was brauchst du, um richtig zu entspannen? Einen bestimmten Duft, dämmriges Licht oder ein heißes Bad? Versuche dir, die ideale Situation zu schaffen, in der du entspannt Lust entwickeln kannst. Beginne einfach mal, deinen Körper zu berühren und zu erkunden. Streichle dein Gesicht und deinen Hals. Massiere deine Ohren. Wie fühlt sich das für dich an? Kitzelig? Entspannend? Gibt es bestimmte Teile deines Körpers, an denen du die Berührung besonders angenehm findest? Wie möchtest du dort am liebsten berührt werden? Fühlt es sich angenehm an, wenn du zuerst deine Oberschenkel streichelst und massierst, bevor du deine Vulva berührst? Oder legst du gerne zuerst deine Hand sanft auf deine Vulva, damit sie sich an die Berührung gewöhnt? Wie möchtest du dort berührt werden und was ist unangenehm für dich? Du kannst auch deine Vagina-Öffnung sanft berühren und das Innere deines Körpers. Was kannst du ertasten? Probiere streichelnde Bewegungen, kreisende, oder übe leichten Druck aus. Es geht hier nicht darum, so schnell wie möglich zum Orgasmus zu kommen, sondern die Übung dient dazu, dich und deinen Körper besser kennenzulernen. Das ist eine wichtige Voraussetzung für partnerschaftlichen Sex, denn nur wenn du selbst mit deinen Bedürfnissen vertraut bist, kannst du sie auch anderen kommunizieren.

Frage: Wie fühlt es sich für dich an, wenn du dich selbst berührst? Welche Gefühle und Gedanken tauchen in dir auf?

Quick and dirty: schnelle Orgasmen

Natürlich ist auch Solo-Sex Übung und mit der Zeit wirst du deine eigenen Lustpunkte immer besser kennenlernen und weißt auch genau, wie du wo berührt werden möchtest. Dafür kannst du selbstverständlich auch Hilfsmittel wie Vibratoren, Dildos etc. verwenden, wenn du das angenehmer findest. Trotzdem empfehle ich dir, Toys auch immer wieder wegzulassen und dich wirklich auf dich zu konzentrieren und dich mit deiner Hand selbst zu berühren. Das fördert die Verbindung zu dir selbst und auch dein Körper wird empfindsamer für die Berührungen.

Du kannst Solo-Sex auch mit diversen »Hilfsmitteln« haben, wie zum Beispiel erotischen Pornofilmen, Audios oder Büchern. Persönlich finde ich das ab und zu sehr erregend und verwende für solche Momente gerne die Plattform Cheex, Bellesa oder Femtasy, weil da die weibliche Lust im Mittelpunkt steht. In herkömmlichen Pornofilmen dreht sich meist alles um die männliche Ejakulation und auch die gezeigten Praktiken sind teilweise sehr frauenfeindlich. Zudem ist die Pornoindustrie nicht ganz unumstritten, da Darsteller*innen nicht immer fair entlohnt werden oder sogar ohne ihre Einwilligung gefilmt werden. Hier möchte ich dir ans Herz legen, darauf zu achten, dass du fair produzierte Filme konsumierst, um diese sexuelle Ausbeutung nicht zu unterstützen. Man zahlt zwar monatlich ein paar Euros, aber das ist es definitiv wert. Ich konsumiere bei Solo-Sex selten Medien, weil ich es lieber mag, wenn ich mich auf mich und meinen Körper konzentrieren kann. Wenn die Motivation ein schneller Orgasmus ist, kann ich dir einen Druckwellenvibrator sehr empfehlen. Viele Frauen erreichen damit innerhalb weniger Minuten einen Höhepunkt. Dafür ist dieses Toy wirklich weltklasse! Für mich sind das allerdings zwei unterschiedliche Arten von Solo-Sex. Bei der ersten Übung geht es darum, dir für dich Zeit und Raum zu nehmen, um dich kennenzulernen, und bei der zweiten geht es um schnelle, zielorientierte Orgasmen. Beides ist in gewissen Situationen angenehm und hat definitiv seine Berechtigung. Probier einfach beides mal aus und erkenne für dich selbst den Unterschied!

Machst du es dir selbst?

Wie oft tust dus?

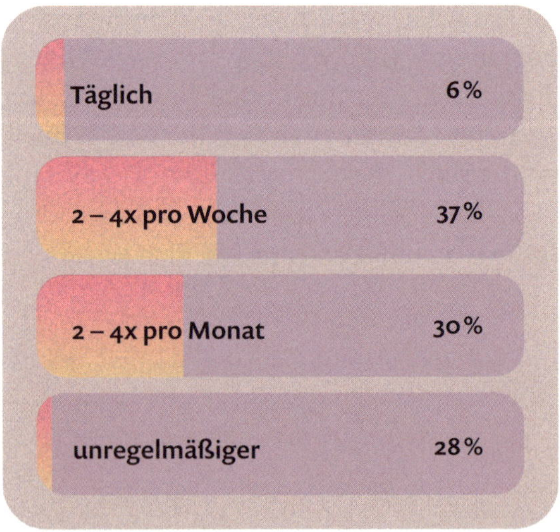

Konsumierst du dabei etwas,
z.B. Filme, Audio, Bücher

Ja, immer	16 %
Sehr oft	32 %
Eher selten	31 %
Nie, nur meine Gedanken	21 %

Kommst du dabei zum O?

So gut wie immer	83 %
Manchmal	10 %
Selten	3 %
Nein	5 %

All you need is love, oder?

Naja, nicht ganz.

In diesem Kapitel widmen wir uns dem großen Thema *Beziehungen.* Nicht nur, weil meine Beziehung ebenfalls einen großen Teil meines Lebens einnimmt, sondern weil ich finde, dass wir kollektiv viel zu wenig zum Thema Beziehungen wissen. So ziemlich jeder Mensch hat im Laufe seines Lebens eine romantische Beziehung und es wird erwartet, dass alles sofort einwandfrei funktioniert. Und wenn es dabei Probleme gibt, dann sind wir einfach nicht für einander bestimmt.

Finding Mr. Right

Als junges Mädchen dachte ich immer, dass irgendwann »der Richtige« vor mir stehen würde. Das konnte überall und jederzeit passieren. Beim Spazierengehen, beim Feiern oder in der Schule. Deshalb erwartete ich von mir, dass ich immer »perfekt« aussah. Immer ein schönes Outfit und niemals ungeschminkt. Nicht einmal den Müll habe ich ohne Make-up rausgebracht. Was, wenn plötzlich mein Traumprinz vor mir stünde? Würde er sich auch in mich verlieben, wenn er mich in Joggingklamotten mit ungewaschenen Haaren sähe? Stell dir mal vor, du triffst *den Einen* und eure Liebesromanze scheitert nur deshalb, weil du anstatt den getuschter Wimpern riesige Augenringe und spröde Lippen hast. Da würde ich mir schon ordentlich in den Arsch beißen.

Einige Jahre später bin ich vor allem um diese zwei Dinge schlauer: Zum einen weiß ich, dass mein echter Traumprinz mich auch ungeschminkt lieben würde und zum anderen, dass dieser Traumprinz nur ein fiktives Hollywood-Produkt ist. Denn den wahrlich perfekten Mann gibt es leider nur in erfundenen Liebesromanen. Im echten Leben maximal in der Verliebtheitsphase. Das ist überhaupt nicht schlimm, denn wir selbst sind auch keine Traumprinzessinnen. Ich möchte dir jetzt nicht dein erlangtes Selbstvertrauen wieder nehmen, aber es ist ein Fakt, dass auch wir nicht perfekt sind und unsere Macken haben. Das ist absolut normal und okay. Trotzdem erwarten viele, dass sie nur lange genug suchen müssten, um den oder die Eine zu finden, die all ihren persönlichen Traumprinzen- und Traumprinzessinen-Kriterien entspricht. Viele Hetero-Frauen haben folgende Erwartungen an ihren persönlichen Traumprinzen: Groß soll er sein, humorvoll, beschützend und stark. Trotzdem soll er auch einen guten Zugang zu den eigenen Gefühlen haben, gerne stundenlang philosophieren und sich selbst reflektieren. Zu gefühlvoll darf er natürlich auch nicht sein, denn das macht ihn »unmännlich«. Beruflicher Erfolg und genug Geld wären auch nicht schlecht, jedoch sollte er für seine Frau und die Familie immer genug Zeit haben und selbstverständlich auch den Haushalt machen. Na, merkst du was?

Diese Kriterien sind oft sehr widersprüchlich und es ist verdammt schwer, einen Menschen zu finden, auf den all das zutrifft. Und selbst wenn du es nach jahrelangem Suchen endlich geschafft hast und einen Menschen gefunden hast, dessen Fähigkeiten sich mit denen auf deiner Liste größtenteils überschneiden, heißt das nicht, dass ihr es miteinander immer leicht haben werdet. Denn nach spätestens 18 Monaten sind alle Schmetterlinge verflogen und die rosarote Brille liegt irgendwo im Schrank unter schmutzigen Socken vergraben. Wie konnten wir uns nur so täuschen? Er hat uns nur etwas vorgegaukelt und ist gar nicht so perfekt, wie er anfangs getan hat! So ein Heuchler!

Wir nehmen plötzlich Eigenschaften und Verhaltensmuster des Gegenübers als Problem wahr, über die wir vorher easy hinweggesehen haben. Oder waren sie da noch nicht so ausgeprägt? Plötzlich nervt es enorm, dass er immer nur philosophiert und redet, anstatt einfach mal mit seinen Händen die Sache anzupacken. Zeit hat er durch den fordernden Job auch immer weniger, weil er die freien Abende auch gerne mal mit seinen Freund*innen verbringt, und von geteilter Hausarbeit hat er scheinbar auch noch nie etwas gehört. Na toll, schon wieder den falschen Fisch geangelt! Zurück in den Teich mit ihm!

Moment.

Wer hat behauptet, dass das Zusammenleben mit einer anderen Person immer reibungslos verläuft und man jede Angewohnheit des Partners annehmen und lieben muss? Filme, Medien und Zeitschriften haben uns geblendet mit ihrem Traumprinz-Gelaber, denn in Wahrheit gibt es diese Person nicht. Früher oder später werden mit jeder Person Probleme auftauchen. Das liegt daran, dass die meisten Menschen total unterschiedlich sind. Allein schon deshalb, weil sie in verschiedenen Familien aufgewachsen sind und unterschiedliche Lebensrealitäten haben. Wenn eine Person in einem Zuhause aufgewachsen ist, indem es immer steril sauber ist und nicht ein einziges Staubkorn herumliegen darf, stehen die Chancen gut, dass sie über die einzelne Socke, die neben dem Bett liegt, verärgert ist. Wenn die andere Person zusätzlich in einem Haushalt aufgewachsen ist, in dem oft Chaos herrschte, kann das Zusammenleben vorerst mal schwierig sein, weil beide so unterschiedliche Vorstellungen von einem gemeinsamen Zuhause haben. Hier ist ein offenes Gespräch sinnvoll, in dem jeder die eigenen Wünsche äußert. Manchmal sind nicht die Socken das Problem, sondern viel eher, dass wir es als Beleidigung oder Verletzung auffassen, wenn in der frisch geputzten Wohnung schon wieder Chaos herrscht. Ich weiß, das hört sich jetzt vielleicht nach Student*innenwohnheim an, aber vielleicht ist es gerade am Anfang hilfreich, eine gemeinsame Liste zu schreiben mit Dingen, die dem anderen im Haushalt wichtig sind. Wenn ihr das wollt, könnt ihr die Liste mit den Haushaltsregeln in die Küche hängen, damit ihr beide immer wisst, was der oder die andere braucht, um sich zu Hause wohlzufühlen. So verringert ihr vielleicht die ewigen Haushaltsdiskussionen, die sehr zermürbend sein können.

Diskussionen in Beziehungen können auch schon deshalb auftauchen, weil zwei individuelle Persönlichkeiten, mit ganz verschiedenen Bedürfnissen, aufeinandertreffen. Das ist erst mal gar nicht schlimm, doch leider machen wir diese Unterschiede oft zu einem großen Problem, anstatt die Schwächen des anderen zu akzeptieren. Selbstverständlich ist das leichter gesagt als getan, denn die eigenen Schwächen akzeptieren wir oft auch nur sehr schwer. An dieser Stelle kann ich dir das Buch »Liebe dich selbst und es ist egal, wen du heiratest« von Eva-Maria Zurhorst empfehlen. Der Titel ist vielleicht etwas provokativ gewählt, aber sie zeigt in ihrem Buch, wie wir uns eine liebevolle Beziehung schaffen und welche Themen hinter banalen Diskussionen wirklich stecken können. Ein Plädoyer für den liebevollen Umgang mit uns selbst und unseren Partnern. Außerdem räumt sie auch den Mythos des Traumprinzen aus dem Weg und gibt hilfreiche Tipps, wie wir durch Geduld, Annahme und Wertschätzung ganz automatisch zum Traumprinzen oder der Traumprinzessin werden.

Seit über neun Jahren bin ich nun mit meinem Freund Michi zusammen und ganz ehrlich: Hin und wieder zweifeln wir an unserer Beziehung. Auch das ist ganz normal, solange die Zweifel nicht überhandnehmen. Es fällt mir manchmal schwer, zu akzeptieren, dass wir so verschieden sind. Ich reflektiere gerne und beschäftige mich mit Persönlichkeitsentwicklung, Michi bevorzugt eher Sachthemen. Er ist extrem sportlich, während ich mich für keine einzige Sportart begeistern kann. Ich würde gerne öfter in Kunstausstellungen gehen, Michi findet das langweilig. Lange nervte es mich, dass er in keine Ausstellungen mit mir gehen möchte, und ich fragte mich, ob er wirklich »der Richtige« für mich ist, wenn wir doch gar nicht dieselben Interessen teilen. Doch mit der Zeit erkannte ich, dass der romantische Partner nicht automatisch der Partner für alles sein muss. Wir brauchen nicht eine einzige Person, die *alles* mit uns teilt, sondern dürfen unseren Fokus auf mehrere Personen verlagern. Na und, dann will Michi eben in keine Ausstellung gehen. Natürlich finde ich das schade, aber freue mich umso mehr, wenn ich dort die Zeit mit Freundinnen verbringe. Ist doch auch schön. Lasst uns mal diesen Druck von den Partnern nehmen, dass sie dieselben Interessen wie wir haben müssen. Klar sind Überschneidungen schön, aber Unterschiede eben auch. So können wir sehr viel voneinander lernen und können in Dinge hineinschnuppern, auf die wir vielleicht nicht von allein gekommen wären.

Die 5 Sprachen der Liebe

Wer behauptet, eine Beziehung sei keine Arbeit, der hatte noch nie eine richtige.

Im vorherigen Kapitel bin ich etwas näher auf den Mythos des Traumprinzen eingegangen. Immerhin wissen wir jetzt, dass unser Partner mehr Frosch als Prinz ist, aber auch, dass das vollkommen normal und okay ist.

Was ist die Grundvoraussetzung für eine romantische Beziehung? Genau, die Liebe!

Aber was bedeutet Liebe eigentlich und wie können wir unserem Gegenüber unsere Liebe zeigen? Nach wie vor lernen wir so etwas nicht in der Schule, sondern müssen es im Laufe des Lebens irgendwie selbst herausfinden. Jeder Mensch hat eine unterschiedliche Auffassung von Liebe. Der eine versteht darunter einen Partner, der dominant und übergriffig ist, während die andere liebevolle Zuneigung und Anerkennung versteht. Die eigene Liebesdefinition hat viele verschiedene Ursachen, aber die Beziehung der eigenen Eltern ist für viele unterbewusst ein Vorbild. Unabhängig davon, ob man sie als positiv oder negativ wahrgenommen hat, Menschen tendieren dazu, sich immer wieder in Situationen zu bringen, die sie schon mal erlebt haben. Denn dann fühlen wir uns auf eine seltsame Art und Weise wohl, weil uns die Situation so bekannt und vertraut vorkommt.

Der US-amerikanische Paar- und Beziehungsberater Gary Chapman stellte im Jahr 1992 das paartherapeutische Konzept der »5 Sprachen der Liebe« auf. Sein gleichnamiges Buch ist ein weltbekannter Bestseller und wurde in viele Sprachen übersetzt. Als ich zum ersten Mal auf sein Konzept stieß, wurde mir einiges über meine Beziehung klar. Michi und ich zeigen einander zwar unsere Liebe, jedoch sprechen wir oft unterschiedliche Sprachen, sodass die gezeigte Liebe manchmal beim anderen leider nicht so ankommt, wie wir das wollen. Chapman ist der Meinung, dass wir die Liebessprache des jeweils anderen lernen müssen, um seinen Liebestank entsprechend auffüllen zu können. Laut ihm gibt es fünf verschiedene Sprachen: Lob und Anerkennung, Zweisamkeit, Geschenke, Hilfsbereitschaft und Zärtlichkeit.[84]

1. **Lob und Anerkennung:** Wenn du deinem Gegenüber oft Komplimente machst und ihm anerkennende Worte schenkst, kann es gut sein, dass »Lob und Anerkennung« deine Sprache der Liebe ist. Du brauchst die verbale Anerkennung in Form von Liebesbriefen, Komplimenten oder aufbauenden Worten. Schimpfworte oder Beleidigungen treffen dich hingegen besonders und du kommst

schwer darüber hinweg. Du möchtest gerne hören, dass du wunderschön aussiehst, etwas besonders gut gemacht hast oder dass du deinem Gegenüber wichtig bist.

2. **Zweisamkeit:** Am liebsten verbringst du Zeit mit Menschen, die du liebst. Du planst dir gerne ungestörte Zeit ein, legst dein Handy beiseite und nimmst dir die Zeit nur für sie. Dadurch zeigst du deine Liebe. Du magst es, gemeinsame Ausflüge zu machen oder stundenlang zu reden. Aber es verletzt dich schnell, wenn dein Gegenüber das nicht so macht und während eures Gesprächs einen Anruf beantwortet, ohne sich dafür zu entschuldigen? Dann ist die Zweisamkeit mit hoher Wahrscheinlichkeit deine Sprache der Liebe.
3. **Geschenke:** Du liebst es, anderen kleine Aufmerksamkeiten zu schenken, wie zum Beispiel eine Blume oder etwas, was dich an die Person erinnert? Dann ist deine Sprache der Liebe vielleicht die der Geschenke. Dabei geht es gar nicht um große, monetäre Geschenke, sondern viel mehr um Aufmerksamkeiten, die von Herzen kommen. Es geht darum, zu merken, dass wirklich an dich gedacht wurde. Auch kann es passieren, dass du sehr enttäuscht bist, wenn dir jemand zu deinem Geburtstag etwas schenkt, das er oder sie bei sich zu Hause herumliegen hatte und rein gar nichts mit dir zu tun hat.
4. **Hilfsbereitschaft:** Kochst du gerne für andere oder putzt das Haus, um jemanden einen Gefallen zu tun? Wenn du merkst, dass dein Gegenüber Stress hat, versuchst du ihre Aufgaben so gut es geht zu übernehmen, um sie zu entlasten? Dann kann es gut sein, dass deine Sprache der Liebe die Hilfsbereitschaft ist. Du fühlst dich geliebt, wenn dir jemand anderes hilft und dich bei Tätigkeiten unterstützt. Umso mehr verletzt es dich aber, wenn gewisse Socken nicht im Wäschekorb landen oder im Haushalt nie mit anpackt wird.

5. **Zärtlichkeit:** Du hältst gerne die Hand deines Gegenübers oder streichelst sie zärtlich? Dann stehen die Chancen gut, dass du dich besonders geliebt durch Zärtlichkeiten fühlst. Du brauchst den körperlichen Kontakt, um dich in einer Beziehung wohlzufühlen und liebst Küsse, Umarmungen und andere Zärtlichkeiten. Auch Sex gibt dir das Gefühl, geliebt zu werden. Umso schmerzhafter ist es für dich, wenn dein Gegenüber keine Lust auf Sex hat oder gerade keine Umarmungen möchte.

So findest du deine Sprache der Liebe heraus:

Vielleicht wurde dir das ein oder andere schon klar durch das Lesen der einzelnen Sprachen, womöglich bist du dir aber auch noch unsicher. Gary Chapman empfiehlt es, sich folgende Fragen zu stellen, um ein genaueres Ergebnis zu erzielen.

Welche Dinge oder Angewohnheiten kränken dich besonders am Verhalten deines Partners? Es kann sein, dass das Gegenteil davon deine Liebessprache ist.

....

....

Gibt es Dinge, worum du deine Partnerin oft bittest oder du dir von deinem Gegenüber wünscht?

....

....

Wie zeigst du deinem Partner, dass du ihn liebst? Was ist deine Art, Liebe auszudrücken?

....

....

Na, wird das Ergebnis schon klarer? Wenn du dir immer noch unsicher bist, kannst du das Buch auch kurz zur Seite legen und den Onlinetest machen. Wenn die englische Sprache für dich kein Hindernis darstellt, kann ich dir den Test von der Website »5lovelanguages.com« empfehlen. Mach ihn am besten gemeinsam mit deiner besseren Hälfte und tauscht euch über das Ergebnis aus. Ich bin mir sicher, ihr findet gemeinsam viele Wege, wie ihr euch optimal eure Liebe zeigen könnt. Aber auch wenn du in keiner Beziehung bist, wird dir deine Sprache der Liebe viel Aufschluss über dich geben und du kannst dich bereits beim Dating mit deinem Gegenüber darüber unterhalten, ob ihr eine ähnliche Sprache der Liebe habt.

Cool bleiben statt kämpfen

Auch wenn wir die Sprache der Liebe unserer besseren Hälfte perfekt beherrschen, wird es trotzdem noch Anlässe für Diskussionen geben. Leider.

Oft geht es um Kleinigkeiten, wie fehlende Zahnpasta oder den Müll, der wieder nicht rausgebracht wurde. Manchmal gibt es auch Themen, die in Diskussionen immer wieder kehren und Gefühle, die ohne ersichtlichen Grund getriggert werden.

Ganz viele Diskussionen und Probleme, die in einer Beziehung auftauchen, haben in Wahrheit einen ganz anderen Ursprung. Das liegt daran, dass wir in eine Partnerschaft kommen und davor schon einiges an Erfahrungen gemacht haben. Schöne Momente, aber auch Verletzungen und Schmerzen haben wir über die Jahre gesammelt. Diese Verletzungen, die nicht selten aus der Eltern-Kind-Beziehung resultieren, werden dann teilweise vom Gegenüber getriggert und lösen in uns ein altes Reaktionsmuster aus. Vielleicht fragst du dich auch manchmal, wieso du in gewissen Situationen so »überreagierst« und ob deshalb irgendetwas nicht mit dir stimmt? In vielen Fällen hat diese Überreaktion eine andere Ursache. Sie gehört eigentlich nicht der konkreten Situation, in der sie auftaucht, sondern eigentlich einer viel älteren, weiter zurückliegenden, und die gilt es herauszufinden.

Beispiel: Marlene hatte in ihrer Kindheit einen sehr aufbrausenden Vater. Seine Reaktionen waren oft schwer einzuschätzen und vermeintliche Kleinigkeiten konnten ihn schnell auf die Palme bringen. Seine cholerische Veranlagung machte es Marlene nicht unbedingt leichter und so war sie es gewöhnt, wie aus heiterem Himmel von ihrem Vater angeschrien zu werden und sich diverse Beleidigungen anhören zu müssen. Natürlich verletzte das die kleine Marlene und sie versuchte, sich eine Strategie zuzulegen, wie sie mit dem Verhalten ihres Vaters klarkommen kann. Sie probierte so gut es ging, ihrem Vater alles recht zu machen. Gute Noten nach Hause zu bringen und ein braves Mädchen zu sein, damit ihr Vater nicht wieder einen dieser Wutausbrüche bekam. So kam es auch, dass sie aus Selbstschutz und Angst vor ihm viele Geheimnisse hatte, die sie für sich behielt. Sie lernte, präzise die Körpersprache und Mimik anderer Menschen zu lesen, deren Bedürfnisse zu erkennen und nach ihnen zu handeln. Der Versuch, den Wünschen der anderen gerecht zu werden, zieht sich durch ihr ganzes Leben.

In ihrer jetzigen Beziehung zeigt sich dieses Verhaltensmuster so, dass Marlene ihrem Freund Jakob alles recht machen möchte. Sie hat keine eigene Meinung und richtet sich immer nach ihm. Das wiederum nervt Jakob, weil er mit einer sehr autoritären Mutter aufgewachsen ist, die ihm immer gesagt hat, was er zu tun hat. So bewegen sich beide auf der Stelle, weil sie beide ein großes Problem damit haben, Entscheidungen zu treffen. Eine zusätzliches Problem ist, dass, sobald Jakob etwas lauter spricht, Marlene zusammenzuckt, einen Stich im Herzen spürt und Traurigkeit über sie kommt. Ihre Augen füllen sich mit Tränen und sie ahnt selbst nicht, dass diese Traurigkeit eigentlich nichts mit Jakob zu tun hat, sondern viel eher mit ihrem Vater, der in ihrer Kindheit verletzend ihr gegenüber war. Diese Verletzung wird durchs Jakobs lautere Stimme lediglich getriggert und es wäre hilfreich, dieses Thema entsprechend aufzulösen und zu neutralisieren.

Anhand von Marlenes Beispiel können wir erkennen, dass sich viele unserer Verhaltensmuster bereits in der frühen Kindheit gebildet haben und wir uns diese oft als Selbstschutz zugelegt haben. Unser Erwachsenen-Ich braucht diesen Schutz nicht mehr, weil es sich rational gesehen selbst wehren kann. Unser inneres Kind hingegen hat in solchen getriggerten Situation sofort wieder die Gefühle aus der Kindheit. Wenn dich dieses Thema genauer interessiert, möchte ich dir das Buch »Das Kind in dir muss Heimat finden« von der Psychologin und Psychotherapeutin Stefanie Stahl empfehlen. Mit diesem Buch lernst du deine eigenen Glaubenssätze zu hinterfragen und findest vielleicht auch heraus, was dein inneres Kind triggert. Natürlich ersetzt das Buch keine Psychotherapie, aber es kann dir trotzdem Aufschluss über deine versteckten Verhaltensmuster geben.

Übung

Versuche das nächste Mal, deine Gefühle zu observieren. Vielleicht geht es nicht direkt in der Situation, weil es da schwer ist, den nötigen Abstand zu finden. Nimm dir danach, wenn du dich wieder einigermaßen beruhigt hast, Zeit für das Gefühl, das in dir hochgekommen ist. Kennst du es von früher? Gab es vorher schon Situationen, die das gleiche Reaktionsmuster in dir auslösten? Bleiben wir beim Beispiel von Marlene. Sobald Jakobs Stimme lauter wird, zuckt sie zusammen, obwohl er überhaupt nichts Wütendes gesagt hat, sondern über etwas ganz Banales spricht. Marlene spürt, wie sich ihre Augen mit Tränen füllen, und macht sich gleichzeitig Vorwürfe, dass sie schon wieder übersensibel ist und ein Drama aus einer Sache macht, die eigentlich keines ist. Jetzt wäre es hilfreich, anstatt eine Diskussion vom Zaun zu brechen, Jakob zu kommunizieren, dass sie kurz Zeit für sich braucht. Um Abstand zu gewinnen und sich auf die eigenen Gefühle zu konzentrieren. Wenn du in so einer Situation dann die Zeit für dich hast, versuche dich vollständig auf dieses Gefühl einzulassen und es zu spüren. Nur indem du es spürst, anstatt zu verdrängen, kann es sich mit der Zeit auch wieder auflösen.

Frage dich:

Woher kenne ich dieses Gefühl?

....

....

Welche Situation kommt mir zuerst in den Sinn?

....

....

Was ist meine früheste Kindheitserinnerung an dieses Gefühl?

....

....

Nimm dir Stift und Papier und schreibe alles nieder, woran du denkst.

....

....

Vielleicht gewinnst du schon erste Erkenntnisse über das Urproblem. Vielleicht tust du dich auch noch schwer, es zuzuordnen und fühlst dich damit überfordert. Das ist okay. Lass dir Zeit. Du kannst auch in einer späteren Situation weiter machen, wenn du deine Emotionen halbwegs beruhigt hast und in einem neutralen Zustand bist. Mit der Zeit wirst du durch diese Selbstbeobachtung immer mehr Erkenntnisse über dich sammeln und herausfinden, woher dieses Problem eigentlich kommt und welche Gefühle noch dahinterstecken.

Wenn du dich dazu bereit fühlst, kannst du deine Erkenntnisse auch mit deiner Vertrauensperson teilen und ihr erklären, dass deine Gefühle oft gar nicht mit ihr zusammenhängen, sondern die eigentliche Ursache dafür einen anderen Menschen betreffen. So kann man sich auch besser von deiner Reaktion distanzieren, sie nicht sofort persönlich nehmen und dich optimal unterstützen.

Kein Streit ist auch keine Lösung

Die ersten drei Jahre unserer Beziehung haben wir so gut wie gar nicht gestritten. Ab und zu gab es kleine Diskussionen, jedoch waren wir bei allem irgendwie immer einer Meinung. Und wenn nicht, war das auch noch lange kein Grund, zu streiten. Ich dachte, dass das ein Indiz dafür ist, dass wir einfach sehr gut zusammenpassen und besonders glücklich sind. Aber ganz so stimmte das nicht. Die Ursache für unsere fehlenden Streite war vielmehr, dass wir beide sehr harmoniebedürftig waren und Angst hatten, einander zu verletzen. Wir schluckten Probleme lieber hinunter, anstatt zu riskieren, den anderen zu verärgern. Nicht, dass noch einer auf die Idee käme, unsere schöne Beziehung zu verlassen.

Der Grund dafür, dass ich nicht streiten konnte, war, dass ich eine gesunde Streitkultur nie wirklich gelernt hatte. Als meine Eltern in meiner Kindheit und frühen Jugend noch zusammen waren, bekam ich von Diskussionen oder Streit nicht wirklich etwas mit und hatte den Eindruck, dass sie einfach nie stritten. Alle paar Jahre war es dann so weit, dass beide explodierten und tagelang sehr laut stritten. Ich kann mich noch gut erinnern, als ich von meinem Kinderzimmer aus hörte, wie Türen knallten und die Luft so dick war, dass man sie hätte schneiden können. Den restlichen Tag sprachen meine Eltern nicht mehr miteinander und irgendwo in mir war bei einem solch explosiven Streit auch immer die Angst, meine Eltern würden sich trennen oder ich könnte einen Teil von ihnen verlieren.

Streit bedeutete für mich unterbewusst also sehr lange: Verwüstung, Verletzung, Angst und Verlassenwerden. Als ich mir mein Streitthema mit 18 Jahren genauer ansah und mich mehr mit meiner eigenen Wut beschäftigte, suchte ich auch das Gespräch mit Michi und wir sprachen darüber, warum wir beide Schwierigkeiten haben, Diskussionen auch mal auszuhalten. Wir kamen zu dem Entschluss, dass es daran lag, dass wir beide Angst hatten, einander zu verletzen.

Streitest du dich in deiner Beziehung?

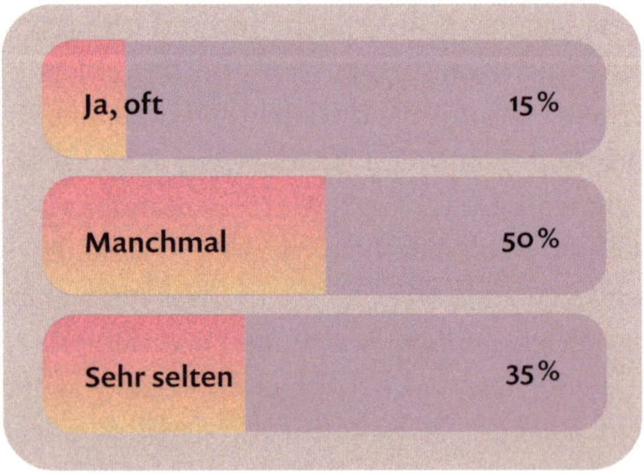

Streiten ist gesund …

… zumindest, wenn man es auf eine respektvolle, wertschätzende Art macht. Lange kannte ich nur diese zerstörerische

Hast du das Gefühl, ihr werdet im Streit manchmal respektlos?

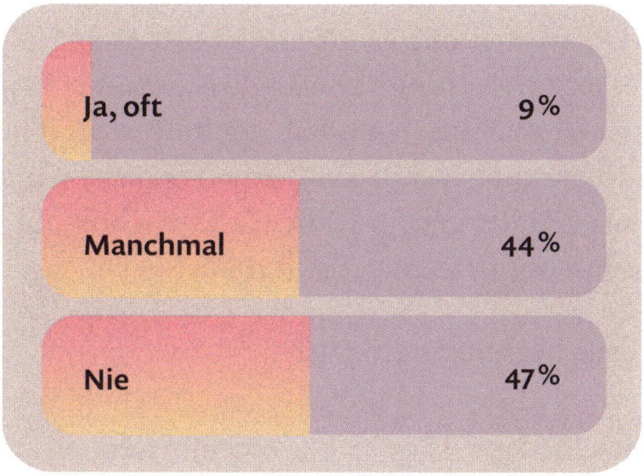

Art von Streit, bei der mindestens eine Person verletzt wird. Doch so muss es nicht sein! Diskussionen und Wut sind für uns Individuen wichtig, weil uns dieses Gefühl zeigt, wo unsere Grenzen sind. Es sagt: »Stopp. Bis hierher und nicht weiter!« Wenn es dich wütend macht, wie gehandelt wird, aber du es dir aus Harmoniesucht trotzdem gefallen lässt und die Wut schluckst, dann übergehst du damit dich und deine Bedürfnisse. Wut bedeutet, für dich selbst zu kämpfen und für dich einzustehen. Wer soll deine Bedürfnisse erkennen und für sie einstehen, wenn du es nicht einmal selbst tust? Gerade weiblich sozialisierte Menschen haben gelernt, dass ihre Wut keinen Platz hat und sie lieber höflich und nett sein sollen. Auch mir fiel es lange Zeit schwer diesen, gesellschaftlich weniger akzeptierten Teil von mir zu akzeptieren. Erst als ich das Buch »Weibliche Wut« von der Psychologin und Psychotherapeutin Almut Schmale-Riedel gelesen habe und mein eigenes Ärgermuster begriff, erkannte ich das unglaubliche Potenzial hinter diesem starken Gefühl. Wenn du selbst ein Thema mit deiner Wut hast und oft nicht weißt, wie du damit umgehen sollst, kann ich dir dieses Buch sehr empfehlen!

Wenn ich hier so von Wut und Streit schwärme, meine ich natürlich nicht, dass wir ungefiltert Aggressionen herauslassen sollen und unseren Gegenübern Schimpfwörter an den Kopf werfen dürfen. Nein, so soll es auf gar keinen Fall ablaufen! Streit ist nur konstruktiv, wenn er respektvoll verläuft. Es ist wichtig, vor allem auch über die Themen zu sprechen, die unangenehm sind. Die Themen, wo die Meinungen auseinander gehen. Dabei ist es wichtig, im Kopf zu behalten, dass ihr beide ein Team seid!

Tipps für eine bessere Streitkultur

1. **Unentschieden:** Es geht bei einem Streit nicht darum, wer ihn »gewinnt«, sondern das Ziel sollte sein, eine Lösung für das besprochene Problem zu finden, die für beide passt. Man muss nicht immer einer Meinung sein, aber gerade in einer Beziehung ist es wichtig, die Meinung des anderen dennoch zu akzeptieren. Klar könnt ihr darüber sprechen und euch gegenseitig eure Beweggründe mitteilen, aber das Ziel sollte gegenseitiges Verständnis sein und nicht, die Meinung des anderen zwanghaft zu ändern.
2. **Keine Schimpfwörter:** Meiner Meinung nach sollte man sich in einer Beziehung immer gegenseitig mit Respekt begegnen. Auch wenn man mal nicht einer Meinung ist. Oder vielleicht gerade dann. Schimpfwörter sind verletzend und haben in einem konstruktiven Streit nichts verloren. Ihre einzige Funktion ist es, den anderen zu erniedrigen und zu verletzen und so ein Verhalten hat in einer Beziehung nichts verloren. Wie wollt ihr einander im Alltag noch respektieren, wenn ihr im Streit jeglichen Respekt voreinander verliert?
3. **Empathie:** Manchmal kommt man bei einem Streit schnell in dieses Gefühl des Recht-haben-Müssens und man versucht ohne Rücksicht auf Verluste, vom eigenen

Standpunkt zu überzeugen. Wenn gerade viele Emotionen im Spiel sind, ist es wichtig, dass wir die Empathie füreinander nicht verlieren. Gerade jetzt sollten wir uns vor Augen halten, warum wir einander eigentlich mögen und lieben und uns klar machen, dass wir ein Team sind, das möchte, dass es beiden gut geht. Versucht euch gegenseitig euren Standpunkt zu erklären und darüber zu sprechen, wie ihr euch fühlt. Außerdem ist es wichtig, zu versuchen, das Gefühl und die Beweggründe des jeweils anderen nachzuvollziehen. So bleiben wir empathisch und durch das Wissen um die Gefühle des anderen können beide leichter eine Lösung finden, mit der alle zufrieden sind.

4. **Durchatmen:** Es gibt gewisse Situationen oder Themen, die uns zur Weißglut bringen. Wenn der eigene Emotionstank zu 150 % mit Wut gefüllt ist und bereits überläuft, ist ein konstruktiver Streit auf respektvoller Ebene realistisch betrachtet kaum möglich. Gerade wenn die Gefühle so stark sind, ist es oft hilfreich, erst einmal eine Pause einzulegen, sich räumlich voneinander zu trennen, sodass jeder seine eigenen Gefühle sortieren kann. Womöglich hilft eine Runde spazieren gehen, wild tanzen oder laut Musik hören, damit man sich wieder beruhigt. Erst wenn ihr etwas Abstand zur eigenen Wut gefunden habt, könnt ihr euch in Ruhe zusammensetzen und einen »wahren« Streit mit anschließender Lösungsfindung führen.
5. **Vor anderen eine Szene machen:** Noch etwas, was für mich absolut tabu ist, ist, einen Streit vor Freunden oder Bekannten auszutragen. So etwas ist für alle Beteiligten unangenehm und der Streit kann schnell in ein Gewinnen/Verlieren ausarten, anstatt zu einer Lösungsfindung zu führen. Am besten funktionieren Streite, wenn ihr unter euch seid. So hat auch niemand das Gefühl, au-

ßenstehenden Personen etwas beweisen zu müssen und sie in eure Diskussion hineinzuziehen.

Nach neun Jahren Beziehung habe ich also gelernt, dass Streit nicht destruktiv sein muss, sondern auch respektvoll geführt werden kann. Und dass Streit hilfreich sein kann, die eigenen Bedürfnisse durchzusetzen und es auch mal okay ist, Wut für den anderen zu empfinden. Das heißt noch lange nicht, dass man keine glückliche Beziehung hat und die Liebe verloren hat, sondern zeigt nur, dass in einer Partnerschaft verschiedene Menschen mit unterschiedlichen Meinungen und Prägungen aufeinandertreffen. Das ist nicht immer leicht, aber ist absolut normal und gehört zum Zusammenleben dazu.

Ich-Botschaften

Obwohl Streit konstruktiv sein kann, heißt das natürlich nicht, dass man die eigenen Bedürfnisse nur anhand von Diskussionen kommunizieren kann. Leider tendieren wir oft dazu, Bedürfnisse mehr durch Vorwürfe zu kommunizieren, was nicht wirklich konstruktiv ist. Das kann wiederum zu überflüssigen Streit- und Machtkämpfen führen.

»Jetzt bist du schon wieder am Zocken! Gib doch endlich mal die blöde Konsole weg!« oder: »Ständig hängst du nur am Handy. Dieses blöde Scrollen ist so unnötig!« oder: »Wieso arbeitest du so viel? Sind dir deine Kollegen wichtiger als ich?«

Die oben genannten Sätze haben alle etwas gemeinsam: das versteckte Bedürfnis nach gemeinsamer Zeit.

Menschen, die einen ähnlichen Satz wie die oberen von sich geben, möchten oft einfach mehr gemeinsame Zeit haben, und es fällt ihnen schwer, das auf eine andere Art zu äußern. Anstatt sich über das Zocken aufzuregen, ist es viel hilfreicher, zu sagen: »Wie wärs, wenn wir morgen mal wieder eine romantische Date-Night machen?« oder: »Ich würde sehr gerne mal wieder etwas mit dir unternehmen. Hast du Lust, dass wir am Wochenende wandern gehen?« Klingt doch gleich viel netter, oder? Es kommt oft vor, dass ein Zusammenhang zwischen den Anschuldigung und unserer eigenen Sprache der Liebe besteht. Wenn du beides vergleichst, findest du vielleicht heraus, welche Bedürfnisse hinter deinen Anschuldigungen stecken. Außerdem sind solche Sätze viel zielführender als die negativen Vorwürfe, die beim Gegenüber meist nur Unverständnis und Ärger auslösen.

Die zweite Sache, die diese Anschuldigungen gemeinsam haben, sind die »Du-Botschaften«. Bei allen Sätzen geht es nicht um die Person, die sie äußert, sondern um die, die sie an den Kopf geworfen bekommt. Ganz nach dem Motto: »Du bist das Problem! Du machst alles falsch!« Aber wenn du solche Anschuldigungen äußerst, geht es meist gar nicht um die beschuldigte Person, sondern viel eher um dich und deine Bedürfnisse. Es geht um das Gefühl, das die Handlungen anderer in dir auslösen, und die gilt es zur Sprache zu bringen.

Wie fühlst du dich, wenn dein Partner jeden Abend zockt? Wie geht es dir, wenn deine Partnerin beim Abendessen auf Instagram scrollt? Fühlst du dich nicht gesehen? Ungeliebt? Wertlos?

Sag doch endlich, wie du dich fühlst, damit es dein Gegenüber auch weiß und die Chance bekommt, etwas daran zu ändern. Und Versende Ich-Botschaften anstatt Du-Botschaften!

Ich hab sogar ein Rezept für einen Bedürfnis-Satzbau:

Verständnis dem anderen gegenüber + Eigene Gefühle + Lösungsvorschlag

Um deine Bedürfnisse konkret auszudrücken, versuch doch einfach mal, zuerst über dein Gefühl zu sprechen und dann zu sagen, was du dir wünschen würdest. Zum Beispiel: »Ich fühle mich ungeliebt und übersehen, wenn du während des gemeinsamen Essens am Handy bist. Meinst du, können wir uns beim Abendessen die ungeteilte Aufmerksamkeit schenken? Ich würde mich gerne mit dir über deinen Tag austauschen.« Oder: »Ich weiß, dass dir deine Arbeit wichtig ist und du viel Zeit dort verbringst. Manchmal fühlt sich das für mich aber so an, als wären dir deine Kolleg*innen wichtiger als ich. Dadurch fühle ich mich ungeliebt und verletzt. Es würde mir helfen, wenn du mir während der Arbeit hin und wieder kurze Nachrichten schickst und wir in Kontakt bleiben. So weiß ich, dass du trotzdem an mich denkst.«

Voilà. So erreichst du viel eher Veränderung als durch Anschuldigungen. Ich bin mir sicher, wenn ihr beide lernt, eure Bedürfnisse konkreter zu äußern, werdet ihr nicht nur glücklicher, sondern eure gesamte Beziehung auch harmonischer. Probiere es das nächste Mal aus, wenn dich wieder etwas an deinem Partner oder deiner Patnerin nervt.

Partnerschaftlicher Sex

Wie viel Sex ist in einer Beziehung normal?

Wenn es sich nicht um Solo-Sex handelt, sind beim Sex meist mehrere Menschen beteiligt. Sex findet natürlich nicht nur innerhalb einer Beziehung statt, sondern auch One-Night-Stands oder Freundschaft+ sind absolut okay, solange du dich damit wohl fühlst. Ich möchte hier niemanden für die eigene Sexualität verurteilen, denn sofern alle Beteiligten einverstanden sind, ist doch alles im grünen Bereich. Trotzdem möchte ich diesen Abschnitt des Buches vor allem dem Sex widmen, der in fixen Beziehungen stattfindet. Unter anderem, weil dieser Sex sehr viele Menschen langfristig betrifft aber auch, weil es hier viel Verbesserungspotenzial gibt.

Leider tendieren viele Menschen dazu, ihr Sexleben mit anderen zu vergleichen, anstatt sich selbst zu fragen, was sie brauchen, damit das Liebesleben für sie befriedigender wird. Die Frage nach der Sex-Frequenz finde ich aus vielen Gründen doof. Zum einen ist das Thema Lust extrem individuell und hängt von vielen Faktoren ab, wie zum Beispiel das eigene Stresslevel, die Qualität der Beziehung, der Beziehung zum eigenen Körper, die Beziehungsdauer und vieles mehr. Genaueres findest du im Kapitel »Lust«. Und zum anderen ist es meiner Meinung nach eine völlig falsche Herangehensweise, das Thema Sex wieder zu etwas zu machen, das mit Druck verbunden ist. Wir leben ohnehin schon in einer Leistungsgesellschaft und tendieren dazu, uns permanent mit allem und jedem zu vergleichen. Können wir den Leistungsdruck wenigstens aus dem Schlafzimmer lassen? Trotzdem kann ich die oben genannte Frage nachvollziehen. Weil niemand über das Thema Sex spricht, sind wir teilweise unsicher deswegen. Ist die Anzahl unseres Sex jetzt normal oder nicht? Sind wir unglücklich, weil wir nur einmal im Monat Geschlechtsverkehr haben? Ist das ein Zeichen dafür, dass wir uns zu wenig lieben?

Kann sein. Ist aber eher unwahrscheinlich. In Wahrheit ist es absolut sinnfrei, den eigenen Sex mit dem von anderen zu vergleichen. Die einzige Frage, die du dir stellen solltest, ist nicht, wie oft andere Paare Sex haben, sondern ob du mit deinem Sexleben glücklich bist. Ganz unabhängig von der Meinung der anderen. Und wenn nein, woran liegt das? Was fehlt dir? Wie könnt ihr das ändern?

Außerdem heißt viel Sex auch nicht automatisch, dass der Sex gut ist. Meine Freundin Mona ist seit vier Jahren in einer Beziehung und meint, sie hätten nach wie vor drei Mal die Woche Sex. Schön für sie, denke ich mir, solange sie sich damit wohlfühlt. Doch irgendwann erzählte sie mir, dass sie eigentlich keinen Spaß dabei hat und sie es in Wahrheit nur tut, weil sie unterbewusst denkt, sie schuldet es ihrem Freund. Denn das wäre ja irgendwie auch ihre Aufgabe als Freundin. Orgasmen täuscht sie meistens auch nur vor, weil sie denkt, sie würde ihrem Freund Martin damit einen Gefallen tun. Als ich ihr riet, das Thema mit Martin vorsichtig anzusprechen, änderte das einiges. Mona fand heraus, dass auch Martin oft gar keinen Kopf für Sex hat, aber es tut, weil er denkt, er wäre unmännlich, wenn er offen zugibt, dass er keine Lust auf Sex hat. Beide hatten also lange Zeit nur so oft Sex, weil sie sich dem anderen dazu verpflichtet fühlten und nicht, weil sie wirkliche Lust verspürten. Seitdem die beiden das klärende Gespräch hatten, ist der Sex zwar seltener geworden, aber in der Qualität um einiges besser. Jetzt haben sie nur Sex, wenn auch wirklich beide Lust darauf haben.

Natürlich muss viel Sex nicht automatisch ein schlechtes Zeichen sein, allerdings ist es auch kein Garant für eine glückliche Beziehung oder befriedigenden, aufrichtigen Sex. Genauso wie wenig Sex kein Zeichen für eine unglückliche Beziehung ist.

Hast du das Gefühl du würdest deinem/ deiner Partner*in Sex schulden?

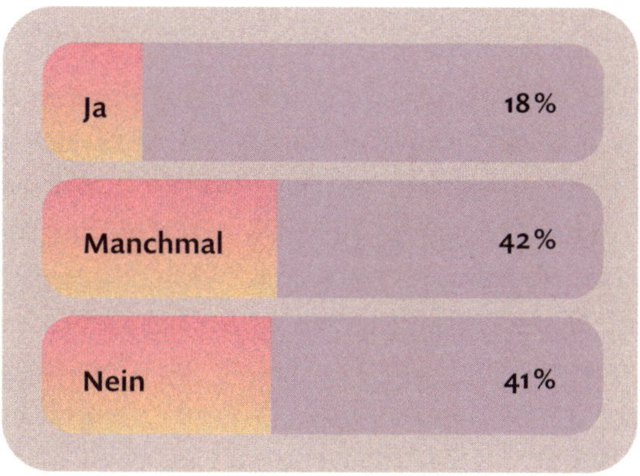

Hast du dich schon mal zum Sex überreden lassen, obwohl du eigentlich keine Lust hattest?

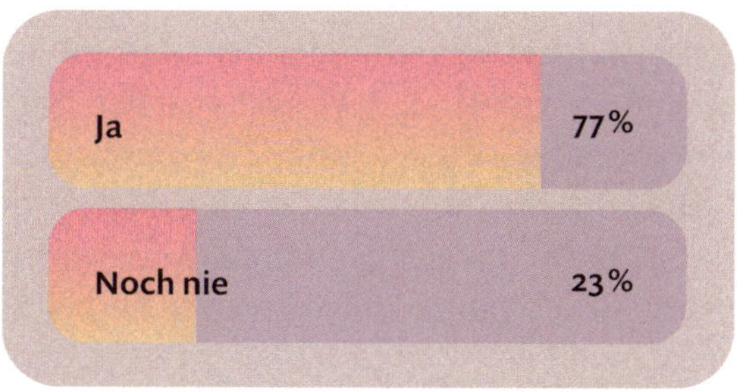

Das Umfrageergebnis macht mich ehrlich gesagt traurig. Für mich ist einer Beziehung Vertrauen, Offenheit und Verständnis am wichtigsten und das sollte vor allem bei so einem intimen Thema wie Sex nicht aufhören. In einer Beziehung muss Raum für ein »Nein« sein. Wenn du keine Lust hast, darfst du das sagen. Punkt. Ohne große Erklärung. Du schuldest niemandem Sex, wenn du es nicht möchtest und es ist absolut nicht okay, wenn dein Gegenüber versucht, dich dazu zu drängen!

Orgasm-Gap

Manchmal ist man über beide Ohren verliebt und findet eine Person richtig sexy. Kommt es aber dann zu Intimitäten, ist Frau manchmal enttäuscht und wird selbst zur Täuscherin in dem sie einen Orgasmus vorspielt. Warum das nicht gerade hilfreich ist, habe ich im Kapitel »Lust« bereits genauer erläutert. Trotzdem gibt es vor allem bei heterosexuellen Paaren einen großen »Orgasm-Gap«. Das bedeutet, dass beim Hetero-Sex wesentlich mehr Männer zum Höhepunkt kommen als Frauen. Mittlerweile gibt es dazu sogar einige repräsentative Studien, die das bestätigen. Im Jahr 2017 untersuchten Wissenschaftler*innen der Chapman University in den USA über 52.500 hetero, homo- und bisexuelle Frauen und Männer zwischen 18–65 Jahren.[85] Sie fanden heraus, dass heterosexuelle Männer beim Sex zu 95 % zum Orgasmus kommen, während Frauen mit der gleichen sexuellen Orientierung lediglich zu 65 % kommen.[86] »Frauen können einfach seltener kommen«, denkst du jetzt vielleicht, weil dir das irgendwo eingeredet wurde. Aber warum haben dann homosexuelle Frauen laut dieser Studie bei 86 % der sexuellen Erlebnisse einen Orgasmus? Das zeigt, dass Frauen eine um mehr als 20 % höhere Orgasmuswahrscheinlichkeit haben, wenn sie Sex mit Frauen anstatt mit Männern haben. Also warum schlafen wir dann immer noch mit Männern, wenn die uns gar nicht richtig befriedigen können? Oder anders: Wie können wir Heterosex für Frauen befriedigender gestalten?

Kommst du zum Orgasmus nur durch reine Penetration?

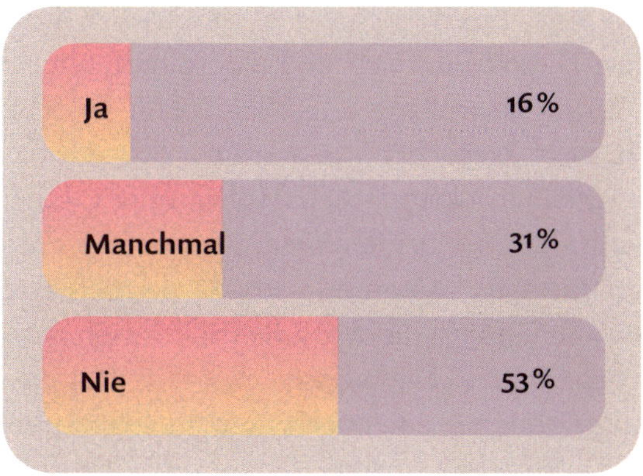

Möchtest du bei Penetration eine zusätzliche Klitoris Stimulation?

Mir würden da schon ein paar Dinge einfallen, die ich bereits im Laufe des Buches thematisiert habe. Weibliche

Selbstbefriedigung ist super wichtig, um den eigenen Körper besser kennenzulernen. Genauso wie die eigene Lust zu reflektieren und herauszufinden, was einen wirklich anturnt. Die amerikanischen Wissenschaftler*innen haben zusätzlich herausgefunden, dass bei Frauen, die öfter Orgasmen haben, der Akt und das Vorspiel länger dauert, sie auch oral befriedigt werden und generell eine bessere Kommunikation mit ihrem Partner bzw. ihrer Partnerin haben.[87] Außerdem wissen viele Männer gar nicht, wie wichtig die Klitoris für den weiblichen Orgasmus ist. Spätestens seit dem »Klitoris-Kapitel« ist klar: Dieses wundervolle Lustorgan verdient eindeutig mehr Aufmerksamkeit. Vor allem beim Sex. Nach wie vor denken viele Menschen, dass Frauen durch die reine Penetration zu einem ekstatischen Höhepunkt gelangen können. Ist auch so. Aber bei den wenigsten. Bei der Studie der Chapman University sagten nur 18,4 % der befragten Frauen, dass sie allein durch die vaginale Penetration zum Orgasmus kommen können. Die meisten meinten, dass die Klitoris eine wichtige Rolle bei einem erfüllten Sexleben spielt.

Auch das Ergebnis meiner Community-Umfrage zeigt, dass sich die meisten Menschen mit Klitoris auch bei der Penetration eine Klitorisstimulierung wünschen. Das ist natürlich nicht bei allen so, deshalb ist es umso wichtiger, darüber zu sprechen und die eigenen Vorlieben zu äußern.

Let's talk about sex, baby!

Klar ist also, dass einer der Hauptgründe des fehlenden Höhepunkts beim Hetero-Sex ist, dass die Klitoris vernachlässigt wird und viele Menschen nach wie vor den Mythos glauben, dass alle Frauen durch die vaginale Penetration vollkommen befriedigt werden. Lange dachte ich, dass ich einfach nicht durch die reine Penetration kommen kann, aber: es ist möglich. Durch viel Experimentieren, den richtigen Winkel und Kommunikation. Das ist auch das Stichwort für dieses Kapitel. Generell bin ich davon überzeugt, dass die respektvolle Kommunikation und der gemeinsame Austausch auf Augenhöhe der Treibstoff für jede erfüllte Beziehung ist. Wenn das fehlt, kann es gut sein, dass ihr irgendwann einmal stehen bleibt und nicht mehr von der Stelle kommt. Wie können wir die Beziehungauftanken? Vielleicht hast du das Gefühl, dass du in deiner Partnerschaft bereits gut kommunizieren kannst und es euch auch halbwegs gelingt, über eure Wünsche und Gefühle zu sprechen. Trotzdem ist es beim Thema Sex oft schwierig, oder? Hast du auch Angst, deine Wörter könnten verletzen, wenn du aussprichst, dass dich der Sex eigentlich gar nicht so befriedigt? Verstehe ich absolut! Das geht ganz vielen Menschen so und ist auch der Hauptgrund, warum in Beziehungen der Sex verbal leider oft ausgespart wird. Es steht so viel Angst im Raum. Wir wissen nicht, wie wir das richtig formulieren sollen, haben Angst vor Zurückweisung oder wissen nicht, wie wir aus dem Schlamassel der Fake-Orgasmen überhaupt je wieder herausfinden sollen. Ich habe eine gute und eine schlechte Nachricht für dich. Die schlechte ist: Aufrichtige Gespräche über Sex werden dich erst mal viel Überwindung kosten. Anfangs sind sie nicht leicht, weil ihr es nicht gewohnt seid, offen darüber zu sprechen. Aber die gute Nachricht ist, dass euer Sex danach viel besser wird und ihr auch in eurer Beziehung eine neue Stufe der Intimität erreicht. Also: Es lohnt sich definitiv, über den eigenen Schatten zu springen.

Sex ist immer ein sensibles Thema, weil es so eng an unsere eigenen Erfahrungen, Glaubenssätze und Kultur gekoppelt ist. »Ja, ich weiß, Hannah, aber wie mach ich das nun endlich?«, brennt es dir auf den Lippen. Folgende Tipps haben mir geholfen, das Thema mit meinem Freund zu besprechen und so im Laufe der Zeit ein für uns perfektes Sexualleben zu etablieren. Anfangs gab es viel Ausbaubedarf, weil wir beide sehr jung und unsicher waren, aber mittlerweile kennen wir einander genau und wissen, was der jeweils andere am liebsten mag und wo die Lustpunkte des jeweils anderen sind. Natürlich kann auch das sich über die Zeit wieder verändern, deshalb ist es wichtig, laufend im Austausch zu bleiben.

Wünscht du dir in deiner Beziehung eine offenere Kommunikation bezüglich Sex?

Fällt es dir in der Beziehung schwer, das Thema Sex anzusprechen?

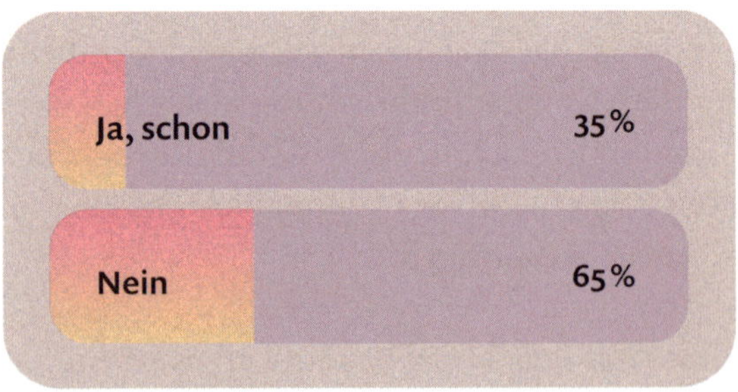

1. **Der richtige Zeitpunkt:** Nichts ist wichtiger bei einem ernsten Gespräch als der richtige Zeitpunkt dafür. So eine Konversation sollte auf keinen Fall zwischen Tür und Angel geführt werden oder morgens, fünf Minuten, bevor man das Haus verlässt. Da sind wir klarerweise nur wenig auffassungsfähig für so ein ernstes Thema. Auch direkt nach dem Sex ist es vielleicht nicht ganz so optimal fürs Erste. Es ist besser, wenn du einen Zeitpunkt abwartest, an dem ihr beide gut gelaunt seid und entspannt Zeit füreinander habt. Wenn du dir sicher sein möchtest, dass genügend Zeit dafür einplant wird, kannst du morgens auch konkret fragen, ob abends ein offenes Ohr für dich zur Verfügung steht. Indem du einen entspannten Zeitpunkt auswählst, in dem dein Gegenüber auch einen freien Kopf hat, sorgst du schon mal präventiv für ein respektvolleres Gespräch, das bestimmt Früchte trägt. Wenn gerade viel Stress in der Arbeit herrscht, fühlt sich dein Gegenüber vielleicht eher angegriffen von deinen Erwartungen, obwohl du diese eigentlich als Wünsche formulierst.
2. **Der richtige Gesprächseinstieg:** Wenn ihr noch nie oder bisher nur selten über das Thema Sex gesprochen habt, hilft es dir vielleicht, einen subtileren Gesprächseinstieg zu wählen und das Thema erst einmal sehr allgemein zu halten. Ich mach das gerne über Bücher, die ich gelesen habe, oder Information, die ich wo aufgeschnappt habe. Als ich anfangs Probleme hatte, beim Sex zum Höhepunkt zu kommen, habe ich mich auch damit beschäftigt, woran das wohl liegen kann, und bin in meiner Recherche auf die Macht der Klitoris gestoßen. Natürlich wusste ich, dass ich sie bei der Selbstbefriedigung gerne einbeziehe, traute mich aber nicht, meinem Freund zu kommunizieren, dass ich das auch beim Sex mit ihm möchte. Ich hatte Angst, dass er dadurch denken könnte, er, beziehungsweise sein Penis, wäre mir nicht genug.

Deshalb startete ich die Konversation über eine subtile Durch-die-Blume-Art: »Voll spannend, ich hab neulich eine Statistik dazu gesehen, dass die wenigsten Frauen nur durch reine Penetration kommen können.« Auch meinen siebzehnjährigen Freund überraschte diese Erkenntnis und wir unterhielten uns ganz allgemein über das Thema Penetration und Frauen. »Schon arg, dass in Pornos dann immer gezeigt wird, dass Frauen allein durch die vaginale Stimulation einen Orgasmus bekommen.« »Ja, und das obwohl Frauen innerhalb der Vagina gar nicht so viel spüren, weil da kaum Nervenenden sind. Das liegt daran, dass es sonst noch schmerzhafter wäre, ein Kind zu gebären.« »Spannend, das wusste ich gar nicht! Das heißt, sensibel ist vor allem die Klitoris-Eichel, oder?« »Ja genau, die ist sehr sensibel. Deshalb finde ich es am angenehmsten, wenn du sie nur leicht berührst und so kreisende Bewegungen machst.« So könnte zum Beispiel ein Austausch aussehen. Durch einen informativen Gesprächseinstieg machst du deinem Gegenüber keinen Vorwurf und gibst ihm nicht das Gefühl, dass es etwas falsch macht, sondern erklärst ihm liebevoll, wie dein Körper funktioniert. Ich bin mir sicher, dass es beim nächsten penetrativen Sex deine Klitoris mitverwöhnt, wenn du das möchtest. Ganz ehrlich: Das ist nach wie vor meine liebste Art, das Thema anzusprechen oder auf neue Vorschläge zu kommen. Ich erzähle meinem Freund, was ich irgendwo gelesen oder gesehen habe und frage ihn einfach ganz offen, was er dazu sagt. Wie er eine bestimmte Sexpraktik findet und ob es ihn interessieren würde, das auch mal auszuprobieren. So kann ich direkt abchecken, wie er dazu steht. Im nächsten Schritt kann ich dann konkrete Wünsche formulieren.

3. **Konkrete Fragen:** Eine andere Art, mehr Offenheit und Kommunikation in euer Sexleben zu bringen, ist, kon-

krete Fragen zu formulieren. Während ihr euch sanft küsst, kannst du fragen, ob sich eine gewisse Berührung angenehm anfühlt. Bei der Verwöhnung der Klitoris kannst du fragen: »Passt der Druck für dich?« So hilfst du auch, deinem Gegenüber sich mehr zu trauen anzusprechen, was es möchte, und es wird dich das mit der Zeit genauso fragen. Optional kannst du auch fragen, ob dir dein/deine Partner*in zeigen möchte, was sich gut anfühlt und wie er oder sie es genau möchte, weil du dein Gegenüber genau nach seinem Geschmack verwöhnen möchtest.

4. **Feedback:** Positives Feedback und Loben ist extrem wichtig. Wenn beim Sex zum Beispiel zum ersten Mal deine Klitoris miteinbezogen wird und du es gut findest, solltest du das auch konkret sagen. Entweder währenddessen oder auch danach. Es ist immer schön, positives Feedback zu bekommen und das Gefühl zu haben, dass man etwas gut macht. Das bestärkt Menschen darin, es nochmals zu tun. Genauso wichtig ist es aber, zu sagen, wenn dir etwas nicht so gut gefällt. »Bitte ein bisschen sanfter« oder »Probier's ein bisschen weiter links« kannst du währenddessen sagen, um dabei zu helfen, dich optimal zu befriedigen. Wenn dir das etwas unangenehm ist, kannst du mit deiner Handberührung zeigen, wie viel Druck auf eine bestimmte Stelle ausgeübt werden soll, damit es für dich angenehm ist. Auch hier ist positives Feedback herzlich willkommen, wenn es richtig gemacht wird. Anfangs braucht es vielleicht noch mehr Handlungsbedarf, aber nach einigen Versuchen weiß dein Gegenüber, an welchen Punkten du wie berührt werden möchtest.

Ja, ich weiß, es kostet trotz der Tipps noch viel Überwindung, deine Wünsche und Bedürfnisse endlich anzusprechen und ich kann im Vorhinein natürlich nicht sagen, wie euer

Gespräch verlaufen wird. Aber wenn ihr beide empathisch bleibt, euch bewusst macht, dass der Sex für euch beide erfüllend sein sollte und ihr euer Sexleben auf ein neues Level heben wollt, sind das schon mal gute Voraussetzungen. Ich glaube jedenfalls an euch! Mut lohnt sich, ihr könnt nur gewinnen! Wenn du möchtest, kannst du mir auch gerne auf Instagram berichten, wie das Gespräch verlaufen ist und inwiefern sich euer Intimleben verbessert hat. Ich freue mich sehr, von dir zu hören!

Vermisst: Sexleben

In vielen Beziehungen wird der Sex im Laufe der Zeit weniger, was absolut normal ist. Es ist auch möglich, dass es immer wieder Phasen gibt, in denen Intimitäten weniger werden oder gar ausfallen. Auch das ist vollkommen in Ordnung, denn das Leben und die eigenen Gefühle verlaufen nicht immer linear.

Wurde der Sex im Laufe der Beziehung weniger?

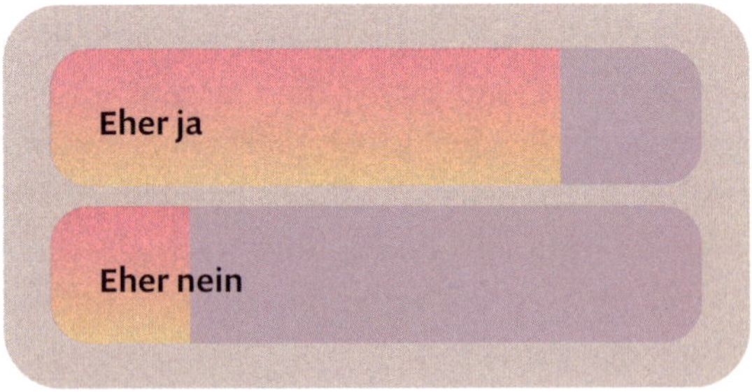

Gerade in Langzeitbeziehungen scheint es oft Wichtigeres zu geben, als ständig übereinander herzufallen. Oft fehlt leider auch einfach die Zeit, weil die meisten von uns noch eine Arbeit, Hobbys und Freund*innen haben, die unsere Zeit beanspruchen. Es gibt Paare, die haben nur einmal im Monat Sex und sind völlig okay damit. Und es gibt Paare, die schon unruhig werden, wenn sie nur einmal pro Woche intim miteinander werden. Das sexuelle Verlangen ist sehr individuell und auch in meiner Beziehung sehr variabel. Auch bei uns gab es schon Phasen, in denen wir keine sexuelle Lust aufeinander hatten. Das lag zum Beispiel am Stress in der Arbeit, der fehlenden Zeit oder einfach daran, dass wir uns beide sexuell nicht wirklich erregt fühlten. Manchmal sprechen wir darüber, woran das liegen könnte. Meist ist es so, dass es gar keine wirkliche Ursache hat, sondern im Alltag manchmal einfach untergeht, weil es bei uns auch viele andere wichtige Dinge gibt. Manchen Paaren hilft es, sich gezielt Sex-Dates zu vereinbaren, um sich Zeit dafür einzuplanen. Nein, hier geht's ganz und gar nicht darum, euch zum Sex zu zwingen, denn ihr müsst gar nichts, was ihr nicht wollt!

Der Punkt ist, dass ihr euch so Zeit freischaufeln könnt, und beispielsweise am Sonntag drei Stunden einplant, um euch gegenseitig zu verwöhnen. Das muss auch gar nicht unbedingt sexuell sein, sondern kann auch eine sinnliche Massage sein. Durch die körperliche Zuneigung kann Sexualität wieder leichter spontan entstehen und die liebevollen Berührungen sorgen für eine größere Verbundenheit. Zumindest geht es meinem Partner und mir so. Wenn du in deiner Beziehung gerade in einer Phase bist, in der ihr euch kaum Zeit füreinander nehmt und du das Gefühl hast, dass ihr euch nur zwischen Tür und Angel seht, kann es hilfreich sein, wenn ihr ab und zu wieder Date-Nights einführt. Wir machen aktuell eine Alphabet-Date-Challenge. Damit wir wieder etwas frischen Wind in unsere Dates bringen und nicht immer nur in ein Restaurant gehen, machen wir jede Woche ein Date zum jeweiligen Buchstaben des Alphabets. Beginnend mit A überlegt sich einer von uns abwechselnd eine coole Date-Idee und überrascht den anderen. So verbringen wir wieder gezielt qualitative Zeit miteinander und schaffen neue gemeinsame Erlebnisse. Übrigens hab ich auch Videos dazu gemacht, also falls du Inspiration für deine Date-Nights brauchst, schau gerne mal auf meinem Instagramprofil vorbei.

Manchmal liegt die fehlende Lust aber auch an uns selbst, denn wie so oft, stehen wir uns leider gerne selbst im Weg. Es gibt Verhaltensweisen und Gedanken, die die eigene Lust blockieren und die gilt es herauszufinden. Ergänzend zu den Fragen im Kapitel »Lust«, hilft es dir vielleicht, wenn du folgende Fragen beantwortest:

Ich turne mich selbst ab, wenn ich …

Zum Beispiel kann es sein, dass es dich abturnt, wenn du einen schlechten Tag auf der Arbeit hattest, mit deinem Körper nicht zufrieden bist oder dir die emotionale Nähe fehlt.

Ich turne mich selbst an, wenn ich …

Überlege auch hier, in welchen Momenten du besonders begehrst und was davor passiert sein muss, damit du dich so fühlst.

Vielleicht schaffst du es so, die genaueren Lusttöter und Lustbringer herauszufinden und diese besser in deinen Beziehungsalltag zu integrieren.

Guter Sex trotz Liebe

Eigentlich möchte man ja meinen, dass in Beziehungen der Sex mehr wird, wenn auch die Liebe zueinander größer wird. Leider ist oft das Gegenteil der Fall. Nein, es ist weniger dramatisch als es sich anhört, aber vielleicht dennoch gut und wichtig zu wissen. Die Psychotherapeutin Esther Perel, die bekannt ist für ihre Arbeit rund um das Thema menschliche Partnerschaften, ist der Meinung, dass es unter anderem zwei starke menschliche Bedürfnisse gibt, die bei der Sexualität in Beziehungen eine große Rolle spielen. Zum einen ist es ein menschliches Grundbedürfnis, Sicherheit zu spüren. Wir wollen uns binden, einander vertrauen und das Gefühl haben, wirklich sicher zu sein und wir selbst sein zu können. Gleichzeitig gibt es aber auch einen starken innerlichen Drang nach Abenteuer und neuen Erfahrungen.[88] Gerade die beiden Dinge stehen sich in heutigen Langzeitbeziehungen oft im Weg. Einerseits wollen wir einen Partner, dem wir zu 100 % vertrauen können, der gleichzeitig unser bester Freund ist, mit dem wir all unsere Erfahrungen teilen, aber andererseits langweilt uns das auch und nimmt den Raum für sexuelle Lust. Perel meint nämlich, dass es einen Unterschied zwischen Liebe und Begehren gibt. Wenn wir lieben, wollen wir uns sicher fühlen, mit einem anderen Menschen vollständig verschmelzen und eins werden. Hingegen wenn wir begehren, dann wollen wir etwas Neues, etwas, das wir noch nicht haben. Ziemlich tricky, oder? Und das ist einer der Hauptgründe, warum in Langzeitbeziehungen die sexuelle Lust abnimmt.

Überlege mal: Wann fühlst du dich zu deinem/deiner Partner*in am meisten hingezogen?

Laut Perel gibt es drei Arten von Menschen: Die einen fühlen sich am meisten angezogen, wenn sie von ihrer Vertrauensperson (räumlich) getrennt sind, sie vermissen und im Geiste schon an die Wiedervereinigung denken. Die anderen fühlen sich besonders angezogen, wenn der andere ganz in seinem Element ist und etwas tut, was ihr oder ihm wirklich liegt und Spaß macht. Zum Beispiel kann er oder sie besonders gut Geschichten erzählen. Dann kann es sein, dass diese Menschen das besonders sexy finden, wenn ihre Vertrauensperson auf einer Party eine Geschichte erzählt und viele Menschen begeistert zuhören. Die dritte Gruppe an Menschen fühlt sich besonders hingezogen, wenn sie zum Lachen gebracht oder überrascht wird. Wenn also etwas Neues in die Beziehung gebracht wird.

Die Gemeinsamkeit zwischen allen ist, dass Verlangen von einer gewissen Distanz lebt und von einem *Wollen*. Man braucht einen gewissen Abstand, um nicht zu *haben*, sondern wieder *wollen* zu können. Wir müssen also einen Weg finden, wie wir beide Bedürfnisse vereinbaren können. Denn emotionale Sicherheit ist ebenso wichtig für eine stabile Langzeitbeziehung, wie das Bedürfnis nach Abenteuer. Wenn du das Gefühl hast, dass die Lust in deiner Partnerschaft verschwunden ist, kannst du dir die Frage stellen, ob ihr euch vielleicht zu nahe seid. Durch zu viel Nähe ist es schwierig, sexuelle Spannung aufzubauen, denn Feuer braucht immer auch Luft, damit es ordentlich brennen kann.

Für mich ist es auch schwierig, beides zu vereinbaren, weil ich ein Mensch bin, der in seiner Beziehung viel Sicherheit braucht und das Gefühl, dass mein Partner für mich da ist. Oft möchten wir jede Sekunde miteinander verbringen, was wir dann auch tun. Mein Freund und ich wohnen zusammen, haben eine gemeinsame Firma und arbeiten beide größtenteils im Homeoffice. Zugegeben: Wir kleben manchmal schon ziemlich aufeinander und das ist in Anbetracht der sexuellen Lust manchmal ein Problem. Deshalb versuchen wir jetzt auch wieder mehr Zeit getrennt voneinander zu verbringen, den eigenen Hobbies nachzugehen, uns mit Freund*innen zu treffen oder auch mal eine Nacht getrennt voneinander zu schlafen. Gerade der letzte Punkt fällt mir nicht leicht, aber ich weiß, dass das unserer Liebe guttut. Sobald wir zwei Tage getrennt voneinander sind, spüre ich schon, wie ich Michi vermisse und mich darauf freue, ihn zu sehen. Dann entsteht auch wieder Lust aufeinander. Manchmal muss man über den Schatten springen und raus aus der Komfortzone.

Upgrade your sex life!

Ich bin der Meinung, dass beim Sex die Qualität eindeutig über der Quantität stehen sollte und gerade auch der partnerschaftliche Sex alle Beteiligten erfüllen sollte. Zum Abschluss dieses Buches möchte ich noch ein paar Tipps mit dir teilen, die mir persönlich sehr geholfen haben, mein eigenes Sexleben auf ein neues Level zu heben.

1. **Offene Kommunikation:** Ganz klar, eine offene Kommunikation beim Thema Sex ist das A und O für guten Sex. Hilfreiche Tipps dazu findest du im Kapitel »Let's talk about sex«.
2. **Sei egoistisch!** Also nicht so, dass du nur noch an dich denkst und auf den anderen keine Rücksicht mehr nimmst. Sondern eher so, dass du dich selbst nicht aus dem Blick verlierst. Oft wollen wir es dem Gegenüber recht machen und konzentrieren uns beim Sex zu sehr darauf. Wir wollen alles tun, um es für den anderen schön zu machen, aber das ist nicht immer hilfreich. Mir hat es geholfen, beim Sex auf mich und meine Bedürfnisse zu achten. Mich zu fragen, was ich gerade brauche, und nicht, was mein Partner braucht, denn das kann nur er selbst wissen. Seitdem wir beide unsere eigenen Bedürfnisse im Blick haben, ist der Sex für uns beide viel schöner. Das heißt nicht, dass wir den anderen völlig aus den Augen verloren haben und nur noch an uns selbst denken, sondern vielmehr, dass wir mit uns selbst verbunden bleiben, während wir miteinander verschmelzen.
3. **Hineinfühlen:** Früher fand ich es oft schwer, mich beim Sex auf den Moment zu konzentrieren. Es war eher die Norm, dass meine Gedanken abschweiften und ich Probleme damit hatte, im Hier und Jetzt zu sein. Was mir

dabei geholfen hat, ist, mich währenddessen auf meine Sinne zu konzentrieren. Wie riecht es um mich herum? Was fühle ich? Wo spüre ich was? Wie fühlt es sich an, wenn ich die Haut des anderen berühre? Wo möchte ich gerade berührt werden und wie? All das sind Fragen, die mir helfen, mich wieder auf den Moment einzulassen. Natürlich ist das Übung und gerade anfangs nicht so einfach, weil die anderen Gedanken trotzdem da sind. Mit der Zeit wird es einfacher und irgendwann bist du ganz automatisch im Moment und genießt ihn. Mittlerweile ist das bei mir so, weil ich das auch im Alltag geübt habe. Gerade jetzt, wo ich in meinem Wohnzimmer auf der Couch sitze und diese Zeilen schreibe, bin ich gedanklich ganz in diesem Moment. Ich fühle meinen Rücken, der langsam schmerzt, weil ich seit Stunden diese absolut unergonomische Liegepose eingenommen habe. Draußen höre ich den Wind durch die Blätter rauschen und in der Luft liegt ein dezenter Duft meiner Vanillekerze. Diese Übung hilft mir immer wieder ruhig zu werden, wenn ich merke, dass ich gerade ein ziemliches Gedankenchaos in meinem Kopf habe.

4. **Atmen:** Ja, ich weiß, du kannst das bestimmt auch schon nicht mehr hören. Immer diese Atemtipps, die scheinbar ein Allheilmittel sind. Ganz ehrlich: Mich nervt es auch, aber was mich daran noch mehr nervt ist, dass die richtige Atmung wirklich einen Unterschied macht. Gerade beim Sex, wo es auch viel um Entspannung geht, hilft es mir, eine langsame und tiefe Atmung einzunehmen. Ich atme tief durch die Nase ein und durch den Mund aus und stelle so sicher, dass ich mit der Zunge nicht auf meinen Gaumen presse, und unnötigen Druck vermeide. Stopp mal. Wie fühlt sich dein Kiefer gerade an? Hast du es fest aufeinandergepresst und fühlst Anspannung oder ist es locker und entspannt? Wenn nicht, dann nimm diese Zeilen als Anlass, ein bisschen Lockerheit in

deinen Kiefer zu bringen. Das schafft auch gleichzeitig mehr Lockerheit in deinem Beckenboden. Glaube mir, du wirst sofort viel entspannter sein.

5. **Slow-Down:** Langsamkeit habe ich beim Sex auch sehr zu schätzen gelernt. Während ich früher immer dachte, umso schneller, desto erotischer, sehe ich das heute anders. Durch die gezielte Reduzierung der Geschwindigkeit schafft man es nicht nur, mehr Entspannung in die Situation zu bringen, sondern schult gleichzeitig auch das eigene Körperempfinden. Vor allem Männer masturbieren oft mit sehr viel Druck und hoher Reibung und sind deshalb nicht mehr so empfänglich für sanftere, langsamere Berührungen. Aber auch die Vulva und Vagina kann an Empfindlichkeit dazugewinnen und noch sensibler werden durch mehr Langsamkeit. Versuch doch mal beim Sex alles besonders langsam und sinnlich zu machen. Anfangs fühlt sich das vielleicht ungewohnt an, aber es kann richtig schön und magisch sein! Streichelt euch in Zeitlupe und konzentriert euch wirklich voll und ganz auf die Berührung. Wie fühlt es sich in deiner Fingerspitze oder auf deinen Lippen an, Haut zu berühren? Wie fühlt es sich an, gewisse Berührungen zu empfangen? Wenn ihr penetrativen Sex habt, versucht mal, gaaaanz langsam ineinander einzudringen. Millimeter für Millimeter und dabei permanent in eure Geschlechtsorgane hineinzufühlen. Wie fühlt sich das an? Sinnlich? Ungewohnt? Seltsam? All das ist okay, es ist ja auch etwas ganz Neues. Probiert es einfach mal aus und geht mit Neugier an die Sache ran, denn eines kann ich dir sagen: Als wir das zum ersten Mal ausprobiert haben, hatten wir beide einen intensiveren Orgasmus als je zuvor! Das heißt natürlich nicht, dass nur Slow-Sex wahrer, richtiger Sex ist, aber ab und zu kann das eure Sinne durchaus schärfen.

6. **Toys:** Toys sind überhaupt nichts Schmutziges oder Ekliges, wofür man sich schämen sollte, sondern ein super Hilfsmittel oder eine Bereicherung für dein Sexleben. Es gibt so viele verschiedene und es ist für jede Vorliebe etwas dabei! Schau dich gerne mal in einem Shop um oder auch im Internet, wenn du dich da fürs Erste wohler fühlst. Probiere einfach mal etwas aus – und keine Angst, die Versandverpackungen sind bei jeder Firma sehr diskret und niemand außer dir weiß, was du bestellt hast. Viele Frauen mögen Klitoris-Vibratoren besonders gern und ein Druckwellenvibrator ist nicht um sonst eines der beliebtesten Sex-Toys ever!
7. **Neugierig sein:** Wenn ich eines in all den Jahren gelernt habe, ist es, die Neugier nicht aus den Augen zu verlieren und immer offen für Neues zu sein. Sex muss nicht so sein, wie wir es gelernt haben oder früher hatten, sondern Sex darf sich verändern. Es gibt so viele Spielarten, die wir ausprobieren dürfen und es wäre schade, das Thema von vornherein auszuklammern. Natürlich gibt es gewisse Praktiken, die dich vielleicht sofort abturnen und das ist auch absolut okay. Wir müssen nicht zwanghaft alles ausprobiert haben. Ich habe bestimmt auch noch nicht alles ausprobiert, aber ich bleibe immer offen für Neues und möchte mich auch sexuell laufend weiterentwickeln.

Ich hoffe, meine Tipps helfen dir, dein Sexleben auf ein neues Level zu bringen und ihr schafft es, den Sex zu haben, der euch beide befriedigt.

Nachwort

Auch wenn das Buch jetzt zu Ende ist, ist es für dich vielleicht ein Neuanfang. Während du dich davor für andere Menschen verbogen hast und versucht hast, in die Schublade »Frau« zu passen, weißt du jetzt, dass nur du selbst bestimmst, wie du sein möchtest. Du musst keinem Schönheitsideal entsprechen, dich täglich rasieren oder deine sexuelle Lust unterdrücken, um eine »anständige Frau« zu sein. Nein, du *musst* gar nichts! Du darfst jetzt deine eigene Realität schaffen und musst dich nicht länger für deine Menstruation oder Sexualität schämen! Beides sind wundervolle Dinge. Unser monatlicher Zyklus hat eine unfassbare Kraft, die wir endlich für unser Leben nutzen dürfen. Und immerhin haben wir sogar ein eigenes Organ nur für die weibliche Lust! Also wenn das kein Zeichen für selbstbewusste, gelebte Sexualität ist, dann weiß ich auch nicht.

Dennoch ist mir bewusst, dass es in unserer Gesellschaft alles andere als leicht ist, gegen den Strom zu schwimmen und Dinge zu tun, die eben nicht »typisch weiblich« sind. Uns wird an jeder Ecke eingeredet, dass wir nicht gut genug sind, so wie wir sind und auch ich habe in meinem Leben schon sehr unter den vielen Anforderungen, was es heißt, eine Frau zu sein, gelitten. Umso mehr finde ich, dass wir mehr mutige Menschen brauchen, die sich trauen, ihr wahres Selbst zu leben und nach außen zu tragen. Nur so schaffen wir es, auch andere Menschen zu ermutigen und die Welt offener und respektvoller zu gestalten.

Drei Dinge möchte ich dir unbedingt noch sagen, bevor du dieses Buch weglegst. Erstens: Dein Körper ist liebenswert, genauso wie er gerade ist! Dein Leben lang ist er schon an deiner Seite und möchte nur das Beste für dich. Also nimm dir eine Minute, umarme ihn und sag ihm, wie lieb du ihn eigentlich hast. Zweitens: Lass dir nicht einreden, dass du dich für deine Weiblichkeit schämen musst! Die Menstruation ist nicht eklig, sondern unser Zyklus ist ein wundervolles Geschenk, mit dem wir gesegnet sind. Und drittens: *Du musst gar nichts!* Du bist ein wundervoller Mensch. Innen und außen. Es gibt so viele Menschen, die dich für dein Sein lieben. Du bringst andere Menschen zum Strahlen und erleuchtest den ganzen Raum. Lass dir dieses Licht niemals nehmen!

Ich drück dich ganz fest!

Deine Hannah

Danke

Mein Herz platzt gleich vor Dankbarkeit!

Seit über 20 Jahren lässt mich der Traum, ein eigenes Buch zu schreiben, nicht mehr los. Tief in mir drinnen wusste ich, dass es irgendwann mal so weit sein wird. Dass die Anfrage des Goldegg Verlags dann bereits im April 2022 in meinen Mails landete, überraschte mich dennoch. Eigentlich hatte ich zu diesem Zeitpunkt überhaupt keine Zeit, ein Buch zu schreiben. Mein Job als Influencerin vereinnahmte 110 % meiner Zeit und dann kommt auch noch mein Modelabel dazu. Trotzdem zögerte ich keine Sekunde, denn mein Herz schrie ganz laut »JAAAA«, als ich diese Anfrage erhielt. Endlich ist es so weit! Endlich darf ich diesen Traum zur Realität machen und habe ich eine weitere Möglichkeit, anderen Frauen zu helfen und diese zu ermutigen, ihren eigenen Weg zu gehen. Ich musste Prioritäten setzen, sagte Aufträge ab, die ich hatte, um mir freie Zeit für dieses Buch zu schaffen. Denn hier geht mein Herz auf. Es machte mir so unglaublich viel Spaß, dieses Buch zu schreiben und es war eines der schönsten Projekte meines ganzen Lebens. Ich kann es selbst noch gar nicht glauben, dass ich jetzt mein eigenes Buch in den Händen halten darf!

Das alles wäre nicht möglich, ohne die wunderbaren Menschen an meiner Seite. Zuallererst möchte ich mich bei meinem Verlag bedanken. Vor allem bei Elmar Weixlbaumer, der mir mit so viel Wertschätzung, Freundlichkeit und Vertrauen die Chance gegeben hat, meinen Traum zu verwirklichen. Ganz besonderer Dank geht auch an Sarah Bohatschek, die von Sekunde eins Feuer und Flamme für dieses Projekt war und mich bei allem geduldig und liebevoll unterstützt hat. Wenn ich mal wieder an allem zweifelte, ermunterte mich Sarah und glaubte zu 100 % an mich. Auch bei meiner Lektorin Anna Sulik und meiner Illustratorin und Fotografin Minitta Kandlbauer möchte ich mich herzlich bedanken. Ich bin so überwältigt davon, wie viel Liebe und Wertschätzung ich von allen für dieses Projekt bekommen habe. Auch wenn ich mich selbst zwischendurch infrage stellte und mir an manchen Punkten unsicher war, ob ich wirklich gut genug bin, ein eigenes Buch zu verfassen, habt ihr mir den Rücken gestärkt und mir gezeigt, dass ihr mir da absolut vertraut und mich als Person wertschätzt. Gegenseitige Wertschätzung und Vertrauen sind zwei Werte, die mir vor allem auch in einer beruflichen Zusammenarbeit besonders wichtig sind, deshalb fühlte ich mich bei meinem Verlag von Minute eins wohl.

Spezieller Dank geht auch an meine Freundinnen Lena, Vanessa, Rebecca und Lisa, die immer ein offenes Ohr für mich haben. Durch euch und unsere offenen Gespräche rund um Liebe und Sexualität durfte ich selbst so viel lernen und mir Wissen aneignen, dass in dieses Buch floss.

Auch meine Mama, Elke, spielte eine große Rolle bei diesem Buch. Sie ermöglichte es mir schon früh, mich von gesellschaftlichen Normen zu trennen und meinen eigenen Weg zu finden. Außerdem lehrte sie mich viel zum Thema Zyklus und Weiblichkeit. Danke, dass du immer an mich glaubst.

Ein Riesendank geht auch an meinen Freund Michi. Er begleitet mich seit über neun Jahren und ermöglichte es mir, durch seine Geduld und seine Neugier viele Dinge über mich selbst herauszufinden. Gerade auch beim Schreibprozess dieses Buches unterstützte er mich psychisch enorm. Er nahm mich in den Arm, wenn ich mal wieder an allem zweifelte, freute sich mit mir über Erfolge und ist immer an meiner Seite. Ich bin unglaublich dankbar, einen so liebevollen und wertschätzenden Freund an meiner Seite zu haben, der so viel mit mir mitmacht und ebenfalls zu 100 % an mich glaubt und mir hilft, meine Träume zu ermöglichen. Michi, ich liebe dich!

Dieses Buch würde aber auch ohne meine Community nicht existieren. Ich bin so dankbar für all die Menschen, die mich online seit Jahren unterstützen und mir vertrauen. Den täglichen Austausch mit euch möchte ich nicht mehr missen und auch ich darf dadurch so viel Neues dazulernen. Danke dafür!

Ein großes Dankeschön geht auch an dich, liebe*r Leser*in, dass du dir die Zeit genommen hast, mein Buch zu lesen. In Zeiten von immer kürzer werdenden Aufmerksamkeitsspannen ist das wirklich eine große Ehre für mich. Ich hoffe sehr, dass dir mein Buch gefallen hat und du die ein oder andere Sache mitnehmen konntest. Schreibe mir gerne eine positive Rezension und teile mein Buch auf Social Media unter dem Hashtag #wirmüssengarnichts.

Danke, danke, danke!

Quellen

1. Isabella Klausnitzer, »Best of Bierlein: Der Stil der Kanzlerin«, Kurier.at, 04.06.2019, letzter Zugriff: 18.10.2022
2. Sebastian Fellner, Katharina Mittelstaedt, »Klisches, Vorurteile, weniger Spielraum: Der Frauenkomplex der Politik, derstandard.at, 15.06.2019, letzter Zugriff: 18.10.2022
3. Liv Strömquist, »Im Spiegelsaal«, 2021
4. »This is what the same woman looks like photoshopped in different countries«, 27.06.2014, letzter Zugriff: 03.11.2022
5. Alfried Schmitz, »Das Korsett – eingeschnürte Weiblichkeit«, planet-wissen.de, 04.12.2020, letzter Zugriff: 03.11.2022
6. Emely Nobis, »In den Fußspuren der Sisi«, österreichmagazin.de, letzter Zugriff: 03.11.2022
7. Julia Haungs, »Die neue Frau der 1920er – Träume vom selbstbestimmten Leben«, swr.de, 8.10.2020, letzter Zugriff: 03.11.2022
8. Katja Iken, »Bauch Beine Po«, spiegel.de, 18.02.2020, letzter Zugriff: 03.11.2022
9. Johannes Jooss, »Schönheitsideale der 50er Jahre – von Sanduhren und breiten Schultern«, rockabilly-rules.com, 07.02.2020, letzter Zugriff: 03.11.2022
10. »Der ‚perfekte Körper' im Wandel der Zeit«, Stylebook.de, 18.08.2017, letzter Zugriff: 07.11.2022
11. Christina Berndt, »Gefährliches Ideal«, sueddeutsche.de, 29.08.2019, letzter Zugriff: 07.11.2022
12. Christina Berndt, »Gefährliches Ideal«, sueddeutsche.de, 29.08.2019, letzter Zugriff: 07.11.2022
13. Martha M. Lauzen, »It's a Man's (Celluloid) World: Portrayals of Female Characters in the Top Grossing U.S. Films of 2022«, 2022
14. Prof. Dr. Elisabeth Prommer, Dr. Christine Linke, »Audiovisuelle Diversität?«, 12.Juli.2017
15. Geena Davis Institute, Plan International, »Rewrite her Story«, 2019
16. Alexandra Schweickardt, »VDÄPC Statistik 2022: Zahlen, Fakten, Entwicklungen in der Ästhetisch-Plastischen Churuurgie«, 20.05.2022, letzter Zugriff: 06.02.2023
17. DGÄPC, »Umfrage: Motiviert der Selfie-Boom immer häufiger zu Schönheitsoperationen?«, dgaepc.de, 25.06.2019, letzter Zugriff: 06.02.2023
18. Uwe Ziegler, Einst »nicht lebensfähig«, Donaukurier.de, 08.03.2019, letzter Zugriff: 10.11.2022

19. Silke Deschamps, »Wie entsteht Cellulite?«, tk.de, 19.05.2020, letzter Zugriff: 10.11.2022
20. Rainer Radtke, »Länder mit der höchsten Anzahl an Schönheitsoperationen im Jahr 2020«, statista.com, 24.01.2022, letzter Zugriff: 10.11.2022
21. Elizabeth King, »6 countries that are fighting back against catcalling«, complex.com, 28.01.2016, letzter Zugriff: 14.11.2022
22. Verbraucherzentrale Hamburg, »Pink Tax: Frauen zahlen mehr«, 08.03.2019, letzter Zugriff: 26.09.2022
23. Rebecca M. Herzig, »Plucked: A History of Hair Removal«, 2015
24. Robert Czepel, »Darwins rassistische Thesen«, science.orf.at, 21.05.2021, letzter Zugriff: 13.09.2022
25. Nadine Ajaka, »The Casualities of Women's War on Body Hair«, The Atlantic, 08.02.2017, letzter Zugriff: 26.09.2022
26. »5. Januar 1855 – Rasierklingen-Erfinder King Champ geboren«, WDR.de, 05.01.2020, letzter Zugriff: 26.09.2022
27. Nadine Ajaka, »The Casualities of Women's War on Body Hair«, The Atlantic, 08.02.2017, letzter Zugriff: 26.09.2022
28. Magdalena Grausgruber, »Vaginal Bleaching: eine Expertin verät alle Fakten zum ungewöhnlichen Beauty-Trend«, elle.de, 18.05.2018, letzter Zugriff: 16.11.2022
29. ISAPS, »ISAPS Global Survey 2019 Press Release German«, 2019
30. PornHub Insights, »2015 Year in Review«
31. PornHub Insights, »2019 Year in Review«
32. PornHub Insights, »2015 Year in Review«
33. PornHub Insights, »2019 Year in Review«
34. Lux Alptraum, »Was hinter dem Mythos der perfekten Pornomuschi steckt«, refinery29.com, 20.02.2021, letzter Zugriff: 16.11.2022
35. Nina Brochmann, Ellen Stókken Dahl, »Viva la Vagina«
36. Vulva-original.com, letzter Zugriff: 07.12.2022
37. Angela Sommer, »Intersexualität – es gibt mehr als zwei Geschlechter«, planet-wissen.de, letzter Zugriff: 21.10.22
38. Ready for Red, »Die Jugend hat gesprochen – Die Ergebnisse«, letzter Zugriff: 18.10.2022
39. Katharina Domiter, »Pinky Gloves – geht's noch?«, woman, 15.04.2021, letzter Zugriff: 21.10.22
40. dpa, »Gründer kündigen Ende von Pinky Gloves an«, Frankfurter Allgemeine, 20.04.2021, letzter Zugriff: 21.10.22
41. Evelyn Isaak, »Die sozial kognitive Lerntheorie nach Bandura: Wie lernen wir?«, infranken.de, 16.05.2022, letzter Zugriff: 26.10.2022
42. Nicola Erdmann, »Eine Welt, von Männern für Männer gemacht«, Welt.de, 4.10.2019, letzter Zugriff: 25.10.2022
43. Jürgen Vogt, »Männer leben besser, wo Frauen das Sagen haben«, Spiegel.de, 27.05.2009, letzter Zugriff: 27.10.2022

44. Markus C. Schulte von Drach, »Aufstieg und Niedergang des Patriarchats«, Süddeutsche Zeitung, 3.07.2016, letzter Zugriff: 27.10.2022
45. Juta Voss, » Das Schwarzmond-Tabu«, 2006
46. Karina Barbara Hewera, »Frauenleiden, Schwangerschaft und Geburt in der Naturalis Historia von Plinius dem Älteren (23/24 n.Chr.), Technische Universität München, 2011
47. Marion Schröter, »Das diskrete Tabu«, 1984
48. Manuela Kloibhofer, »Frauenblut«, 2021
49. Marion Schröter, »Das diskrete Tabu«, 1984
50. Bruno Bettelheim, »Die symbolischen Wunden«, 1982
51. Marion Schröter, »Das diskrete Tabu«, 1984
52. »Wie funktioniert der weibliche Zyklus?«, gesundheitsinformation.de, 23.02.2022, letzter Zugriff: 02.11.2022
53. Manuela Kloibhofer, »Frauenblut«, 2021
54. »Wieviele Sexualpartner hatten Sie bisher?«, Statista.com, 30.11.2016, letzter Zugriff: 15.12.2022
55. Natsal 3 Survey, 2010-2012, natsal.ac.uk, letzter Zugriff: 15.12.2022
56. »Why do men report more opposite-sex sexual parners than women?«, the journal of sex research, 25.07.2018, letzter Zugriff: 15.12.2022
57. Fiona Rohde, »Schluss mit den Mythen: Was ihr über das »Jungfernhäutchen« wissen solltet«, gofeminin.de, 11.02.20, letzter Zugriff: 15.12.2022
58. Eva Rudolf-Müller und Maria Franz, »Jungfernhäutchen«, NetDoktor, 08.12.2020, letzter Zugriff: 15.12.2022
59. »Red Apple Armenian tradition: What does it mean to us?«, armeniatraveltips.com, 04.04.2022, letzter Zugriff: 15.12.2022
60. Natalie Mayroth, »Wehrhafte Schwestern«, taz.de, 07.05.2021, letzter Zugriff: 15.12.2022
61. Andreas Harsono, »Indonesia military finally ends abusive 'virginity test'«, 19.04.2022, letzter Zugriff: 15.12.2022
62. Anna Druet, »‚Enge' Vagina: Mythen, Tipps und was du über deinen Beckenboden wissen musst«, helloclue.com, 28.04.2016, letzter Zugriff: 16.12.2022
63. Julia Henchen, »Lust Faktor«, 2022
64. Erika W. Smith, »Deine Vagina kann nicht ‚ausleiern' wenn du ‚zu viel' Sex hast«, refinery29.com, 9.08.2019, letzter Zugriff: 16.12.2022
65. Gianna Bacio, »Love your sex«, 2022
66. Gianna Bacio, »Love your sex«, 2022
67. Karin Schrott, »Das normative Korsett«, S. 40, 2005
68. Karin Schrott, »Das normative Korsett«, S. 40, 2005
69. Sabine Kaufmann, »Medizin im Mittelalter«, planet-wissen.de, 08.02.2021, letzter Zugriff: 19.12.2022
70. Karin Schrott, »Das normative Korsett«, S. 40, 2005
71. Karin Schrott, »Das normative Korsett«, S. 43, 2005
72. Karin Schrott, »Das normative Korsett«, S. 41, 2005

73. Karin Schrott, »Das normative Korsett«, S. 42, 2005
74. Karin Schrott, »Das normative Korsett«, S. 43, 2005
75. Karin Schrott, »Das normative Korsett«; S. 44, 2005
76. Karin Schrott, »Das normative Korsett«, S. 44, 2005
77. Karin Schrott, »Das normative Korsett«, S. 44, 2005
78. Julia Henchen, »Lustfaktor«, S. 95, 2022
79. Nele Langosch, »Auf der Suche nach der Klitoris«, Spektrum.de, 26.11.2021, letzter Zugriff: 17.01.2023
80. Nele Langosch, »Auf der Suche nach der Klitoris«, Spektrum.de, 26.11.2021, letzter Zugriff: 17.01.2023
81. Nele Langosch, »Auf der Suche nach der Klitoris«, Spektrum.de, 26.11.2021, letzter Zugriff: 18.01.2023
82. Susanne Feller, »Vaginaler Orgasmus: Alles, was du darüber wissen solltest!«, 06.01.2022, letzter Zugriff: 18.01.23
83. Focus.de, »Masturbation: 5 Gründe, warum Sie sich öfter befriedigen sollten«, 2.05.2019, letzter Zugriff: 28.10.2022
84. Gary Chapman, »Die 5 Sprachen der Liebe«, S. 27, 1992
85. Stella Hombach, »Orgasm-Gap: Mit Technik zum Höhepunkt«, derstandard.at, 10.07.2019, letzter Zugriff: 01.02.2023
86. Studie von David A. Frederik, H. Kate St. John, Justin R. Garcia, Elisabeth A. Lloyd, »Differences in Orgasm Frequency Among Gay, Lesbian, Bisexual, and Heterosexual Men and Women in a U.S. National Sample«, 17.02.2017
87. Studie von David A. Frederik, H. Kate St. John, Justin R. Garcia, Elisabeth A. Lloyd, »Differences in Orgasm Frequency Among Gay, Lesbian, Bisexual, and Heterosexual Men and Women in a U.S. National Sample«, 17.02.2017
88. Esther Perel, »The secret to desire in a long-term relationship«, TED Talk, 14.02.2013